Allgäu
Allgäuer Alpen

Walter Theil

GPX-Daten zum Download

www.kompass.de/gpx

Kostenloser Download der GPX-Daten der im Wanderführer enthaltenen Wandertouren. Mehr Informationen auf Seite 3.

AUTOR

Walter Theil • aufgewachsen am Hochrhein, hat in Freiburg studiert und lebt seit vielen Jahren im Chiemgauer Voralpenland. Er kennt den Süden Deutschlands von vielen Rad- und Wandertouren.
Der aktive Radfahrer und Bergsteiger ist seit mehreren Jahrzehnten im touristischen Verlagsbereich tätig und Autor diverser Wander- und Radführer, darunter WF Schluchtensteig, WF Schwarzwald Süd, WF Oberallgäu, WF Schwäbische Alb, WF Berchtesgadener Land, WF Chiemgau, WF Kaisergebirge, WF Bayerischer Wald, WF Fichtelgebirge, RF Bodensee-Königssee, RF Rheinradweg vom Bodensee bis Mannheim und RF Rheinradweg von Mannheim bis Köln.

VORWORT

Die Allgäuer Alpen mit dem Kleinwalsertal sind nicht zu Unrecht eine der beliebtesten Wander- und Urlaubsregionen im Süden Deutschlands. An der Grenze zu Tirol und Vorarlberg bilden die Voralpenlandschaften um Immenstadt, Sonthofen und Bad Hindelang zusammen mit dem Naturpark Nagelfluhkette und den Bergen entlang des Allgäuer Hauptkammes eine der abwechslungsreichsten Wanderregionen in den Nördlichen Kalkalpen, die allen Ansprüchen das Passende zu bieten hat.

Vom Alpsee bei Immenstadt zum Talschluss des Kleinwalsertals im Süden und entlang der Grenze zu Tirol bis nach Pfronten im Osten spannt sich der Bogen der vorgestellten und beschriebenen Wandertouren.

Durch spannende Tobel, an launischen Wildbächen entlang, vorbei an eindrucksvollen Wasserfällen und klaren Bergseen, geht es über die für das Allgäu so typischen Alpweiden hinauf zu den magisch anziehenden Charaktergestalten der Hochalpen.

Die Routenwahl erstreckt sich von kleinen Ausflügen über einfache Gipfelbesteigungen wie etwa im Naturpark Nagelfluhkette bis hin zu Kondition fordernden, pfiffigen Überschreitungen in steilem, oft luftigem Fels und Gras, erleichtert durch freundliche Alphütten und Alpenvereinshäuser. Auch reizvolle Klettereinlagen wie z. B. am Hindelanger Klettersteig bereichern das Angebot.

Walter Theil

ORIENTIERUNG MIT GPS

Für Navigationsgeräte und Apps haben wir auf unserer Webseite alle Touren im GPX-Format zum Download bereitgestellt:

www.kompass.de/gpx

Hier findet man alle weiteren Informationen. Einfach das richtige Produkt auf der Seite auswählen, die Daten herunterladen und auf das Zielgerät oder in die gewünschte App importieren.

Mehrwert mit Spaßfaktor: Ob vorab zur Planung, als Sicherheit für unterwegs oder zum Erinnern und Archivieren der gegangenen Tour. Die digitale Wanderroute ist in vielerlei Hinsicht wertvoll. Ein Blick auf die Daten hilft, Neues zu entdecken und liefert Inspirationen für die nächsten Touren. Alle Wandertouren aus diesem Führer stehen im GPX-Format kompakt und genau zur Verfügung.

Was ist ein GPX-Track? GPX ist ein Datenformat für Geodaten. Das Wort GPS steht für Global Positioning System (Globales Positionsbestimmungssystem). Mit einem GPX-Track bekommt man die rote Linie, also den Wanderpfad, als geografische Koordinaten.

INHALT UND TOURENÜBERSICHT

AUFTAKT

Eines der Wahrzeichen des Allgäus – der Sendeturm auf dem Grünten.

ANHANG

km	h	hm	hm									Karte
34	10:30	1230	859	✓	✓		✓				✓	3
5	1:45	158	158	✓	✓							3
14,5	3:30	254	254	✓	✓		✓			✓		3
13,25	4:30	591	591	✓	✓		✓	✓				3
9	2:00	27	27	✓	✓		✓					3
7	2:45	310	310	✓	✓		✓					3
12	6:15	1232	1232	✓	✓		✓	✓				3
12	6:15	1133	1133	✓	✓		✓	✓				3
11,5	4:00	401	401	✓	✓	✓		✓				3
9	5:45	487	769	✓	✓	✓		✓				3

Herrlich eingebettet liegt der Gaisalpsee unterhalb vom Rubihorn.

INHALT UND TOURENÜBERSICHT

km	h	hm	hm									Karte
15	4:15	332	332	✓	✓		✓				✓	3
24,25	7:15	967	967	✓	✓		✓	✓			✓	3
33,5	12:30	1614	1614	✓	✓		✓	✓		✓	✓	3
7,75	2:45	162	527	✓	✓	✓	✓				✓	3
8,25	3:00	616	616	✓	✓		✓				✓	3
9,25	5:00	829	829	✓	✓	✓		✓				3
15,5	6:00	1163	1163	✓	✓		✓					3
17,75	9:15	1650	1650	✓	✓		✓	✓		✓	✓	3
19,5	10	1610	1610	✓	✓		✓	✓			✓	3
9,75	3:15	308	308	✓	✓		✓			✓		3
9	3:00	106	969	✓	✓	✓	✓	✓				3
10	4:15	513	826	✓	✓	✓	✓					3
14	6:15	828	828	✓	✓		✓	✓		✓	✓	3
10	3:30	428	428	✓	✓		✓				✓	3
15,5	7:15	1150	1150	✓	✓		✓				✓	3
9,5	4:45	730	730	✓	✓		✓	✓				3
5	1:45	156	156	✓	✓		✓			✓		3
9	3:45	603	603	✓	✓		✓			✓		3
14,25	5:45	775	775	✓	✓	✓	✓	✓				3
14,5	7:15	1237	1237	✓	✓		✓	✓				3
10,25	3:45	296	296	✓	✓		✓					3
18,5	8:45	1412	1412	✓	✓		✓	✓				3
16,5	5:30	1090	1090	✓	✓			✓				3
14	6:45	1364	1364	✓	✓		✓	✓			✓	3
22,5	11:00	1841	1641	✓	✓		✓				✓	3

INHALT UND TOURENÜBERSICHT

Sulzberg
Rottachsee
Kohlenberg
Moosbach
Oy-Mittelberg
Riedis
Petersthal
Faistenoy
Großdorf
Acker
Oberelleg
Wertach
Buchenberg
Bichel
Kranzegg
Sebastians-Kp.
Rückholz
Seeg
Bachtel
Nesselwang
Schwalten-Whr.
Schneidbach
Gschwend
Attlesee
Grüntensee
Hertingen
Wank
Kappel
Roßhaupten
Ried
Zwieselberg
Enzenstetten
Dietringen
Rieden am Forggensee
Oberdill
Weizern
Hopferau
Eisenberg
Zell
Hopfen am See
Ehrwang
Hopfensee
Forggensee
Eschach
Hafenegg
Weißensee
Füssen
Moos
Oberkirchen
Weißensee
Hohes Schloss
Horn
Hohenschwangau
Berg
Weißbach
Pfronten
Steinach
Breiten-B.
1831
Aggenstein
1987
Alpstrudelfall
Vils
Alpsee
Unterpinswang
Musau
Pinswang
Pflach
St.-Ulrichs-Kp.
Jungholz
Langenschwand
Deutsche Alpenstraße
Wertacher Hörnle
1695
Unterjoch
Oberjochsattel
(1178)
Vilsfall
Kotbachfall
Tannheimer Tal
Bad Hindelang
Oberjoch
Kappl
Zöblen
Schattwald
Innergschwend
Iseler
1876
Berg
Tannheim
Haldensee
Grän
Gimpel
2176
Gr. Schlicke
2060
Köllensp.
2240
Tannheimer Berge
Lechaschau
Nesselwängle
Wängle
Reutte
1940
Höfen
Ehenbichl
highline179
Hinterstein
Älpe-A.
Wiesloher Hütte
Gaishorn
2247
Vilsalpe
Vilsalpsee
Vilstal
Rauth
Gaicht
Birkental
(1092)
Gaichtpass
Weißenbach am Lech
Rieden
Thaneller
2343
Gr. Daumen
2280
Schwarzenberg-H.
Ostrach
Landsberger Hütte
Lailach-Sp.
2276
Nebelhorn
2224
Edmund-Probst-Haus
Gr.See-K.
2107
1949
Giebel
Seealpsee
Oytal-Hs.
Prinz-Luitpold-Haus
Schwarzwassertal
Siegel-A.
Forchach
Schwarzhanskar-Sp.
2228
Lech
Rinnen
Brand
Stanzach
Namloser Tal
Knittelkar-Sp.
2378
Mitteregg
Kelmen
2374
Seelakopf
Namlos
Fallerscheinalpe
2591
Hochvogel
2381
Gr. Wilder
2258
Höfats
Vorderhornbach
Hinterhornbach
Martinau
Elmen
Urbeleskar-Sp.
2638
Allgäuer Alpen
2551
Wetter-Sp.
Tarrenton-Sp.
2615
Kemptner H.
2657
Gr. Krottenk.
Hermann-von-Barth-H.
Häselgehr
Unterhäselgehr
Bschlaber Tal
Licht-Sp.
2357
Taschach
Anhalter H.
Heiterwand
Großmähder
Elbigenalp
Grießau
Zum hl. Nikolaus
Gramaiser Tal
Boden
(1894)
Hahntennjoch
Obergiblen
Untergiblen
Wannespitze
2362
Pfafflar
Muttekopf
2777
Muttekopf-H.
Mariä Himmelf.
Bach
Stockach
Gramais
Griesbach-A.
Gr. Schlenkersp.
2821
Madautal
Madau
Imst
Leiter-Sp.
2750
Gunglgrün
Mils
Milser Tunnel
Mils bei Imst
Simms-H.
Wetter-Sp.
2895
Freispitze
2884
2658
Oberlahms-Sp.
Württemberger H.

DAS GEBIET

Das in diesem Wanderführer vorgestellte Tourengebiet umfasst den Hauptteil der Allgäuer Alpen etwa ab einer gedachten Linie Oberstaufen – Wertach, einschließlich der Walsertaler Berge.

Allgäuer Alpen

Wir finden hier eine weitgehend geschlossene Bergregion vor, deren Herz, die über 2600 m hohen Hochalpen, von der Hauptwasserader Iller mit den Quellflüssen Breitach, Stillach und Trettach entwässert wird. Lediglich der Riedbergpass und die Wasserscheide bei Rohrmoos zeigen deutliche Westlücken zum Bregenzerwaldgebirge hin. Im riesigen Bogen um Ifen und Widderstein sowie am langen Allgäuer Hauptkamm existieren nach Vorarlberg und Tirol hin ausnahmslos nur mittels Pfaden und Steigen erschlossene Jochübergänge. Diesen uralten Handelswegen vom Tannberg in das einst von den Walsern besiedelte Kleinwalsertal sowie vom oberen Lechtal nach Oberstdorf kam früher große Bedeutung zu. Die Alpwirtschaft, vormals bedeutendster Erwerbszweig, bestimmt das überaus freundliche und erfrischende Landschaftsbild wie selten in einem anderen Alpenbereich. Die Besiedlung der weithin bekannten Touristenregion beschränkt sich, abgesehen Balderschwang, auf das Illertal mit seinen Terrassen, das Kleinwalsertal und Ostrachtal. Es bleibt also für Entdeckungen in unverfälschter Natur ein beachtlicher Freiraum, ein unschätzbares Gut, das es zu bewahren gilt.

Die wasser- und blumenreichen Allgäuer Alpen, gegliedert durch ein Netzwerk von Tälern und Tobeln, fallen durch ihre beispielhafte Formenvielfalt auf. Kennzeichnend ist ein steter Gesteinswechsel und eine enge Verschwisterung von rassigen Felszacken und atemberaubenden Steilgrasflanken. Ein geologisches Modellgebirge, könnte man sagen, eine lehrreiche Übergangszone zwischen Ost- und Westalpen.

Der Schrecksee in den Hintersteiner Bergen.

Über dem Talschluss des Kleinwalsertals baut sich der bullige Widderstein auf.

Aus dem Alpenvorland betrachtet erscheint das von vorgelagerten Waldeshöhen gesäumte Gipfelpanorama als reich mit Graten, Kämmen und Schneekaren geschmücktes, Sehnsucht weckendes Zackenband. Ein Bild, das keinen leidenschaftlichen Bergwanderer jemals wieder loslässt. Die romantischen Hochtäler weisen vor ihrer Einmündung ins Haupttal oftmals eine ausgeprägte Hängeschulter auf, die auf die Arbeit der Eiszeitgletscher zurückgeht, ebenso wie die Umwandlung von ursprünglich eng eingekerbten V-Tälern in die heute U-förmigen Trogtäler.

Die allgäutypischen Tobel sind dagegen ein Erosionswerk der unermüdlich nagenden Sturzbäche. Einen Reichtum der abgeschiedenen Kare, Rückzugsgebiete für die wagemutigen Gamsrudel und possierlichen Murmeltiere, stellen die vielen herrlichen Bergseen dar, die verträumten Augen des Allgäus, nochmals Relikte der Eiszeit. Als Besonderheit der Gebirgsfauna sind die wieder eingebürgerten Steinböcke in den Schafalpen zu nennen und die gelegentlich mit etwas Glück zu erspähenden Einzelexemplare der königlichen Steinadler.

Allgäuer Voralpen

Als Übergangszone zwischen dem Allgäuer Alpenvorland und den Hochalpen erschließen die durch mehrere Täler gegliederten Voralpen mit Gipfelhöhen bis zu gut 1800 m eine überaus beliebte Wanderregion. Hier ist alles noch recht beschaulich, ein wenig verspielt. Das erhabene Felsenreich der Oberstdorfer und Hindelanger Berge bildet bei Streifzügen die Hintergrundkulisse.

Westlich des Illertals gilt der von Steibis nach Immenstadt verlaufende Prodelkamm als Nordgrenze des

Hinter der Bad-Kissinger-Hütte erhebt sich der Aggenstein.

vorgestellten Berglands mit seinen Tälern, Tobeln und Klammen. Als Hauptwasseradern des Gebietes sind zu nennen die Weissach, die Gunzesrieder Ach mit ihren Quellbächen Aubach und Ostertalbach und die Bolgenach. Diese einerseits an Alpweiden, andererseits an bezaubernden Kammwegen reiche Wander-Vorzugsregion liegt bis zum Balderschwanger Tal hin komplett innerhalb der höchst eigenwilligen Welt des Naturparks Nagelfluhkette.

Die sicherlich auffallendste Erscheinung dieser aus Molasse, zusammengebackenem Geröll, gebildeten Zone ist die lang gestreckte Nagelfluhkette selbst, vom Hohen Häderich über Hochgrat, Rindalphorn und Stuiben zum Mittag: Jähe Felsfluhen, scharf geschnittene Rippen und Grate. Auch der Siplingerkopf mit der bizarren Siplingernadel reiht sich samt seinen südlich des Aubachtals aufragenden Nachbarn in die Galerie der ausgeprägten Nagelfluhberge ein.

Rund um das Ostertal und hinüber zu den Terrassendörfern Ofterschwang, Bolsterlang und Obermaiselstein sowie am Riedbergpass versammeln sich die meist sanft geformten, grünen Flyschberge. Beispielhaft sind das Rangiswanger Horn in der Hörnergruppe, der Wannenkopf und das Riedberger Horn, außerdem das Bleicherhorn. Wie schon die Nagelfluhberge sind auch diese Erhebungen besonders während des blumenprächtigen Frühsommers begehrt. Der aus unterschiedlichen Gesteinsarten aufgebaute und von den beiden Starzlachflüssen sowie dem Wertach-Oberlauf entwässerte kleinere östliche Teil der Allgäuer Voralpen mit dem weitläufigen Großen Wald zwischen Grünten und Wertacher Hörnle wird im Süden vom Ostrachtal und der Oberjochstraße tangiert, zum Alpenvorland hin von der Straße Rettenberg – Wertach. Den Vermittler zum Ostallgäu verkörpert die Reuterwanne. Die markantesten Berggestalten in der Südostecke sind der Kleine Hirschberg und der Spieser. Alle Teilgebiete der Voralpen haben als Bindeglieder zwischen dem Hügelland und der höheren Alpenregion eines gemeinsam: Sowohl eine schier unermessliche Ausschau über das hügelige Alpenvorland wie auch vortreffliche Einblicke ins ernste Reich der Kalkalpen.

Die Allgäuer Berge für Wanderer

Die überaus attraktive Erlebniswelt der Allgäuer Berge ist bestens mit Alpwegen, Pfaden und Steigen sowie einem überzeugenden Hüttennetz erschlossen. Kaum ein Gipfel, auf den nicht wenigstens ein Normalweg führt, nur selten eine Aufstiegsroute, auf der keine Einkehr Erfrischung und Stärkung bietet. Dazu lässt sich so manches hochgesteckte Ziel mit Hilfe der Bergbahn um Stunden abkürzen. Ein Wanderdorado für jede Jahreszeit, für jedes Alter, für jeden Geschmack – einfach zum Wohlfühlen.

Die erlebnisreiche Wanderregion beiderseits der Iller ist bei der Jugend gefragt.

Charakteristisch für die Welt der Nagelfluh – die Siplingernadel.

ADE

…, die in der Regel gefahr- …gen werden können. Meist …childerte Wege, Pfade und …ge ohne ausgesetzte Passagen. Die nicht allzu langen Touren sind auch für Kinder geeignet. Forst- und Alpwege sowie einfache Pfade und Steige ohne ausgesetzte Passagen sind meist gut beschildert und markiert. Maximal mittelsteile Anstiege. Nicht allzu lange und abwechslungsreiche Touren, sind auch für Kinder geeignet.

■ MITTEL

Mittelschwere Touren für trittsichere und geübte Bergwanderer, die sich bei entsprechender Vorsicht und Routenlänge auch für berggewohnte Kinder eignen. Längere steile Steige setzen eine gewisse Kondition und eine überlegte Ausrüstung voraus. Außerdem können kurze unmarkierte und Orientierungssinn erfordernde Abschnitte sowie ausgesetzte Stellen im Schrofengelände vorkommen.

■ SCHWER

Schwierige Touren mit leichter Kletterei für im Hochgebirge erfahrene, trittsichere und schwindelfreie Bergwanderer mit alpiner Ausrüstung. Längere steile oder sehr steile Steige in möglicherweise nur dürftig oder gar nicht markiertem Felsgelände mit ausgesetzten Passagen (auch im Sommer Firnfelder!) setzen Kondition und guten Orientierungssinn voraus.

EINKEHRMÖGLICHKEITEN

Das Einkehrsymbol (Seitenleiste) bezieht sich auf Einkehrmöglichkeiten unterwegs. Da sich die Öffnungszeiten saisonal und regional sehr unterscheiden, sollten Sie sich vorab über Übernachtungs- und Einkehrmöglichkeiten informieren.

MEINE LIEBLINGSTOUR

Auf dem sehr einprägsamen Jubiläumsweg von Hinterstein über den malerischen Schrecksee zum Prinz-Luitpold-Haus (Tour 35) erspäht man mit etwas Glück den Steinadler auf seinem Gleitflug. Zudem lassen sich in Kürze neben einer möglichen Überschreitung des Rauhhorns noch weitere Grenzgipfel besteigen, von denen die meisten ein recht einsames Dasein führen. Beachten sollte man dabei vor allem, dass für die vorgestellte Wanderung allein schon über 1800 Hm im Aufstieg zu bewältigen sind. Mit einer Übernachtung auf der urigen Willersalp kann man das Höhenwegerlebnis allerdings auch gemütlicher angehen.

Der Ponten von der Vorderen Schafwanne.

MEINE HIGHLIGHTS

1

2

3

1: Die markant aufgefaltete Fuchskarspitze beim Prinz-Luitpold-Haus.
→ Tour 35, Seite 136 und Tour 37, Seite 142

2: Der große Wasserfall im Hirschbachtobel oberhalb von Bad Hindelang.
→ Tour 57, Seite 200 und Tour 58, Seite 204

3: Wild gezackt über dem Warmatsgund: Die Oberstdorfer Hammerspitze (links) und die Hochgehrenspitze (rechts).
→ Tour 16, Seite 74 und Tour 17, Seite 77

4: Die Talauen der obersten Wertach bei Unterjoch werden vom Sorgschrofen überragt.
→ Tour 60, Seite 212

4

FERNWANDERWEG E5 INS LECHTAL

Über den Allgäuer Hauptkamm

34 km | 10:30 h | 1230 hm | 859 hm | 3

START | Sonthofen, Bahnhof (Parkplatz), 740 m [GPS: UTM Zone 33 x: 344.015 m y: 5.274.244 m]
CHARAKTER | Der abschnittsweise steile, ausgesetzte und gesicherte Sperrbachtobelaufstieg verlangt bei Nässe erhöhte Vorsicht. In der Regel meist gut bezeichnete Wirtschafts-, Wander- und Alpwege sowie Anliegersträßchen und Steige.

Der von der Nagelfluhkette kommende Europäische Fernwanderweg E5 Bodensee – Adria folgt in drei wenig anstrengenden Tagesetappen abseits des Verkehrs dem Illertal nach Oberstdorf, führt durch das romantische Trettachtal und den wilden Sperrbachtobel zur Kemptner Hütte und jenseits des Allgäuer Hauptkamms durchs faszinierende Tiroler Höhenbachtal nach Holzgau im Lechtal.

Wir starten am Bahnhof in **Sonthofen** 01 auf der Bahnhofstraße, schwenken rechts in die Moltkestraße ein und achten dort auf den Richtungszeiger „Stadtteil Rieden". Vor der Bushaltestelle geht's durch eine Fußgänger-Unterführung. Beim Illersteg benützt der E 5 flussaufwärts den Wasserwirtschaftlichen Lehrwanderweg, einen uferbegleitenden Wirtschaftsweg. Durch wieder

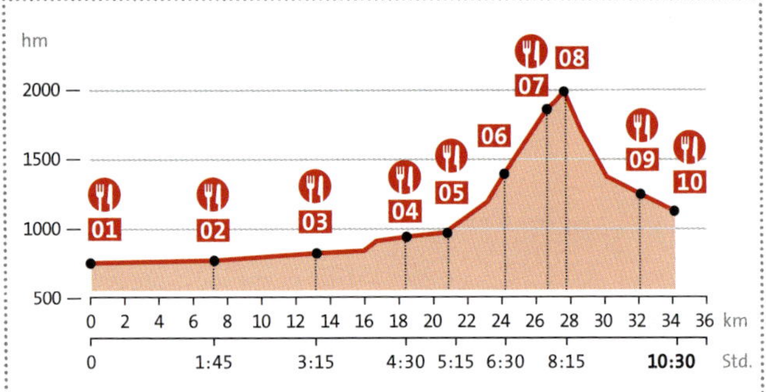

01 Sonthofen, 743 m; 02 Fischen, 761 m; 03 Oberstdorf, 813 m; 04 Waldhotel Christlessee, 930 m; 05 Spielmannsau, 983 m; 06 Am Knie, 1381 m; 07 Kemptner Hütte, 1844 m; 08 Mädelejoch, 1973 m; 09 Café Uta, 1236 m; 10 Holzgau, 1114 m

SONTHOFEN
743
ICO-adventures
Bihlerdorf
Tannach
Umspannwerk
Winkel
Schießstan
Rieden
Oberzoll-brücke
774
St. Leonhard
Berghofe
775
308
Gebirgs-jägermuseum
R. Fluhen-stein
Hoch-A
Illersee (Sonthofer See)
Hüttenberg
Iller-siedlung
01
Burg-siedlung
Staig
ergbauernsennerei
Öko-Kur-park
St. Nepomuk
Westerhofen
740
Alte Schule Heimathaus
Generaloberst-Beck-Kaserne (ehem. Ordensburg)
Binswangen
Sigishofen
Illerstadion
Freizeitbad Wonnemar
Margarethen
Kapelle
820
Margarethakapelle
Wittelsbacher Höhe
881
See-wendel
741
Hofen
Allgäuer Sennerei
821
923
St. Katha
889
Steinbiche
Iller
Schweineberg
Krebsbach
Marienkapelle
Kurhotel Sonnenalp
740
Beilenberg
826
Panoramahöhe
Weingartenhöhe
ALTSTÄDTEN
750
996
Schwarzenbach
rbolz
Im Moos
St. Peter u. Paul
Tiefen-berg
ehem. Alemannische Reihengräber
Hubertusfall
Kalvarienbergkap.
Altstädter Mühle
Wild-fütterung
Hochweiler
Dietrichs
Schönblick
19
"ALEX"
Burg-wald
St. Leonhard u. St. Wendelin
Hinanger Wasserfall
871
1028
Höldersberg
Weiler
754
St. Martin
797
St. Anna
Bachtelmühle
Hinang
823
Kultur-denkmal
Unter-thalhofen
850
Bachtelmühle
Golfplatz Oberallgäu
Ober-
Gundelsberg
821
Berg
Sonnenkopf
Au
Eybachsteg
Eybach
02
Burgegg
Schöllang
855
Skimuseum
861
22
Fischen im Allgäu 761
Klimapavillon
0 500 m
Burgberg
Schöllanger Burgkirche
892
Maderhalm
874
912
Histor.
Rigestobel

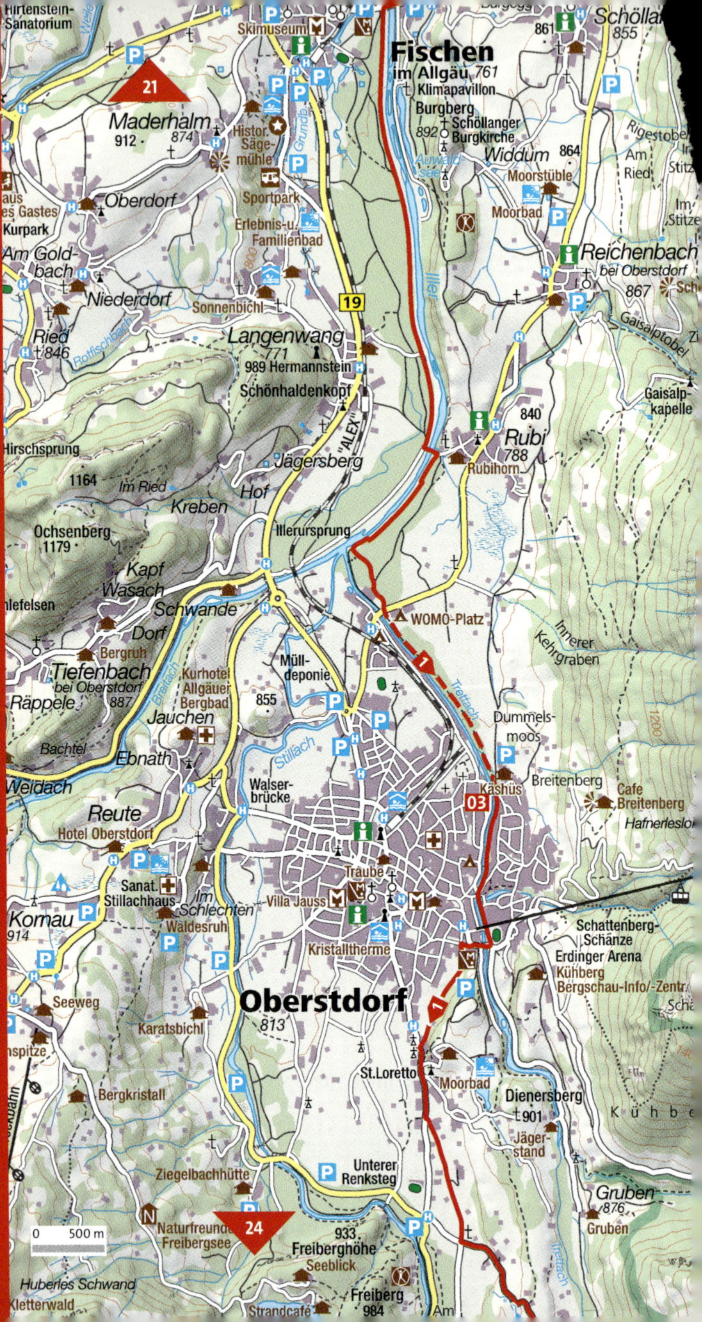
Hirtenstein-Sanatorium
Skimuseum
Fischen
im Allgäu 761
Klimapavillon
Burgberg
892
Schöllanger Burgkirche
Widdum
864
Auwaldsee
Moorstüble
Moorbad
Schöllang
855
861
Rigestobel
Am Ried
Reichenbach
bei Oberstdorf
867
Maderhalm
912
874
Histor. Sägemühle
Grundb.
Sportpark
Erlebnis-u. Familienbad
Oberdorf
Kurpark
Am Goldbach
Niederdorf
Sonnenbichl
Ried
846
Rotfischbach
19
Langenwang
771
989 Hermannstein
Schönhaldenkopf
"ALEX"
Jägersberg
Hof
Hirschsprung
1164
Im Ried
Kreben
Iller
Gaisalptobel
Gaisalpkapelle
840
Rubi
788
Rubihorn
Ochsenberg
1179
Kapf
Wasach
Schwande
Dorf
Illerursprung
WOMO-Platz
Innerer Kehrgraben
Bergruh
Tiefenbach
bei Oberstdorf
887
Räppele
Breitach
Kurhotel Allgäuer Bergbad
Jauchen
Mülldeponie
855
Trettach
Dummelsmoos
Bachtel
Ebnath
Weidach
Stillach
Walserbrücke
Kåshüs
Breitenberg
Cafe Breitenberg
03
Reute
Hotel Oberstdorf
Sanat. Stillachhaus
Im Schlechten
Villa Jauss
Traube
Waldesruh
Kristalltherme
Kornau
914
Schattenberg-Schanze
Erdinger Arena
Kühberg
Bergschau-Info/-Zentr.
Seeweg
Oberstdorf
813
Karatsbichl
St.Loretto
Moorbad
Dienersberg
901
Jägerstand
Bergkristall
Ziegelbachhütte
Unterer Renksteg
Gruben
876
Gruben
21
24
Naturfreunde Freibergsee
933
Freiberghöhe
Seeblick
Freiberg
984
Huberles Schwand
Kletterwald
Strandcafé
0 500 m

Holzgau – Weitwanderziel im Tiroler Lechtal.

mögliche Laufveränderungen der Iller entstehen hier neue Biotope. Die Schautafeln durch den renaturierten Auwald informieren bis zum Ortsrand von **Fischen** 02 über den Gebirgsfluss als Lebensraum, über Geologie, Flussmorphologie und Wassernutzung.

Die Weitwanderroute wechselt jetzt mittels einer Straßenbrücke das Ufer. Stolz setzt sich das Rubihorn in Szene. Auf der Höhe von Rubi bringt uns eine Fußgängerbrücke zurück ans Ostufer.

Ab dem Illerursprung haben wir die Trettach als Begleiterin. Bald nach einer Straßenquerung am Ortsanfang von **Oberstdorf** 03 gelangt man auf einem Wanderweg zur Nebelhornbahn.

Beim Trettach-Stüble geht man über den Großparkplatz und folgt an der Minigolfanlage dem Wanderweg zu den Loretto-Kapellen. Dort führt das nach Dietersberg ausgeschilderte, später steigende Anliegersträßchen zum Golfplatz. An der nächsten Gabelung bleiben wir der wieder flachen und schmäleren Route Richtung Spielmannsau treu, die etwas oberhalb der Trettach auf die rassige Trettachspitze zuhält, links der Kratzer.

Das **Waldhotel Christlessee** 04 bietet sich am idyllischen, gleichnamigen Bergsee zu einer Übernachtung an.

Am nächsten Morgen geht es auf einem Natursträßchen weiter über schmale Wiesen und Weiden und ans andere Trettachufer. Hinter der Kapelle Christi Geburt trägt uns die Traufbachbrücke zu den Häusern von **Spielmannsau** 05.

Nach der Oberaualpe zweigt der mitunter felsige Steig Richtung Kemptner Hütte ab. Dieser quert zwischen riesigen Schrofenflanken erst noch leicht steigend durch lockeren Mischwald an der Trettach ein paar Sturzbäche. Das Hochgebirge hat uns aufgenommen.

Buschwerk säumt den urigen Sperrbachtobel, dessen Seite

Unterer Renksteg
Jager-stand
Schörganger
Gruben 876
Gruben
22
Oybach
Gündle
933
Freiberg 984
Am Ried
1563
Hahnenkopf
1748
1735
Riffenkopf
Schloss-wies
Burgstall
Dietersberg
Älpelekopf
Gerstrubner Älpele (verf.)
1614
Bergschau-Info
1722
1801
Riefenkopf
Wannenkopf
1
Gerstruben 1145
Himmelschrofenalpe (verf.)
Gottenried
Hölltobel
Raut
Gerstruben
Gerstrubner 1216
1673
Christlessee
Himmelschrofen
1791
Christlessee
04
Waldhotel am Christlessee
Pechholz
Vordere Ringersgundalpe (verf.)
1776
Klupper
Kegelköpfe
953
1959
Hintere Ringersgundalpe (verf.)
Gibelalpe
Obere Gibelmähder
Untere Gibelmähder
Kesselgrat
Spielmannsau
Traufbach
Vorderer Wildgundkopf
Spielmannsau
Im Lüss
1935
05
Bubenebene
Brandrücken
Vordere Traufbergalpe
Oberau-Alpe 1004
Hintere Traufbergalpe
Traufberg
Hinterer Wildgundkopf
1604
1028
Hierenalpe (Jagdhaus)
1955
Wurmloch
Trettach
Schmalhorn
(verf.)
1952
Fürschießerwände
1912
Untere Mädelealpe 1249
Krummenstein
Fürschießer
2088
Vordere Einödsbergalpe 1647
Warmatsrücken
2271
Schafberg
(verf.)
1833
Schrofen
2208
Fürschießersattel
Häselsgern
Untere Schneeflucht
Am Knie
06
Einödsberg
Obere Alpe (verf.)
Spätengundkopf 1993
1589
1555
Hintere Einödsbergalpe
Auf der hohen Trettach
Mädelekopf
1910
07
1174
Bacher Alpe

km	h	hm	hm	P								Karte
7,5	2:15	350	350	✓	✓		✓				✓	3
14,25	7:45	1133	1133	✓	✓		✓	✓		✓	✓	3
10,75	4:45	792	792	✓	✓		✓				✓	3
13,5	4:00	700	700	✓	✓		✓				✓	3
10,5	2:45	142	142	✓	✓		✓					3
5,75	3:00	563	563	✓				✓				3
16	6:15	867	867	✓	✓			✓				3
9,5	4:30	819	819	✓	✓			✓				3
15,5	5:30	773	773	✓	✓		✓	✓		✓		3
10,75	2:45	63	63	✓	✓		✓					3
8,5	4:00	768	768	✓	✓			✓		✓		3
7	3:15	332	960	✓	✓	✓	✓	✓			✓	3
8,5	4:00	474	474	✓	✓		✓	✓				3
9,5	3:30	702	702	✓	✓		✓	✓				3
11	3:30	471	471	✓	✓		✓			✓		3
14	5:00	769	769	✓	✓		✓	✓		✓		3
8,75	3:30	608	608	✓	✓		✓	✓		✓		3
8	2:15	28	28	✓	✓		✓					3
9	4:45	798	798	✓	✓		✓	✓			✓	3
4,75	1:45	137	137	✓	✓		✓					3
9,5	4:15	692	692	✓	✓		✓	✓				3
9,25	4:15	698	698	✓	✓		✓	✓				3
13,25	5:15	851	851	✓	✓		✓	✓				3
11,25	4:45	1342	497	✓	✓	✓	✓	✓			✓	3
55	17:45	1653	2799	✓	✓	✓	✓	✓				3

GEBIETSÜBERSICHTSKARTE

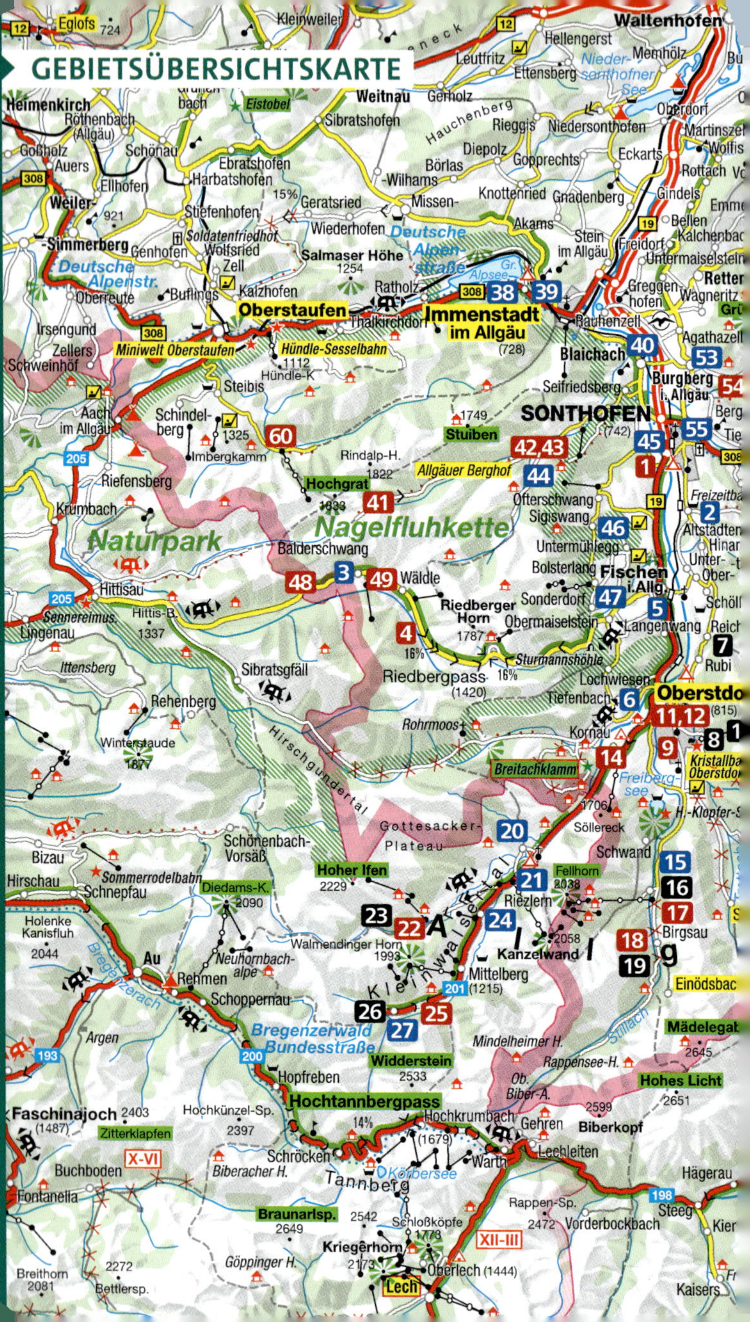

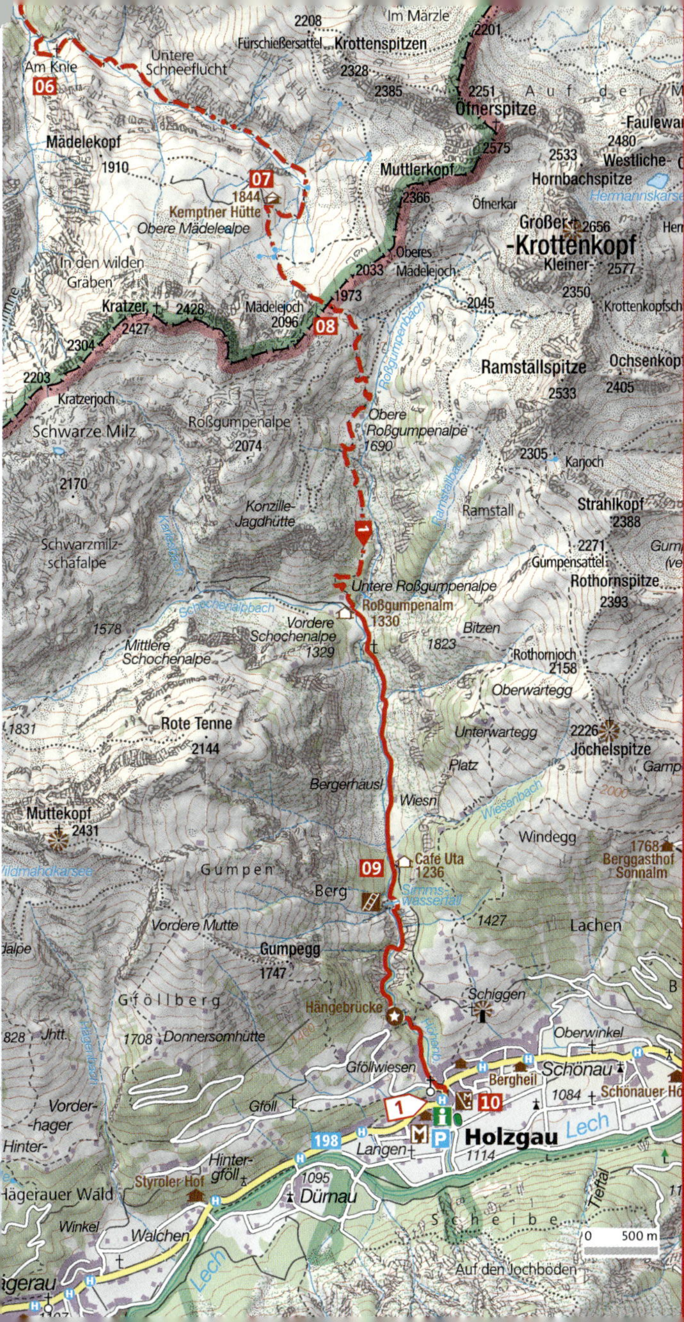

Im Märzle
2208
Fürschießersattel
Krottenspitzen
2201
Am Knie
06
Untere Schneeflucht
2328
2385
2251
Auf der
Öfnerspitze
Faulewa
Mädelekopf
2575
2480
1910
2533
Westliche
07
Muttlerkopf
Hornbachspitze
1844
Kemptner Hütte
2366
Öfnerkar
Hermannskar
Obere Mädelealpe
Großer
2656
Krottenkopf
Oberes Mädelejoch
In den wilden Gräben
2033
Kleiner
2577
1973
2350
Kratzer
2428
Mädelejoch
2096
2045
Krottenkopfsch
2427
08
2304
Roßgumpenbach
Ramstallspitze
Ochsenkopf
2203
2533
2405
Kratzerjoch
Obere Roßgumpenalpe
1690
Schwarze Milz
Roßgumpenalpe
2074
2305
Karjoch
2170
Ramstallbach
Konzille-Jagdhütte
Ramstall
Strahlkopf
2388
Schwarzmilz-schafalpe
2271
Gumpensattel
Rothornspitze
Untere Roßgumpenalpe
Schochenalpbach
Roßgumpenalm
1330
2393
Vordere Schochenalpe
1329
1578
Bitzen
Mittlere Schochenalpe
1823
Rothornjoch
2158
Oberwartegg
1831
Rote Tenne
2144
Unterwartegg
2226
Jöchelspitze
Platz
Bergerhäusl
Wiesn
Wiesenbach
2000
Muttekopf
2431
Windegg
1768
Berggasthof Sonnalm
09
Cafe Uta
1236
Gumpen
Berg
Simms-wasserfall
1427
Lachen
Vordere Mutte
Gumpegg
1747
Gföllberg
Schiggen
Hängebrücke
828
Jhtt.
1708
Donnersomhütte
Oberwinkel
Gföllwiesen
Bergheil
Schönau
1084
Schönauer Ho
Vorder-hager
Gföll
1
10
198
Holzgau
Lech
Hinter-
Langen
1114
Hinter-gföll
1095
Styroler Hof
Hägerauer Wald
Dürnau
Tiefta
Winkel
Walchen
Scheibe
0
500 m
Lech
Auf den Jochböden
Hägerau

Am Ausgang des Stillachtals.

wir auf einem soliden Eisensteg wechseln. Anschließend überwinden wir den Steilaufschwung zum Marterl **„Am Knie“** 06. Zu einer weiteren Bachquerung mittels eines Leichtmetallstegs lässt sich's kurz aufatmen, dann steigt unser ab und an ausgesetzter und versicherter Kurs durch den beklemmenden und von Lawinenresten gefüllten Felsentobel erneut an. In einer Schleife, einen letzten Bach überschreitend, wandern wir wieder gemütlich durch einen Alpkessel hinauf zur **Kemptner Hütte** 07 der Alpenvereins-Sektion Kempten unter dem wuchtigen Kratzer.

Am dritten Tag weist uns die E5-Beschilderung an zwei Verzweigungen über teilweise schrofige, aber kaum anstrengende Hänge hinauf ins **Mädelejoch** 08 an der Tiroler Grenze. Im Osten bestechen der Große Krottenkopf, Regent der Allgäuer Alpen, und der zerborstene Ramstallkopf, während über der Furche des Lechtals bereits die Lechtaler Alpen aufragen.

Man steigt nun hoch über dem Roßgumpenbach talwärts über abschnittsweise latschenbewachsene Grashänge und erreicht die Obere Roßgumpenalpe sowie nach einem längeren Waldstück die Untere Roßgumpenalpe. Beim Oberen Fall wird an der Einmündung des Schochenalpbachs der Unterlauf des Roßgumpenbachs gequert. Dann geleitet uns ein erholsamer Alpweg über Lichtungen durchs Höhenbachtal zum **Café Uta** 09.

Den Simmswasserfall passierend taucht hinter einer schluchtartigen Enge – über uns eine Riesenhängebrücke – unser Weitwanderziel auf, das attraktive Dorf **Holzgau** 10 im Oberen Lechtal. Dort besteht eine Busverbindung durch das Tannheimer Tal zurück nach **Sonthofen** 01.

MALERWINKEL

Zauberhafte Landschaftsbilder in Stadtnähe

5 km | 1:45 h | 158 hm | 158 hm | 3

START | Altstädten (Stadt Sonthofen), Bahnhof, 750 m; Parkmöglichkeit rechts am Zaun
[GPS: UTM Zone 33 x: 344.015 m y: 5.274.244 m]
CHARAKTER | Lediglich kleine Anstiege. Ausreichend beschilderte Wirtschafts- und Waldwege, Ziehweg und Pfade.

Die spannende Spazierrunde beginnt beim Bahnhof in **Altstädten** 01. Der Wirtschaftsweg jenseits der Geleise Richtung Fischen leitet uns, die an alemannische Reihengräber erinnernde Steinsäule passierend, auf die Oberstdorfer Berge zu. Wir benützen den nächsten Bahnübergang und achten im Dorf auf den Wegweiser „Malerwinkel". Auf einem Waldweg überwinden wir den steilen, das Illertal begrenzenden Berghang. Danach umrundet ein Pfad im Bogen eine Schafweide. Teilweise über Stufen steigt man in wenigen Windungen durch den Burgwald empor und gelangt mit zweimaliger Forstwegquerung zum **Malerwinkel** 02.

Von der Rastbank auf der kleinen Bergeshöhe offenbart sich ein Bild für Götter. Besonders prächtig ist der Anblick, wenn der Buchenwald im spätherbstlichen Farbenreigen aufflammt. Über Thalhofen setzen die Schöllanger Burgkapelle und die schlanken Kirchtürme von Langenwang und Oberstdorf Akzente in den weiten Talkessel.

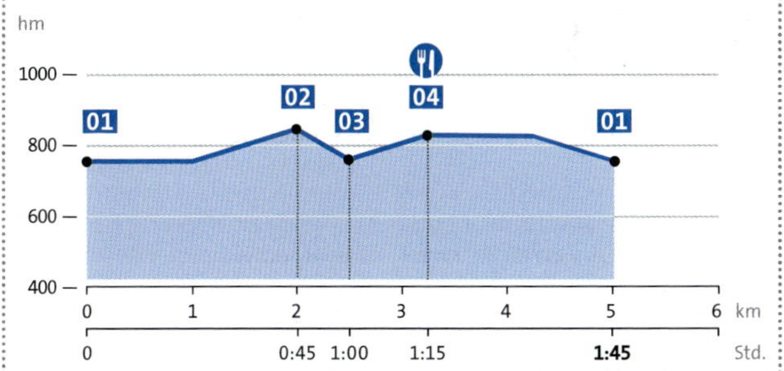

01 Altstädten, 750 m; 02 Malerwinkel, 840 m; 03 Unterthalhofen, 755 m; 04 Hinang, 823 m

Herbststimmung im Malerwinkel.

Ewig könnte man hier sitzen und die Zackenfolge der begeisternden Oberallgäuer Felsmajestäten ergründen.

In ein paar engen Pfad-Serpentinen schlendern wir nun an scharfkantigen Felskloben bergab. Eine fesselnde Etappe. In **Unterthalhofen** 03 lassen wir uns am Hinanger Bach vom Wanderschild „Hinang" den Weiterweg zeigen.

Ein Ziehweg und kurz darauf wieder ein Pfad leiten uns gemütlich am Bachtobel mit kleinen Wasserfällen bergan. Im Stadtteil **Hinang** 04 hält man sich Richtung Altstädten, im Osten die Sonthofner Sonnenköpfe. Auf einem Wirtschaftsweg lässt man ein Einzelanwesen links liegen und folgt am Waldbeginn kurz talwärts einem Trimm-Dich-Pfad. Mit einem unbedeutenden Gegenanstieg führt ein Waldweg zu einem Illertal-Tiefblick. Zuletzt bringt uns ein Pfad über zwei lange Steintreppen zurück nach **Altstädten** 01.

Das alemannische Gräberfeld von Altstädten

Eine beachtenswerte Steinsäule beim Altstädter Bahnhof erinnert an ein beim Bahnbau 1887 entdecktes alemannischen Reihengräberfeld aus der Wende vom 6. ins 7. Jahrhundert. Der frühmittelalterliche und während der Bauarbeiten teilweise zerstörte Friedhof lag ursprünglich auf dem westlich der Kirche abgetragenen Kirchbichel. Die wiederholten Ausgrabungen deckten 80 Gräber nicht besonders wohlhabender Siedler auf. Als Grabbeigaben kamen Waffen und Schmuck zum Vorschein. Im Heimathaus Sonthofen sind noch Arm-, Finger- und Ohrringe sowie ein Schuhriemenbesatz aus Bronze, Messer und maskenplattierte Beschläge einer Gürtelgarnitur zu sehen.

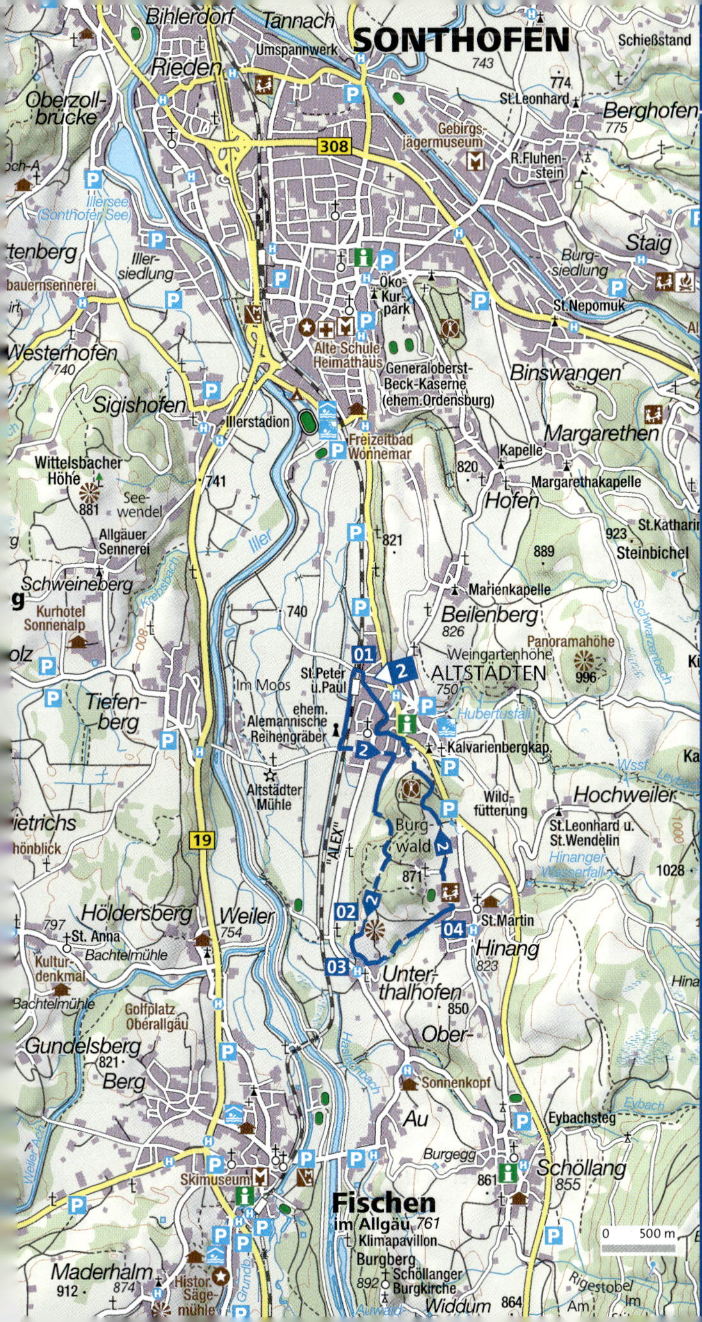
SONTHOFEN
743
Bihlerdorf
Tannach
Umspannwerk
Rieden
Oberzollbrücke
308
Gebirgsjägermuseum
St.Leonhard
774
Schießstand
Berghofen
775
R.Fluhenstein
Illersee (Sonthofer See)
tenberg
Illersiedlung
bauernsennerei
Öko-Kurpark
Staig
Burgsiedlung
St.Nepomuk
Westerhofen
740
Alte Schule Heimathaus
Generaloberst-Beck-Kaserne (ehem.Ordensburg)
Binswangen
Sigishofen
Illerstadion
Freizeitbad Wonnemar
Margarethen
Kapelle
Margarethakapelle
Wittelsbacher Höhe
881
Seewendel
741
820
Hofen
Allgäuer Sennerei
Iller
821
923
St.Katharin
889
Steinbichel
Schweineberg
Krebsbach
Marienkapelle
Kurhotel Sonnenalp
740
Beilenberg
826
Panoramahöhe
Weingartenhöhe
996
ALTSTÄDTEN
750
St.Peter u.Paul
Im Moos
01
2
Tiefenberg
ehem. Alemannische Reihengräber
Hubertusfall
Kalvarienbergkap.
Schwarzenbach
Altstädter Mühle
Wildfütterung
Hochweiler
Wssf. Leybach
St.Leonhard u. St.Wendelin
Burgwald
"ALEX"
ietrichs
hönblick
19
871
Hinanger Wasserfall
1028
Höldersberg
Weiler
754
02
04
St.Martin
797
St. Anna
Bachtelmühle
Hinang
823
03
Unterthalhofen
Kulturdenkmal
Bachtelmühle
Golfplatz Oberallgäu
850
Ober-
Gundelsberg
821
Berg
Haslachbach
Sonnenkopf
Eybach
Eybachsteg
Au
Weiler Ach
Burgegg
Skimuseum
Schöllang
855
861
Fischen im Allgäu
761
Klimapavillon
Burgberg
892
Schöllanger Burgkirche
Maderhalm
912
874
Histor. Sägemühle
Widdum
864
Rigestobel
Am
0 500 m

SCHEUENWASSERFALL • 1240 m

Stiebendes Bergwasser in verschwiegenem Winkel

14,5 km | 3:30 h | 254 hm | 254 hm | 3

START | Balderschwang, Bushaltestelle beim Schullandheim (Parkplatz), 1044 m
[GPS: UTM Zone 33 x: 344.015 m y: 5.274.244 m]
CHARAKTER | Leichte Steigungen. Gut bezeichnete Wirtschafts- und Waldwege, zuletzt kurze Abschnitte auf Ziehweg und Steig.

▶ Erst mal führt der beschauliche Talausflug vom Schullandheim in **Balderschwang** 01 auf einem Wanderweg hinunter zum Badeteich. Dort bringt uns die Bolgenachbrücke zur **Schelpenalpe** 02. Der Wegweiser „Scheuenalpe" lenkt auf einen erholsamen Wirtschaftsweg. Mit einem Uferwechsel folgt die Route stets dem bewaldeten Bach.

Schmucke Hausfassade in Balderschwang.

Bei der Querung des einmündenden Stubenbachs wird der Blick zum Siplingerkopf frei. An einem im Winter geöffneten Imbiss-

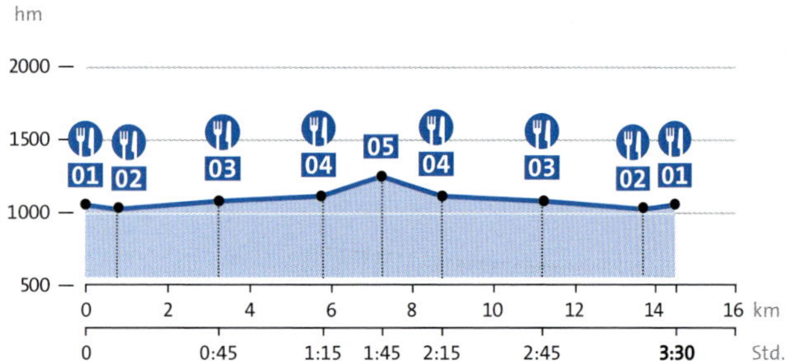

01 Balderschwang, 1044 m; 02 Schelpenalpe, 1015 m; 03 Schwabenhof, 1071 m; 04 Scheuenalpe, 1105 m; 05 Scheuenwasserfall, 1240 m

Gelchenwangalpe
Leiterberg
1626
Scheidwangalpe
1317
1315
Scheidwanger
Melke
Hirschgundalpe
Untere-
Siplingeralpe
Obere-
(verf.)
1628
Tennenmoosko
Feldalpe
Heidenkopf
1685
Siplingerkopf
Untere Wilhe
1270
Girenkopf
1683
Scheidwang-
sattel
Gratkopf
1670
1746
Lachealpe
Im Kessel
Obere Wilhelminea
Suraalpe
1599
1489
1588
Alpe
Spicherhalde
1481
Hintere Aschalpe
(verf.)
Schnelleralpe
(verf.)
Obere
Balderschwanger Alpe
Bleicherhorn
1669
Obere-
Socheralpe
Balderschwang
Adlerkönig
Kienles
Hubertus
01
Höllritzereck
1669
Ifenblick
1044
Alpe
Unterbalderschwang
Untere-
Stöckalpe
3
Gschwend
Dorfweiher
Jägerwinkel
Waldalpe
(verf.)
Unt. Höllritzera
(verf.)
Schelpenalpe
1003
Höflealpe
(nur Wi.)
02
Au
Schwabenhof
Schwaben-
hof
Kreu
Schelpenbahn
nur Winter
Sala
Möser
Riedberghornbahn
(Winter)
Lappach-
alpe
Lenzen
Alpe
03
Wildschutz-
gebiet
Hütte
Gelbhanskopf-
alpe
Bodenseehütte
1250
Köpflealpe
1274
1075
Lenzengraben
Bolgenach
Gelbhansekopf
1437
Gelbhanse-
kopfalpe
Obere
Hanseköpflealpe
(verf.)
Schwarzenberg
Junghansen
Schelpbach
elpenalpe
1230
1202
Fuchsschelpen-Alpe
Fuchsalm
1300
1379
Jhtt.
Schwarzenbergalpe
1422
Stelzenwa
Tiefgraben
Hochschelpenalpe
(verf.)
1425
1545
Untere Schelpenalpe
1302
1198
04
Scheuenalpe
Diensthütte
Burglhütte
1428
Im Rhana
Hochschelpen
1552
Stuben-
löcher
Äußerer
Scheuenwald
Inneren Scheuenbach
Güntlealpe
Roßschelpen-A.
(verf.)
1618
Sättele
1434
Vögels-Neualpe
Hörnlein
1543
Rehköpfl
1477
Scheuen-
Wasserfall
05
Gauchenwänd
Scheuenwände
Ries
1243
1426
Scheuenpass
Alte Piesenalpe
(verf.)
0
500 m
Rindbach-A.
1236
1630
Piesenkopf
Papstalpe
(Piesenalpe)
Schwandalpe
1494

Im „Bayerischen Sibirien“

Die wenigsten Wanderer, die heute so selbstverständlich von Fischen über den einst mautpflichtigen Riedbergpass fahren, können sich wohl vorstellen, dass Balderschwang bis 1961 aus dem Allgäu nur über das Nachbarland Vorarlberg erreichbar war. Strenge Winter hatten das „Bayerische Sibirien“, wie die noch weitgehend unverfälschte Touristengemeinde im Balderschwanger Tal wegen seiner schneesicheren Lage auch genannt wird, früher völlig von der Außenwelt abgeschnitten. An extremen Tagen konnte nicht mal der Post-Pferdeschlitten die aufgetürmten Schneeberge überwinden. Benachbarte Häuser waren dann nur mittels mühsam gegrabener Tunnel zugänglich. So ist die späte, erst gegen Mitte des 18. Jhs. erfolgte Besiedlung des bis dahin als Alpgebiet genutzten Tales gut zu verstehen. Ein altes Sprichwort besagt: In Balderschwang ist es ein Dreivierteljahr Winter und ein Vierteljahr kalt.

Die Bolgenach entwässert das Balderschwanger Tal.

Stadel überschreiten wir den herbeiströmenden Rauhbach und bleiben nahe des **Schwabenhofs** 03 weiterhin dem Bolgenachweg treu. Auf einem Waldweg setzt man den Genießerkurs mit einladenden Rastplätzen fort.

Wo man auf einen geteerten Forstweg stößt, legt sich noch einmal die Bolgenach quer. Nach der Scheuenbachbrücke ist die **Scheuenalpe** 04 erreicht.

An der anschließenden Gabelung dirigiert uns das Täfelchen „Scheuenwasserfall“ auf einen über ein Weidegebiet ansteigenden Ziehweg, zur Linken das Beslermassiv. Bei einer Wegkuppe weist das Wasserfallschild auf einen Pfad am Waldrand bergauf. Als spannendes Finale ist unter dem breiten Felsriegel der Gauchenwände dann noch ein kurzer Steigabstieg zum **Scheuenwasserfall** 05 fällig, der seinen Schleier über mächtig beeindruckende Wandabstürze wirft. Zerschmetterte Felsblöcke versammeln sich im Schlund dieses köstlich verschwiegenen Winkels, von dem man nicht so schnell wieder loskommt.

PIESENKOPF • 1630 m

Ruhige Alpwanderung am Riedbergpass

13,25 km | 4:30 h | 591 hm | 591 hm | 3

START | Parkplatz Scheuenalpe, direkt an der Riedbergpassstraße zwischen Obermaiselstein und Balderschwang, Bushaltestelle [GPS: UTM Zone 32 x: 585.760 m y: 5.255.030 m]
CHARAKTER | Asphaltierte Nebensträßchen und breite Wirtschaftswege, schmälere Wald- und Wiesenpfade, die bei Nässe durch Kuhtritte stellenweise sumpfig sein können.

Schöne, beschauliche Rundwanderung über ein abgelegenes Alpgebiet, das mit zwei allgäutypischen Einkehrmöglichkeiten auf bewirtschafteten Alpen aufwartet.

Vom **Parkplatz Scheuenalpe** 01 an der Riedbergpassstraße folgen wir dem asphaltierten Sträßlein Richtung Scheuenalpe. Bei der **Verzweigung** 02 halten wir uns rechts, bleiben auf dem Asphaltsträßchen und gehen Richtung Wald. Nach Überqueren eines Baches steigt das Sträßchen leicht an, links schimmern die Felswände der Scheuenwände durch die Bäume, und bei einer Lichtung mit Sitzbank erreichen wir die **Abzweigung** 03, die uns links Richtung Piesenkopf weist.

Wir verlassen den Asphalt, gehen leicht abwärts und überqueren einen Bachlauf über eine halbrund

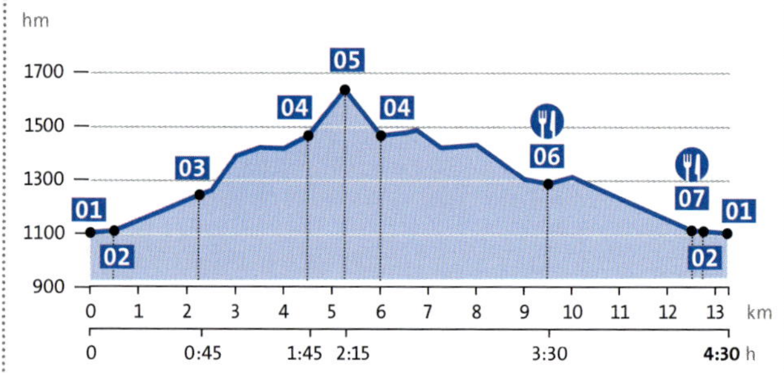

01 Parkplatz Scheuenalpe, 1097 m, 02 Verzweigung, 1104 m;
03 Abzweigung Pfad, 1238 m; 04 Abzweigung Gipfel, 1460 m;
05 Piesenkopf, 1630 m; 06 Dinigörgenalpe, 1280 m;
07 Scheuenalpe, 1107 m

Weiter Blick vom schlichten Gipfelkreuz am Piesenkopf.

Die Scheuenalpe lädt zur Rast ein.

geformte Brücke. Der anfangs breite Forstweg steigt an, führt zunächst durch ein Waldstück, verengt sich zu einem schmalen Wiesenpfad und bringt uns auf einen breiten Weg. Bei einem Wanderschild verlassen wir diesen nach links und steigen wieder auf schmälerem Pfad in Richtung Felsen auf. Es wird spürbar steiler und der Weg leitet uns durch Wald und über Weidegelände zu einer Hochfläche. Wir halten uns bei einem Schild wieder links und wandern – der bewaldete Piesenkopf rechts vor uns – über die durch Kuhtritte stellenweise sumpfige Alpwiesen. Auffällige rot-weiße Markierungspfosten weisen uns den Weg.

Auf einer leichten Anhöhe stoßen wir auf die **Abzweigung** 04 zum Piesenkopf nach rechts und steigen in Kehren über den grasigen Hang zu einem bewachsenen Grat hoch. Ein paar Meter nach links, am Weidezaun entlang, und wir gelangen zum kleinen, hölzernen Gipfelkreuz des **Piesenkopfs** 05.

Zurück zur **Abzweigung** 04 halten wir uns rechts, wandern weiter über die offenen Almwiesen in Richtung eines Gebäudes, das wir rechts umgehen und gelangen durch ein Viehgatter leicht abwärts in Latschengelände. Einem kreuzenden Forstfahrweg folgen wir nach rechts, durchschreiten ein großes Weidetor und verlassen den Wald. Der Kiesweg geht in Asphalt über, fällt stärker ab und bringt uns in Kehren hinab zu einer Verzweigung und einer kreuzenden Asphaltstraße. Linkshaltend erreichen wir wenige Minuten später die **Dinigörgenalpe** 06, die zur Einkehr einlädt.

An der Alpe vorbei wandern wir auf dem breiten, nicht mehr asphaltierten Wirtschaftsweg in Kehren, teilweise ordentlich steil, durch bewaldetes Gebiet bergab. Nach einem Viehgatter endet der Wald und wir befinden uns wieder auf freiem Wiesengelände. Vorbei an einer Abzweigung nach links zum Scheuenwasserfall gelangen wir 100 m später zur schon länger sichtbaren **Scheuenalpe** 07. Auf Asphalt sind wir kurz darauf an der **Verzweigung** 02 mit dem Hinweg und spazieren gemütlich nach rechts zurück zum **Parkplatz Scheuenalpe** 01 an der Riedbergpassstraße.

WEIDACH-NATURPARK

Auf dem Waldlehrpfad nach Rubi

9 km | 2:00 h | 27 hm | 27 hm | 3

START | Fischen, Bahnhof (Parkplatz), 761 m
[GPS: UTM Zone 33 x: 344.015 m y: 5.274.244 m]
CHARAKTER | Keine Steigungen. Gut beschilderte Wander- und Wirtschaftswege.

An heißen Sommertagen bietet der Waldlehrpfad durch den ausgedehnten Weidach-Naturpark, an der Iller zwischen Fischen und Oberstdorf, einen erfrischenden Zeitvertreib, bei dem man so ganz nebenbei auch noch etwas für die Bildung in Sachen Natur tun kann. Ist man zu früh zurück, lässt sich am Fischener Ostufer locker noch der schlanke Auwaldsee mit seinem Klima-Pavillon umrunden oder man kann zusätzlich die Schöllanger Burgkirche mit ins Programm aufnehmen.

▶ Wir spazieren vom Bahnhof in **Fischen** 01 über den Bahnübergang und nehmen beim Jagdhof den Fußgängerweg über die Grundbachbrücke zum sehenswerten Kräuter- und Kneippgarten. Gegenüber am Minigolfplatz beginnt der Waldlehrpfad. Auf dem breiten Wanderweg durch den **Weidach-Naturpark** erfährt man so manches über den Wald und seine Bewohner.

An Kreuzungen hält man sich Richtung Rubi. Zahlreiche Informations-Tafeln begleiten uns durch den beruhigenden, flachen Mischwald bis zum Illersteg kurz vor Rubi. Ein kleiner Abstecher entführt nach

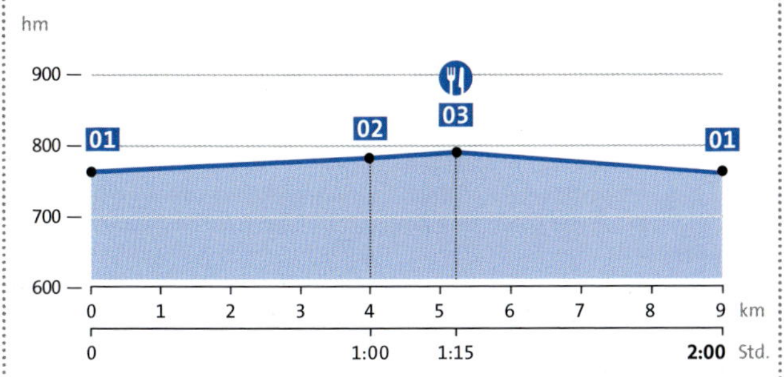

01 Fischen, 761 m; 02 Illerursprung, 780 m; 03 Rubi, 788 m

Illerufer unter der Schöllanger Burgkirche.

dem Steg zum **Illerursprung** 02. Die drei Quellwasser Breitach, Stillach und Trettach vereinigen sich hier zum großen Allgäuer Fluss. Das entspannende Plätzchen lädt zum Verweilen und ausgiebigen Krafttanken ein.

Wieder auf der Hauptroute queren wir zweimal den Gaisalpbach und schlendern dann hinein in den Oberstdorfer Ortsteil **Rubi** 03. Am Fuße des schroff fast 1200 m über dem behaglichen Dörfchen aufragenden Rubihorns kommt uns eine Einkehr gerade recht.

Einen informativen Einblick gewährt das packend nahe Oberstdorfer Gipfelreich. Wenn sich da keine Sehnsüchte rühren.

Wir begeben uns auf dem bekannten Weg erneut zum Fluss, wechseln das Ufer und setzen den Vergnügungskurs auf dem Wirtschaftsweg am bewaldeten, jenseits mitunter felsbewehrten Ufer nordwärts fort. Erst nach dem Waldschopf mit der Schöllanger Burgkirche – dahinter zeigt sich der Entschenkopf – geht es auf einem Spazierweg gemütlich und in Kürze zurück nach **Fischen** 01.

JUDENKIRCHE • 1080 m

Rund um den Ochsenberg

7 km · 2:45 h · 310 hm · 310 hm · 3

START | Tiefenbach (Gemeinde Oberstdorf), Bushaltestelle am Rathaus (Parkplatz), 840 m
[GPS: UTM Zone 33 x: 344.015 m y: 5.274.244 m]
CHARAKTER | Einfache Aufstiege. Ausreichend beschilderte Wirtschafts-, Wald- und Wanderwege, Steige und kurze Abschnitte auf Pfadspuren.

Zwischen dem obersten Illertal und der Tiefenbacher Talmulde erhebt sich der durch leuchtende Schrattenkalkpartien auffallende Ochsenkopf. Während seiner Umrundung wird der krasse Gegensatz zwischen den weich geformten Flyschbergen und dem schroffen Gipfelreich des Helvetikums recht augenscheinlich.

▶ Nach kurzem Talkurs beim Rathaus in **Tiefenbach** 01 wählen wir das Sträßchen Richtung Sulzberg. An der Kirche das Schild „Kapf" beachtend, schwingen sich wenige Wanderwegschleifen empor zum Mischwald am Ochsenberg mit der winzigen Höhle im **Jehlefelsen** 02. Hier befand sich in der Mittelsteinzeit der älteste Allgäuer Wohnplatz. Nun leitet ein Steig an einer langen, lotrechten Felsenflucht vorbei, bevor uns ein kleiner Anstieg zur Privathütte auf dem Geländeabsatz **Kapf** 03 bringt.

Während einer Ruhepause kann man die Oberstdorfer Prachtgestalten von der Höfats über die

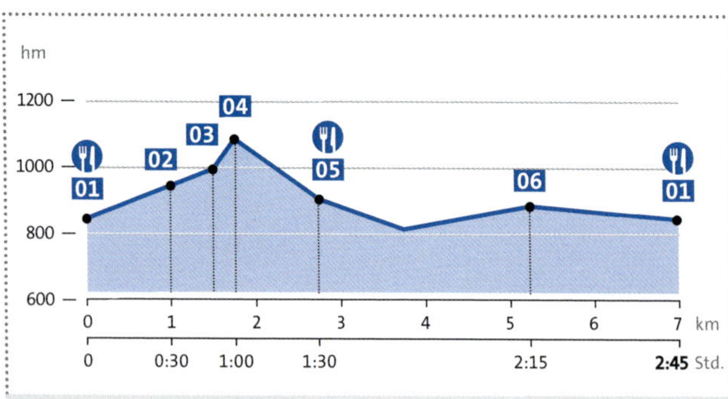

01 Tiefenbach, 840 m; 02 Jehlefelsen, 940 m; 03 Kapf, 990 m; 04 Judenkirche, 1080 m; 05 Jägersberg, 900 m; 06 Hirschsprung, 880 m

Mädelegabelgruppe bis zum Biberkopf bewundern. Zum Natur-Felsentor **Judenkirche** **04** sind nochmals ein paar Höhenmeter zu überwinden. Auf dem Abstieg halten wir uns an einer Gabelung an die Jägersberger Route. Mittels einer kurzen Pfadspur queren wir zwei Wiesenflecken und folgen ab den oberen Anwesen von **Jägersberg** **05** einem Wirtschaftsweg zum gleichnamigen Café.

Dort führt ein unbedeutender Gegenanstieg in den Sattel am Schönhaldenkopf. Der Wegweiser „Hirschsprung“ dirigiert uns daraufhin bergab über die Lichtung des Ochsentals.

Auf dem nach Obermaiselstein abzweigenden Waldsteig ist eine abschüssige Passage kurioserweise mit einem Gartenschlauch gesichert.

An einer Verzweigung beachtet man den Wegzeiger zum Hirschsprung und passiert im Talboden auf einer längeren Wiesenspur ein Feuchtbiotop und eine Einöde. Auf einem Waldweg wandert man über Viehweiden sanft bergan zu der einst von der Ur-Breitach geschaffenen Felsengestalt namens **Hirschsprung** **06** in der Nähe der Sturmannshöhle.

Ein Fußgängerweg und zuletzt ein Wanderweg leiten durch das vormals mit dem Tiefenbacher See gefüllte Tälchen nach **Tiefenbach** **01**.

Schrattenkalkriegel in der Tiefenbacher Talmulde.

ENTSCHENKOPF • 2043 m

Stramme Gipfeltour

12 km | 6:15 h | 1232 hm | 1232 hm | 3

START | Wanderparkplatz Gaisalpe in Reichenbach bei Oberstdorf, Busverbindung
[GPS: UTM Zone 32 x: 597.730 m y: 5.255.130 m]
CHARAKTER | Abwechslungsreiche Rundtour, die zum Großteil auf schmalen, felsigen Steigen und Pfaden verläuft. Neben einigen Drahtseilstellen gibt es im Aufstieg zum Gipfel auch Passagen, bei denen man Hand an den Fels anlegen muss.

Herrliche Gipfeltour, die mit einem schluchtartigen Tobelweg, steilen Waldpfaden und felsigen Steigen und Gratwegen einiges an Kondition verlangt, dafür mit fantastischen Aussichten, zwei wunderbaren Seen und Einkehrmöglichkeiten am Anfang und am Ende der Rundwanderung bestens entschädigt.

▶ Vom **Wanderparkplatz Gaisalpe** 01 wandern wir auf einem Asphaltsträßchen leicht ansteigend in den Wald hoch, passieren links eine Abzweigung zur Schönen Aussicht und überqueren einen Bachlauf. In einer deutlichen Rechtskurve zweigt links der markierte **Tobelweg** 02 ab. Wir verlassen den Asphalt und folgen dem

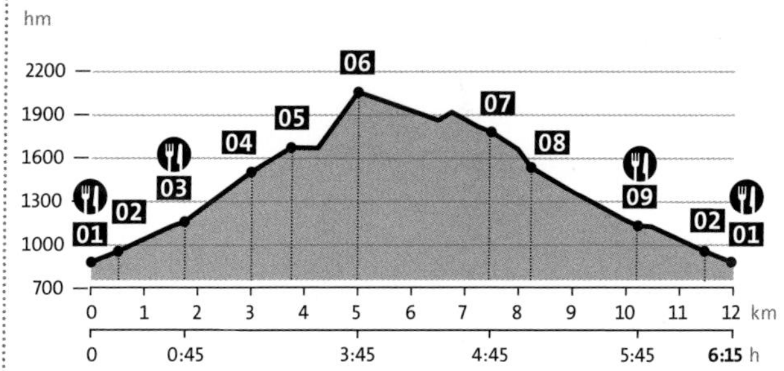

01 Wanderparkplatz Gaisalpe, 870 m; 02 Abzw. Tobelweg, 945 m; 03 Gaisalpe, 1149 m; 04 Rubi-Hütte, 1490 m; 05 Falkenjoch, 1662 m; 06 Entschenkopf, 2043 m; 07 Oberer Gaisalpsee, 1769 m; 08 Unterer Gaisalpsee, 1525 m; 09 Untere Richtersalpe, 1120 m

Die letzten Meter zum Entschenkopf-Gipfelkreuz.

breiten Kiesweg, der am Bachlauf entlang verläuft. Der Weg verengt sich, es geht über Holzstufen hoch und wenig später gelangen wir zur ersten Brücke. Über Holz- und Eisenstufen sowie einer Eisenleiter steigen wir steil und teilweise in engen Kehren im Tobel bergauf, überqueren den rauschenden Bachlauf noch zweimal, bis wir, zuletzt flacher werdend, auf ein Asphaltsträßchen treffen, das uns links hoch zum Berggasthof **Gaisalpe** **03** bringt.

Hier endet der Asphalt und wir folgen der Markierung „Entschenkopf" auf einem Schotterweg in Richtung Wald. Auf einem wurzeligen Pfad steigen wir ordentlich steil am Waldrand entlang an, passieren ein Waldstück, wo wir uns an den rot-weißen Markierungen an den Bäumen orientieren, und gelangen dann auf teilweise durch Viehtritte sumpfige Passagen zur **Rubi-Hütte** **04**.

Mit herrlicher Aussicht zum Entschenkopf und zum Rubihorn steigen wir recht steil hoch, durch ein weiteres Waldstück, bis wir offenes Alpgelände erreichen und am **Falkenjoch** **05** nach rechts schwenken. Allmählich baut sich der Entschenkopf gewaltig vor uns auf, der Pfad wird steiler, führt in engen Kehren durch Latschen hindurch, wird steiniger und felsiger und verläuft schön am Grat entlang aufwärts. Wir schwenken rechtshaltend zu den Felsen und es folgen einige kleine Klettereinlagen über den geröllig-felsigen Steilhang. Nach dieser Steilpassage erreicht man oben den Grat und ist wenig

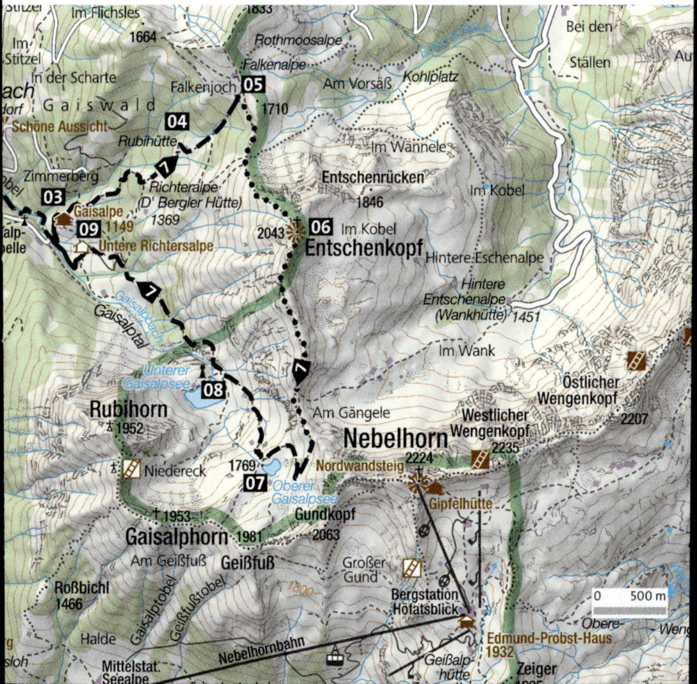

Wunderbarer Tiefblick zum Unteren Gaisalpsee.

später am Gipfelkreuz des **Entschenkopfs 06**, der eine fantastische Rundumsicht gewährt.

Der Abstieg verläuft recht steil abwärts auf einem schmalen, geröllingen Felspfad, meist direkt am Grat, mit schönen Tiefblicken nach links und rechts hinab und hinüber zum Nebelhorn. Rechts unten sind bald die beiden Gaisalpseen zu erkennen. Der schmale Pfad traversiert dann unterhalb des Grats am Hang entlang, führt durch Latschen und ist an manchen Stellen recht abschüssig, Rutschgefahr; Trittsicherheit ist gefragt! Nach einem kleinen Gegenanstieg geht es um einen Felskopf herum und weiter in steilen Kehren Richtung See hinab. Es folgen nochmals felsige, teils etwas ausgesetzte Passagen und eine drahtseilgesicherte Stelle, die uns um einen Felskopf herumleitet. Bei der Verzweigung, Pos. 1842 m, schwenken wir nach rechts und folgen dem abwärts führenden kiesigen Pfad. Wir umrunden etwas oberhalb am Hang den **Oberen Gaisalpsee 07** in einem großen Linksbogen und steigen weiter ab zum **Unteren Gaisalpsee 08**.

Wir bleiben auf dem Weg oberhalb des Sees und steigen über den nun wieder stärker Steigcharakter annehmenden Weg über geröllige und felsige, teils recht steile Stufen abwärts. Es wird ausgesetzter, Drahtseilstellen folgen und es geht über Holz- und stellenweise recht speckig-glatte Felsstufen steil bergab.

Nach einer freien Wiesenfläche und einem kleinen Waldstück biegen wir links ab und wandern zur **Unteren Richtersalpe 09** hinab, geradeaus ist auch die Gaisalpe zu sehen. Auf einem Asphaltsträßchen geht es weiter bergab zum Waldrand und rechts stoßen wir wenig später auf den Hinweg. Auf dem bekannten Weg durch den Gaißbachtobel wandern wir zurück zum **Wanderparkplatz Gaisalpe 01** in Reichenbach.

Die Untere Richtersalpe.

GAISALPHORN • 1953 m

Mini-Via-Ferrata über dem obersten Allgäudorf

12 km 6:15 h 1133 hm 1133 hm 3

START | Oberstdorf, Bushaltestelle an der Nebelhornbahn (Parkplatz), 820 m
[GPS: UTM Zone 33 x: 344.015 m y: 5.274.244 m]
CHARAKTER | Sehr langer Steilaufstieg. Der kurze, Trittsicherheit und Schwindelfreiheit verlangende Klettersteig (I) bleibt geübten Bergwanderern vorbehalten, die sich im unmarkierten Schrofengelände wohlfühlen. Meist bezeichnete Steige. Kondition erforderlich, nur bei sicherer Wetterlage!

Der Aufstieg zum anspruchsvolleren Nachbarn des Rubihorns startet in **Oberstdorf** 01 an der Nebelhornbahn. Wir folgen dem Sträßchen durchs Stationsgebäude und schwenken rechts in eine Querstraße ein. Der Wegweiser „Cafe Breitenberg" leitet hinauf zu den Sprungschanzen.

Am Faltenbach beginnt ein Alpsträßchen. Wenig später zweigen wir auf den Steig in den Faltenbachtobel ab. Gleich am Eingang begrüßt uns auf dem Geologischen Lehr- und Wanderpfad ein Wasserfall. Weitere Fälle folgen bei kleinen Steilstufen, die auf Eisenleitern und Treppen überwunden werden. Nach dem Kreuzen des Alpsträßchens wandert man auf einem kurzen Ziehweg zu der Nebelhornbahn-Mittelstation **Seealpe** 02 im gleichnamigen Hochtal.

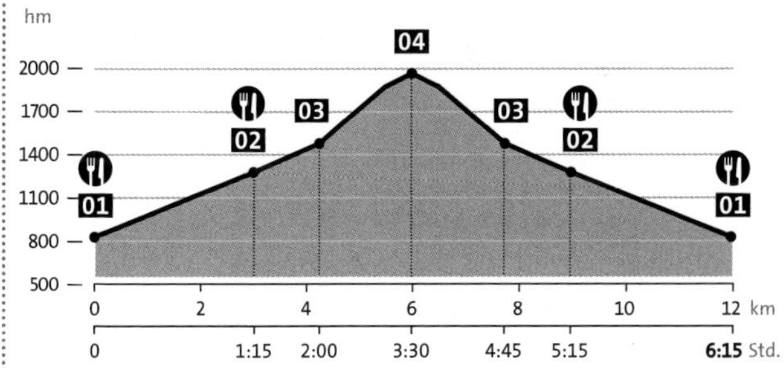

01 Oberstdorf, 820 m; 02 Seealpe, 1280 m; 03 Roßbichl, 1466 m;
04 Gaisalphorn, 1953 m

Anregender Gaisalphorn-Westgrat.

Das Schild „Rubihorn“ zeigt auf einen Weideböden querenden Steig. Im anfangs lichten Fichtenwald zieht die Route an einer Jagdhütte vorbei wieder spürbar an. Vom Weideabsatz **Roßbichl 03** genießt man einen Traum-Tiefblick aufs Oberstdorfer Talbecken und eine vortreffliche Hochalpenschau. In anhaltendem Zickzack mühen wir uns nun durch eine Krummholzmulde empor. Im oberen Bereich sind erstmals Trittsicherheit fordernde Schrofenstufen durch Eisentritte und ein Mini-Drahtseil entschärft. Nach einem weiteren Drahtseil und leichter Kletterei ist beim Niedereck nahe des Rubihorns die Kammhöhe erreicht.

Ein zu Beginn kaum steigender Steig folgt nun rechts, mitunter durch Latschen etwas beengend,

Hochvogel und Schneck vom Gaisalphorn.

dem geräumigen Grat. Eine kleine luftige Passage verlangt Schwindelfreiheit und große Aufmerksamkeit. Anschließend ist ein geknotetes Seilstück hilfreich beim Bezwingen einer senkrechten aber solide gestuften Kletterstelle (I) mit abgespeckten Griffen. Danach leitet ein Drahtseil empor zu einer alten Eisenleiter neben einem abdrängenden Felswulst. Über dem gähnenden Abgrund mit dem Gaisalpsee gewinnt man zuletzt problemlos das **Gaisalphorn** **04**.

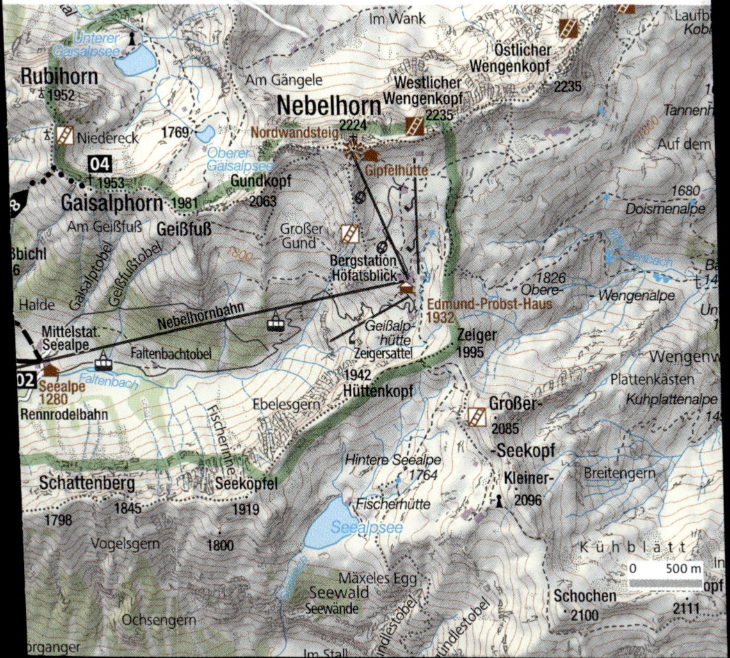

LAUFBACHER ECK • 2178 m

Höhenweg der Extraklasse

11,5 km | 4:00 h | 401 hm | 401 hm | 3

START | Oberstdorf, Bushaltestelle an der Nebelhornbahn (Parkplatz), 820 m
[GPS: UTM Zone 33 x: 344.015 m y: 5.274.244 m]
CHARAKTER | Kurzer steiler Schlussaufstieg. Gut bezeichneter, abschnittsweise etwas ausgesetzter Pfad mit einer gesicherten Stelle, anfangs Alpweg. Vorsicht bei Nässe!

Der Laufbacheckweg in schwindelnder Höhe über dem Oytal zählt gewiss nicht zu den Geheimtipps unter den Oberstdorfer Touren. Doch welcher Höhenweg könnte die mannigfaltigen Charakterzüge der Allgäuer Gipfelwelt anschaulicher vor Augen führen, die Faszination der Hochalpen unwiderstehlicher auf den Präsentierteller zaubern, den Farbenreigen der alpinen Flora

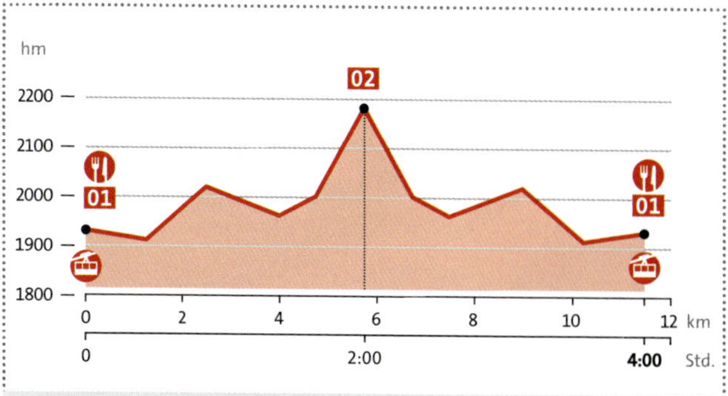

01 Station Höfatsblick, 1929 m; 02 Laufbacher Eck, 2178 m

betörender offenbaren als diese unvergessliche Panoramaroute? Selbst Geologie-Banausen dürften hier Lust verspüren, einzutauchen in das große Abenteuer der Erdgeschichte, mehr zu erfahren über das Werden und Vergehen.

▶ Die beiden Sektionen der Nebelhornbahn transportieren uns von Oberstdorf im Nu zur **Station Höfatsblick** 01 mit Marktrestaurant und dem Edmund-Probst-Haus gleich nebenan. Das Schild „Laufbacher Eck“ lenkt auf den

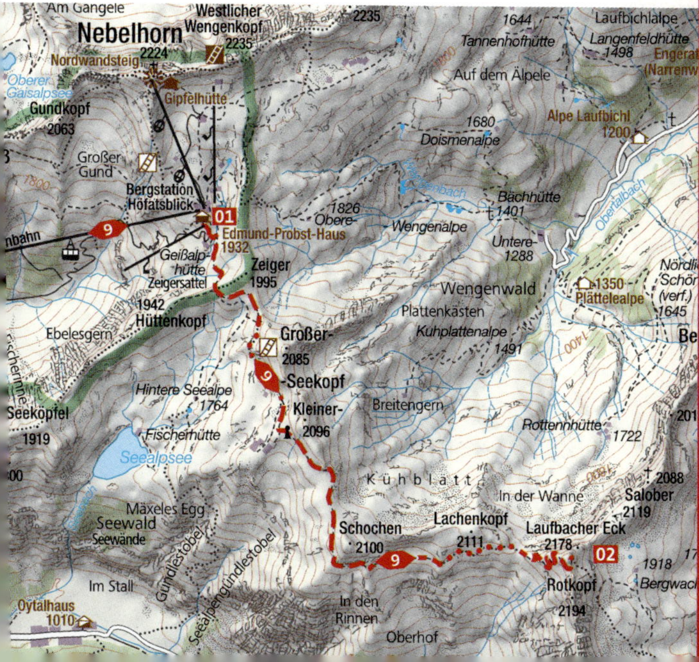

Der Kleine Seekopf über dem Laufbacheckweg, rechts die Höfats.

aus dem Seealptal hochkletternden Alpweg.

An der Gabelung bei der nahen Gaisalp entscheidet man sich links für den Geologischen Lehr- und Wanderpfad. Der Ziehweg quert einen Quellarm des Faltenbachs und steigt unter dem Miniaturgipfel des Zeigers ein klein wenig an zu einer schwach ausgeprägten Einsattelung. Dort verlassen wir den ins Oytal führenden Weg und schwenken auf den wieder flachen, abermals zum Laufbacher Eck ausgeschilderten Pfad ab. Graziös besticht direkt vor uns die dreigipflige Höfats.

Man passiert den nächsten Sattel und genießt über die abschüssigen Grasflanken am Großen Seekopf den Tiefblick zum Seealpsee. Zum Schwärmen reißen die Rassegestalten des Allgäuer Hauptkamms hin. Am Kleinen Seekopf entlang steigt der manchmal ein wenig ausgesetzte Höhenweg sanft und folgt danach eine Zeitlang dem Gratverlauf. Ostseitig öffnet sich der Talschluss des Obertalbachs.

Unter den Schrofenabbrüchen des Schochens (Drahtseilsicherung) schlagen wir Kurs Ost ein. Fast 1000 m tiefer, Ameisen gleich, die Wanderer im Oytal. Der elegante Rädlergrat schwingt sich zum Himmelhorn empor, daneben der gnomenhafte Schneck.

Noch am Lachenkopf vorbei in einen weiteren Sattel, dann schließt sich in Kehren der steile Schlussaufstieg an. Vom Laufbacher-Eck-Sattel sind's nur noch wenige Minuten auf den Graskopf **Laufbacher Eck** 02 mit krönendem Hochvogelblick.

GROSSER DAUMEN • 2280 m

Über den berühmten Hindelanger Klettersteig

9 km | 5:45 h | 487 hm | 769 hm | 03

START | Gipfelstation der Nebelhornbahn in Oberstdorf, Parken an der Talstation
[GPS: UTM Zone 32 x: 397.010 m y: 5.250.980 m]
CHARAKTER | Der Hindelanger Klettersteig ist keine Wandertour! Und er ist nicht durchgehend seilversichert, sondern weist unversicherte Stellen im I. und II. Schwierigkeitsgrad auf. Trittsicherheit, Kletterfähigkeiten und Schwindelfreiheit sind ebenso notwendige Voraussetzungen wie die entsprechende Klettersteigausrüstung.

Der Hindelanger Klettersteig ist eines der Highlights in den Allgäuer Alpen. Und er ist eine Herausforderung für den ambitionierten Berggeher. Viele drahtseilversicherte Meter, luftige Gratpfade und eine Vielzahl schwindelerregend hoher Leitern sorgen für die alpinsportliche Note; aussichtsreiche Felsköpfe, zwei tolle Bergseen und der leicht zu erreichende Große Daumen bieten ein grandioses Bergpanorama und ein einmaliges Erlebnis.

▶ Von der umgebauten und 2017 neu eröffneten Gipfelstation der **Nebelhornbahn** 01 folgen wir der Beschilderung „Hindelanger Klettersteig", gehen in einem Bogen

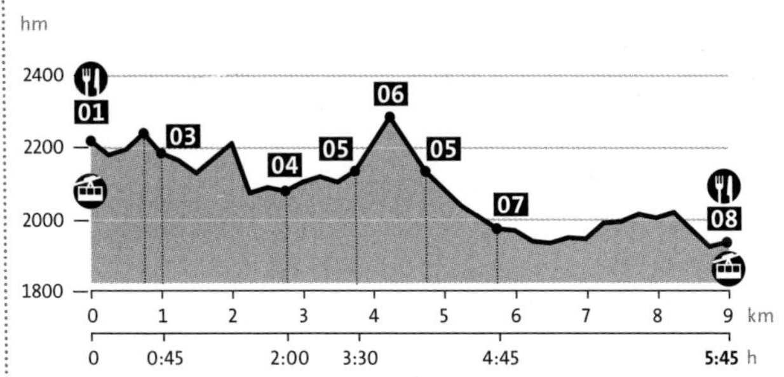

01 Gipfelstation Nebelhornbahn, 2214 m; 02 Westlicher Wengenkopf, 2235 m; 03 1. Notabstieg, 2180 m; 04 2. Notabstieg, 2075 m; 05 Wegverzweigung, 2130 m; 06 Großer Daumen, 2280 m; 07 Koblatsee, 1970 m; 08 Bergstation Höfatsblick, 1932 m

Die renovierte Gipfelstation der Nebelhornbahn.

unterhalb der Gondelstation auf einem schmalen Pfad nach links hinüber zum Grat. Wir sind schon nach wenigen Metern an den Felsen und an der ersten, kurzen Drahtseilstelle. Spätestens hier ist es angebracht, Helm und Klettersteigausrüstung anzulegen. Der mit roter Farbe markierte Weg führt nun in ständigem Auf und Ab über Felsköpfe, Gratzacken und Türmchen. Hunderte Meter Drahtseile sichern ausgesetzte Stellen und eine Vielzahl von Eisenleitern helfen über felsige Absätze hinauf und hinab.

Nach Erreichen des Gipfelkreuzes am **Westlichen Wengenkopf 02** bietet sich rechts der **1. Notabstieg 03** an, über den man auf das Hochplateau absteigen und zur Bergbahn zurückwandern kann.
Weiter, meist direkt auf dem Grat, mit luftigen Gehpassagen, aber auch etlichen unversicherten Stellen, die leichte Kletterei verlangen, erreichen wir den Östlichen Wengenkopf. Abstieg in eine Gratsenke zum **2. Notabstieg 04** und dann über eine hohe, steile Leiter hinauf. Nach den Notabstiegen wird der Weg noch etwas anspruchsvoller, weitere felsige Gratköpfe müssen überstiegen werden, bis eine lange Leiter wieder in eine Gratsenke hinabführt, und wir scharf rechts am Felsen, an einem Drahtseil entlang absteigen und schließlich zum letzten Felsaufschwung kommen. Über eine steile Leiter und eine heikle, drahtseilversicherte Stelle überwinden wir den letzten Felssporn und gelangen an das durch ein Schild markierte Ende des Hindelanger Klettersteiges.

Auf einem schmalen Gratpfad geht es in eine Senke hinab zu einer **Wegverzweigung 05**. Nach links verläuft der einsehbare Weg über den grasigen Berghang hoch zum sichtbaren Gipfelkreuz des **Großen Daumen 06**.

Zurück bei der **Wegverzweigung 05** steigen wir auf dem zunächst etwas abschüssigen, schmalen Pfad über den steilen Hang ab und folgen der Markierung Richtung Edmund-Probst-Haus. In Kehren, teils

Eine „zackige“ Angelegenheit – der Hindelanger Klettersteig.

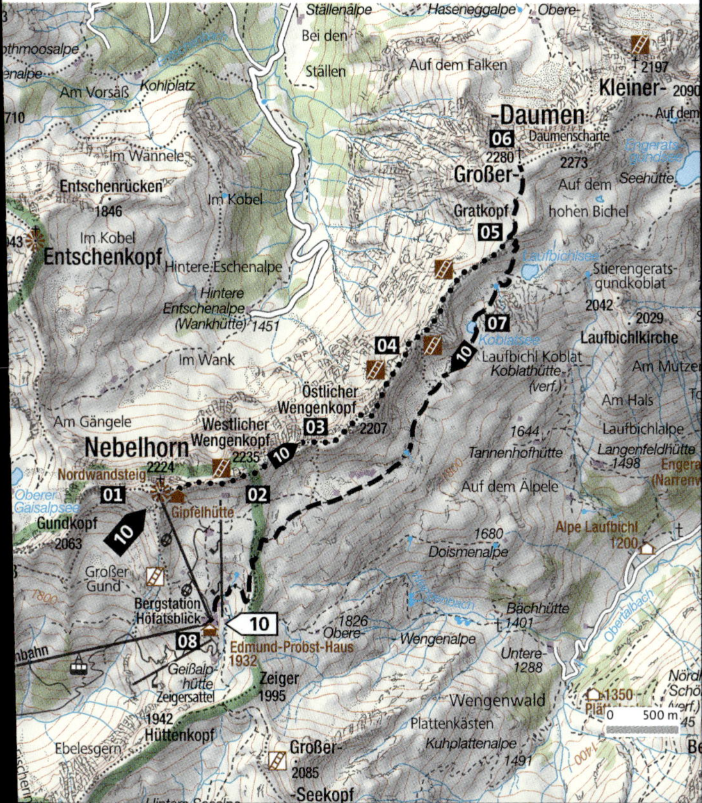

Gut einzusehen – der leichte Schlussanstieg zum Großen Daumen.

geröllig und manchmal rutschig, geht es hinab zum Laufbichlsee, den wir etwas oberhalb queren und weiter zum **Koblatsee 07**.

Durch eine Felstrümmerlandschaft mit herrlicher Aussicht führt uns der stets gut markierte Pfad, zwischendurch mit grasigen Abschnitten und Latschenbewuchs, zu einem kleinen Gegenanstieg über einen Kieshang hoch zu einer Verzweigung, rechts oben ist die Gipfelstation zu sehen. Wir folgen aber der Beschilderung zur Nebelhornbahn nach links, und bald ist rechts unten auch die Bergstation sichtbar. Über einen Kiespfad, teils über Holzstufen, wandern wir den Grashang hinab, unterqueren einen Skilift und stoßen wenig später auf das **Edmund-Probst-Haus** und die **Bergstation Höfats 08**. Mit der Bergbahn geht es dann gemütlich hinab zur Talstation.

Der Abstiegsweg führt am Koblatsee vorbei.

GERSTRUBEN • 1145 m

Moorweiher und Hölltobel

15 km | 4:15 h | 332 hm | 332 hm | 3

START | Oberstdorf, Bahnhof (Parkplatz ein Stück dahinter), 813 m [GPS: UTM Zone 33 x: 344.015 m y: 5.274.244 m]
CHARAKTER | Der steile Hölltobelaufstieg verlangt etwas Trittsicherheit. Gut bezeichnete Wander- und Wirtschaftswege, Steige und kurze Anliegersträßchen.

▶ Wir treffen uns zu dem romantischen Trettachtal-Ausflug am Bahnhof in **Oberstdorf** 01, spazieren hinein ins Dorf und folgen bei der Raiffeisenbank der Nebelhornstraße zur Nebelhornbahn. An der Mühlenbrücke beginnt ein Wanderweg, der über der Trettach, anfangs teilweise auf Holzstegen, an einem abdrängenden Mischwaldhang leicht zum Moorbad ansteigt. Ein Wäldchen säumt nun den Moorlehrpfad Richtung Christlessee zum idyllischen **Moorweiher** 02.

Die komfortable Route mündet später in ein Anliegersträßchen. An der Gabelung nach dem Golfplatz zweigt man auf einen Wirtschaftsweg ab und gelangt über die Zwingbrücke nach **Dietersberg** 03 in der Talsenke der Trettach. Dort lenkt am Ortsende das Täfelchen „Gasthof Gerstruben" auf einen in Kehren angelegten, steilen und teilweise feuchten Klammsteig. Der ein wenig Trittsicherheit erfordernde Hölltobel begeistert mit schäumenden Wasserfällen und einer äußerst artenreichen

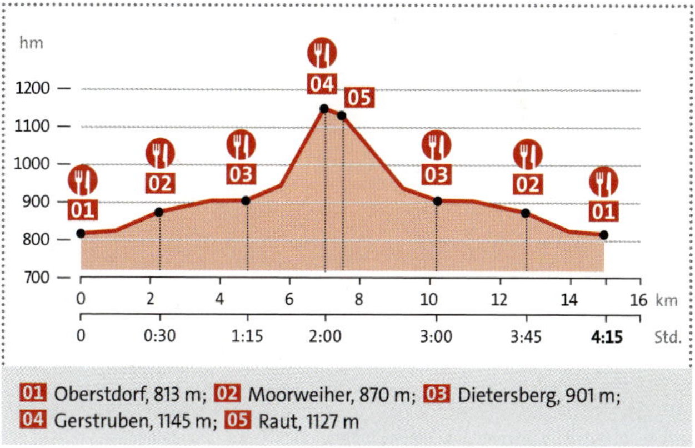

01 Oberstdorf, 813 m; 02 Moorweiher, 870 m; 03 Dietersberg, 901 m; 04 Gerstruben, 1145 m; 05 Raut, 1127 m

Im faszinierenden Moorweiher spiegelt sich das Gaisalphorn.

Mischwaldflora. Ein paarmal legt sich ein Seitenbach quer.

Auf einem Anliegersträßchen trifft man im kleinen Museumsdorf **Gerstruben** 04 im Dietersbachtal ein.

Nach einer willkommenen Einkehr im Wirtshaus der einstmals größeren Alpsiedlung mit Blick zur rassigen Höfats wählen wir dann den Steig über eine Bergwiese ins Tal hinunter zum Dietersbach, wo uns ein Steg hinüber zum alten Stadel des früheren Anwesens **Raut** 05 am Fuß der Kegelköpfe führt. Ein Waldabstieg leitet nun in einer Serpentine weiter hinunter nach **Gottenried**.

Und nach der Dietersbachbrücke schließt sich in **Dietersberg** 03 die eindrucksvolle Teilrunde. Der bekannte Weg bringt uns zurück nach **Oberstdorf** 01.

Von Gottenried lohnt der kleine Abstecher zum Christlessee.

WOMO-Platz
Müll-deponie
855
Innerer Kehrgraben
Niedereck
1953
Gaisalphorn
Am Geißfuß
Dummels-moos
Trettach
Stillach
Walser-brücke
01
11
Käshus
Breitenberg
Cafe Breitenberg
Hafnerlesloh
Roßbichl 1466
Halde
Gaisalptobel
Mittelstat. Seealpe
Traube
Villa Jauss
Kristalltherme
Seealpe 1280
Rennrodelbahn
Faltenbach
Schattenberg-Schanze
Erdinger Arena
Kühberg
Bergschau-Info/-Zentr.
Schattenberg
Schäfhof
1798
1845
Vogelsgern
Oberstdorf
813
St.Loretto
Moorbad
Dienersberg
901
02
Jäger-stand
Kühberg
Ochsen
Schörganger
Unterer Renksteg
Gruben
876
Oybach
Diensthütte
933
Freiberghöhe
Seeblick
Freiberg
984
Am Ried
Strandcafé Bergschau-Info
Freibergsee
1563
Gündle
1748
Riffenkopf
Heini Klopfer Skiflugschanze
Schloss-wies
Burgstall
03
Dietersberg
Älpelekopf
1614
Bergschau-Info
Sepp-Weiler
Riefenkopf
04
Gerstruben 1145
Himmelschrofenalpe (verf.)
Stunden-stein
Gottenried
Hölltobel
Raut
Gerstruben
1673
Himmelschrofen
1791
Christlessee
05
Waldhotel am Christlessee
St. Wendelinkapelle
Pechholz
Vordere Ringersgundalpe (verf.)
1776
Klupper
953
Hintere Ringersgundalpe (verf.)
Gibelalpe
Untere Gibelmähder
Faistenoy
Kesselgrat
0 500 m
Spielmannsau
Anatswald
Vorderer Wildgundkopf
1935
Spielmannsau
Bubenebene
Im Lüss

ÄLPELESATTEL • 1780 m

Inmitten himmelragender Allgäuer Grasberge

24,25 km | 7:15 h | 967 hm | 967 hm | 3

START | Oberstdorf, Bahnhof (Parkplatz ein Stück dahinter), 813 m [GPS: UTM Zone 33 x: 344.015 m y: 5.274.244 m]
CHARAKTER | Langer steiler Schlussaufstieg. Gut bezeichnete Alp- und Wirtschaftswege sowie Steige. Ausdauer erforderlich.

Die stramme Dreitälerrunde um die Höfats startet am Bahnhof in **Oberstdorf** 01. Wir spazieren hinein ins Dorf und folgen bei der Raiffeisenbank der Nebelhornstraße zur Nebelhornbahn.

Nach der Mühlenbrücke weist das Schild „Gasthof Spielmannsau" auf einen Wirtschaftsweg, der von der waldgesäumten Trettach begleitet wird. Wir wandern über die Oybachbrücke, am **Café Gruben** 02 vorbei und durch eine hübsche Ahornallee auf die Trettachspitze zu. An einer Abzweigung bleiben wir noch der Spielmannsauer Route treu und steigen in Dietersberg das Alpsträßchen hinauf zu den unter Denkmalschutz stehenden, ehrwürdigen Gebäuden von **Gerstruben** 03. Über der Kapelle besticht erstmals der Edelweißberg Höfats, die Königin der Allgäuer Grasberge.

Auf einem schmalen Alpweg nimmt uns nun das berauschende Dietersbachtal auf, auch Gerstrubental genannt. Ab der Gerstrubner Alpe halten wir direkt auf das stattliche Steilgras-Duo Rauh-

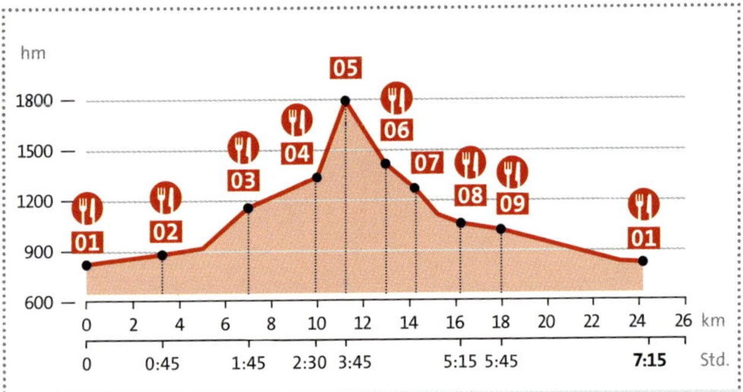

01 Oberstdorf, 813 m; 02 Café Gruben, 876 m; 03 Gerstruben, 1145 m; 04 Dietersbachalpe, 1325 m; 05 Älpelesattel, 1780 m; 06 Käseralpe, 1405 m; 07 Stuibenfall, 1259 m; 08 Untere Gutenalpe, 1048 m; 09 Oytalhaus, 1010 m

eck und Kreuzeck zu und kommen zur **Dietersbachalpe** 04, über uns ein tosender Wasserfall. Die nun mitunter durch Strauchwerk kletternden Steigkehren zum **Älpelesattel** 05 erweisen sich als echte Wadenschinderei.

Der Abstieg führt uns, ein paar Bachgräben querend, ebenfalls gelegentlich über Strauchhänge zu den Weidehängen der Oberen Gutenalp. Von der **Käseralpe** 06 zu Füßen des Großen und Kleinen Wilden leitet ein Alpweg durch einen Hochkessel auf den kühnen Rädlergrat des Himmelhorns zu. Nach wenigen Kehren gelangen wir unter dem brausenden **Stuibenfall** 07 rasch ins Oytal, wo uns eine Brücke über den Stuibenbach trägt. Man quert das Schotterbett des Laufbachs und passiert danach die **Untere Gutenalpe** 08. Über flache Alpweiden strebt man, das Ufer des Oybachs wechselnd, dem **Oytalhaus** 09 zu. Ab dort führt ein geräumiges Alpsträßchen, zum Schluss oberhalb des Trettachtals, zurück nach **Oberstdorf** 01.

Am Fuße des Höfats

Schwande
WOMO-Platz
Innerer Kehrgraben
Kurhotel Allgäuer Bergbad
Müll-deponie
855
Jauchen
Stillach
Trettach
Dummels-moos
Walser-brücke
01
12
Kashüs
Breitenberg
Cafe Breitenberg
Hafnerleslоh
Roßbichl 1466
Halde
Gaisalptobel
Gais
Mittelstat. Seealpe
Seealpe 1280
Rennrodelbah
Traube
Villa Jauss
Im Schlechten
Waldesruh
Kristalltherme
Schattenberg-Schanze
Erdinger Arena
Kühberg Bergschau-Info/-Zentr.
Schäfhof
Schatten
1798
Oberstdorf
813
St.Loretto
Moorbad
Dienersberg
901
Jäger-stand
Kühberg
Schörganger
Ziegelbachhütte
Unterer Renksteg
Gruben
876
02
Oybach
Diensthütte
Naturfreundehaus Freibergsee
933
Freiberghöhe
Seeblick
Freiberg 984
Am Ried
Strandcafé Bergschau-Info
Freibergsee
1563
Riffen
Schloss-wies
Burgstall
Heini Klopfer Skiflugschanze
Dietersberg
Älpelekopf
1614
Hochleite 1185
Bergschau-Info
Sepp-Weiler
Riefenkopf
03
Gerstr 1145
Himmelschrofenalpe (verf.)
Gottenried
Höll tobel
Raut
Gerst
Stunden-stein
1673
Christlessee
Himmelschrofen
1791
Waldhotel am Christlessee
Ringang
1022
St. Wendelinkapelle
Pechholz
Vordere Ringersgundalpe (verf.)
1776
Klupper
953
Laiter
Ebene
Hintere Ringersgundalpe (verf.)
Fellhorn
0 500 m
Untere Gibelmäh
Kesselgrat
Faistenoy
Spielmannsau
Anatswald
Vorderer Wildgundkopf
Spielmannsau

Nebelhorn
2224
Nordwandsteig
2235
1769
Oberer Gaisalpsee
Gipfelhütte
Gundkopf
2063
1981
Geißfuß
Großer Gund
Bergstation Höfatsblick
Nebelhornbahn
Edmund-Probst-Haus
1932
Geißalphütte
Zeigersattel
Zeiger
1995
Faltenbachtobel
1942
Hüttenkopf
Ebelesgern
Fischerrinne
Großer-
2085
-Seekopf
Kleiner-
2096
Hintere Seealpe
1764
Seeköpfel
1919
Fischerhütte
Seealpsee
1800
Mäxeles Egg
Seewald
Seewände
Gundlestobel
Seealpengundlestobel
Im Stall
Oytalhaus
09
1010
12
Lugenalpenwald
08
Oybach
Untere
Gutenalpe
1048
Untere-
1416
-Lugenalpe
Obere-
1567
Hahnenkopf
1735
Kitzberg
Gerstrubner Älpele
(verf.)
Gieseler Wand
Hüttenkopf
1949
1801
1722
Wannenkopf
2020
Rauhenhalsalpe
1568
Rauhenhalstobel
Höfatsmannl
1902
Gerstrubner Alpe
1216
Äußerer Tobel
2259
Höfats
Höfats wanne
Höfats wand
Innerer Tobel
Dietersbach
Kegelköpfe
1959
Dietersbachalpe
1325
04
Obere Gibelmähder
1723
Krautersalpe
Auf dem
Tannenhofhütte
Auf dem Älpele
Alpe Laufb
1680
Doismenalpe
Bächhütte
1401
1826
Obere-
Wengenalpe
Untere-
1288
Wengenwald
Plattenkästen
Kuhplattenalpe
1491
Breitengern
Rottennhütte
Kühblatt
In der Wanne
Schochen
2100
Lachenkopf
2111
Laufbacher
2178
Rotkopf
2194
In den Rinnen
Oberhof
Oberhof
Schneck
Laufbachstiege
Laufbach
Himmelhorn
2111
Bockkar
Prinzenkreuz
Untere Gutenalpe
Stuibenbach
Lichte
Geisbachtobel
Mitteleck
1835
1315
Stuibenfall
07
Seilhenker
1791
Oberloch
Kleine Höfats
2073
Im Plätt
Rotes Loch
Wildenfeldhütte
1692
(Gutenalp)
06
Gutenalpe
1621
Käseralpe
1405
Schartenbach
Jochgern
1448
Älpelesattel
1780
05
Grüner Kopf
Eissee
Seichereck
Lechler Kanz
Kreuzgern
Salbkar

KRATZER • 2427 m

Selten besuchter Nachbar der Mädelegabel

33,5 km | 12:30 h | 1614 hm | 1614 hm | 3

START | Oberstdorf, Bahnhof (Parkplatz ein Stück dahinter), 813 m [GPS: UTM Zone 33 x: 344.015 m y: 5.274.244 m]
CHARAKTER | Der mitunter steile, ausgesetzte und gesicherte Sperrbachtobel verlangt Trittsicherheit und bei Nässe erhöhte Vorsicht, der Gipfel mit leichter Kletterei (I) in solidem Fels zudem Schwindelfreiheit und Erfahrung im weglosen Steilgelände. Meist bezeichnete Wirtschaftswege und Steige. Kondition und zuverlässiges Wetter erforderlich, Mountainbike bis zum Talschluss oder Übernachtung empfehlenswert, Grenzübertritt.

▶ Die „Marathon-Gipfeltour" beginnt am Bahnhof in **Oberstdorf 01**. Wir folgen bei der Raiffeisenbank der Nebelhornstraße zur Nebelhornbahn. Direkt vor der Mühlenbrücke entschwindet der Spazierweg Richtung Spielmannsau ins bewaldete Trettachtal. Am Café Jägerstand überschreiten wir den Fluss und kommen kurz nach der Oybachbrücke auf einem Wirtschaftsweg zum Café Gruben. Durch ein Wiesental mit Ahornallee geht's nach Dietersberg. In Gottenried quert man Dietersbach und Trettach und trifft wenig später beim Restaurant **Christlessee 02** ein.

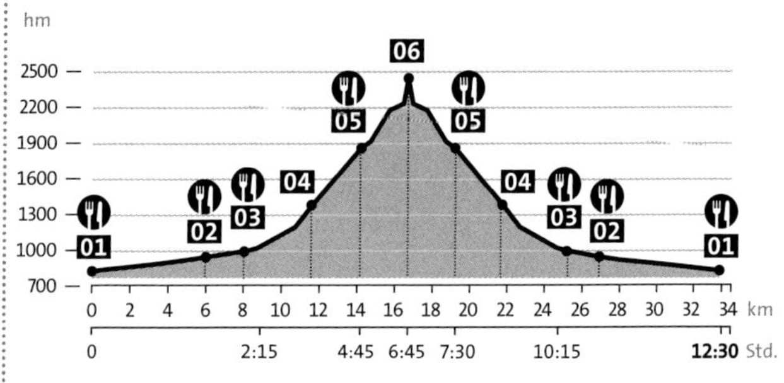

01 Oberstdorf, 813 m; **02** Restaurant Christlessee, 930 m; **03** Spielmanns-au, 983 m; **04** Am Knie, 1381 m; **05** Kemptner Hütte, 1844 m; **06** Kratzer, 2427 m

Oberstdorf
813
Stillach
Walser-brücke
01
13
Kashüs
moos
Breitenberg
Cafe Breitenberg
Hafnerlesloh
Roßbichl
1466
Halde
Mittelstat. Seealpe
Seealpe
1280
Faltenbach
Rennrodelbahn
Traube
Villa Jauss
Kristalltherme
Schattenberg-Schanze
Erdinger Arena
Kühberg
Bergschau-Info/-Zentr.
Schafhof
Schattenberg
1798
1845
Vogelsge
St.Loretto
Moorbad
Dienersberg
901
Jäger-stand
K ü h b e r g
Schörganger
Unterer Renksteg
Gruben
876
Oybach
Dienshütte
Gündle
933
Freiberghöhe
Seeblick
Freiberg
984
Am Ried
Trettach
Strandcafé Bergschau-Info
Freibergsee
1563
1748
Riffenkopf
Heini Klopfer Skiflugschanze
Schloss-wies
Burgstall
Dietersberg
Älpelekopf
1614
Bergschau-Info
Sepp-Weiler
Riefenkopf
Gerstruben
1145
Höll-tobel
Raut
Gerstruben
Gottenried
Stunden-stein
Himmelschrofenalpe (verf.)
1673
Himmelschrofen
1791
Christlessee
02
Waldhotel am Christlessee
Pechholz
St. Wendelinkapelle
Vordere Ringersgundalpe (verf.)
1776
Klupper
953
Hintere Ringersgundalpe (verf.)
Gibelalpe
Untere Gibelmähder
Kesselgrat
Faistenoy
Spielmannsau
Traufbach
Anatswald
Vorderer Wildgundkopf
1935
Spielmannsau
Bubenebene
03
Im Lus
Brandrücken
Busverbindung
67
0 500 m
Oberau-Alpe
1004
Traufberg
1604
1028
Hierenalpe (Jagdhaus)
Hinterer Wildgundkopf
1955
Wurmloch
L e i t e r s b e r g

Kratzer von der Spielmannsau.

Zur **Spielmannsau 03** kreuzen wir nochmals die Trettach sowie den Traufbach. Nach der Oberaualpe zweigt der mitunter felsige Steig zur Kemptner Hütte ab, der zwischen Riesenflanken erst durch lockeren Mischwald leicht steigt. Buschwerk säumt den urigen Sperrbachtobel, dessen Seite wir auf einem Eisensteg wechseln. Vom Steilaufschwung zum Marterl **„Am Knie“ 04** zu einer weiteren Bachquerung mittels eines Leichtmetallstegs lässt sich's auf dem später ab und an ausgesetzten und versicherten Kurs durch den von Lawinenresten gefüllten Felsentobel kurz aufatmen. Durch einen Alpkessel wandern wir zur **Kemptner Hütte 05**.

Beginnender Bergsommer über dem Oberstdorfer Talkessel.

Das Schild „Heilbronner Weg“ weist an zwei Verzweigungen über schrofige Hänge hinauf zur Tiroler Grenze. Um den Kratzer erwartet uns karstigeres Gelände. Wo der Steig die Südseite des Berges berührt, leiten Trittspuren gerade über teilweise geröllbedeckte, sehr steile Rasenhänge empor. Zur Scharte am Fuß des Westgipfels werden zwei Schrofenzacken durch eine etwas unangenehme Schuttrinne links mit Umsicht umgangen.

Das abschließende Gratstück zum **Kratzer 06** bietet noch ausgesetzte, leichte Kletterei (I) in solide gestuftem Fels.

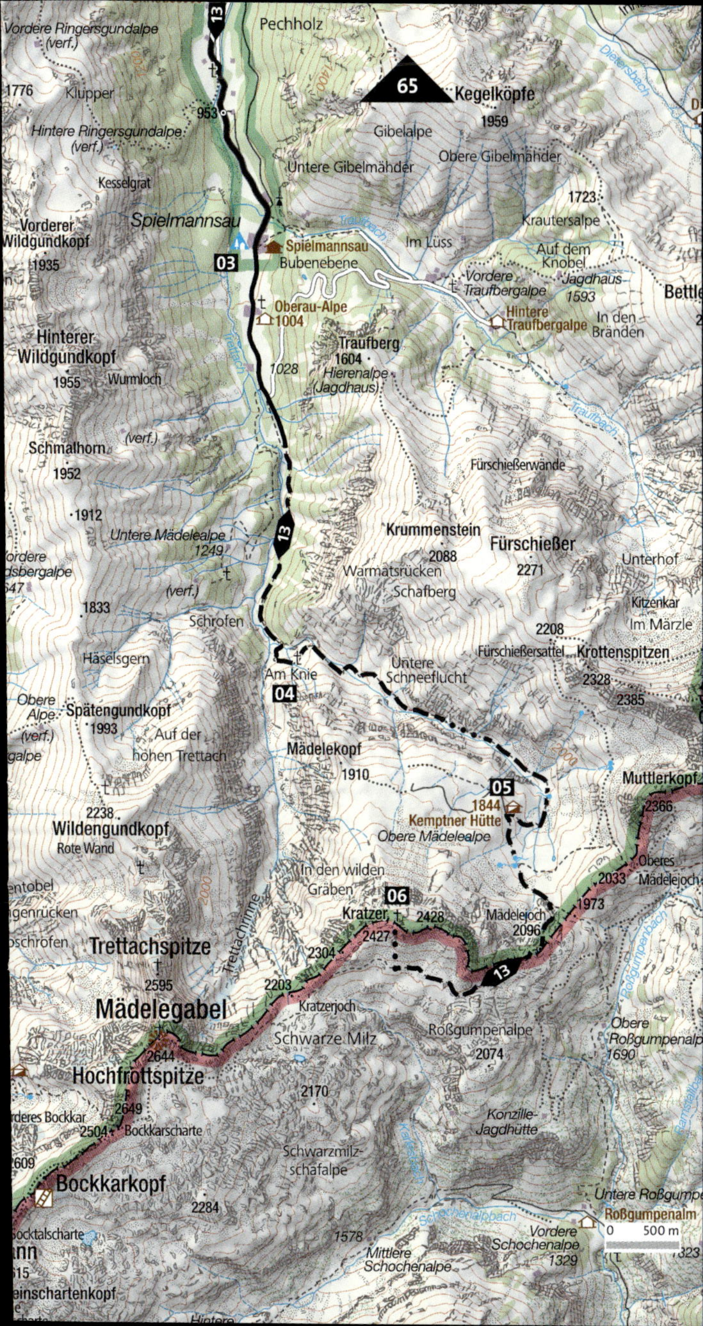

Vordere Ringersgundalpe (verf.)
Pechholz
65
Kegelköpfe
1959
1776
Klupper
953
Hintere Ringersgundalpe (verf.)
Gibelalpe
Untere Gibelmähder
Obere Gibelmähder
Kesselgrat
1723
Spielmannsau
Krautersalpe
Vorderer Wildgundkopf
Spielmannsau
Im Lüss
Auf dem Knobel
1935
03
Bubenebene
Vordere Traufbergalpe
Jagdhaus 1593
Traufbach
Oberau-Alpe 1004
Hintere Traufbergalpe
In den Bränden
Hinterer Wildgundkopf
Traufberg
1604
1955
Wurmloch
1028
Hierenalpe (Jagdhaus)
Trettach
Schmalhorn
(verf.)
1952
Fürschießerwände
1912
Untere Mädelealpe 1249
Krummenstein
Fürschießer
Unterhof
2088
2271
Warmatsrücken
Schafberg
(verf.)
1833
Kitzenkar
Schrofen
2208
Im Märzle
Häselsgern
Fürschießersattel
Krottenspitzen
Am Knie
Untere Schneeflucht
2328
04
2385
Obere Alpe (verf.)
Spätengundkopf
1993
Auf der hohen Trettach
Mädelekopf
1910
Muttlerkopf
05
1844
Kemptner Hütte
2238
Wildengundkopf
Rote Wand
Obere Mädelealpe
2366
In den wilden Gräben
Oberes Mädelejoch
06
2033
Kratzer
2428
Mädelejoch 2096
1973
2427
Trettachspitze
2304
Trettachrinne
2595
2203
13
Mädelegabel
Kratzerjoch
Roßgumpenalpe
Obere Roßgumpenalpe 1690
Schwarze Milz
2074
2644
Hochfrottspitze
2170
2649
2504
Bockkarscharte
Konzille-Jagdhütte
Schwarzmilz-schafalpe
2609
Bockkarkopf
2284
Untere Roßgumpe
Roßgumpenalm
1578
Vordere Schochenalpe 1329
Mittlere Schochenalpe
0
500 m

HOCHLEITE UND FREIBERGSEE

Mit Hilfe der Söllereck-Gondel vom Berg ins Tal

7,75 km | 2:45 h | 162 hm | 527 hm | 3

START | Oberstdorf/Kornau, Bushaltestelle (Parkplatz) bei der Söllereckbahn, an der B 19 ins Kleinwalsertal, 980 m [GPS: UTM Zone 33 x: 344.015 m y: 5.274.244 m]
CHARAKTER | Unbedeutende Anstiege, mitunter steiler Abstieg zur Alp Huberles-Schwand. Teilweise bezeichnete Pfade und Steige sowie Wander-, Alp- und Fahrwege.

Rasch gelangt man von der Bushaltestelle bei der Söllereckbahn im Ortsteil **Kornau** hinauf zur Talstation. Die Gondel bringt einen zum **Gasthaus Schönblick** 01, dem Startpunkt der kurzweiligen Wanderung.

Richtung Freibergsee geht es auf einem Spazierweg leicht steigend zum nahen Berghaus Am Söller und weiter auf einem Waldwanderweg. Ein langer Holzsteg trägt uns trockenen Fußes über eine Feuchtwiese, zumindest bis zum nächsten Wegweiser. Dort quert links ein unbezeichneter Pfad vollends das **Hühnermoos** 02. Im Zickzack einen zunehmend steileren Waldhang bergabsteigend ist darauf zu achten, dass man den mitunter undeutlichen Steig nicht verliert. Wer gepflegte Wege vorzieht, wählt besser den beschilderten Kurs über Schwand.

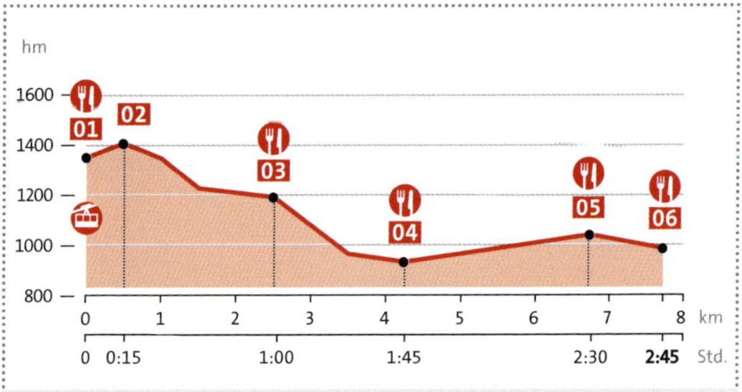

01 Gasthaus Schönblick, 1345 m; 02 Hühnermoos, 1400 m; 03 Berggasthaus Hochleite, 1185 m; 04 Freibergsee, 928 m; 05 Alpengasthaus Bergkristall, 1035 m; 06 Kornau, 980 m

Oberstdorf
813
Tiefenbach bei Oberstdorf
887
Ochsenberg
1179
Kornau
914
Söllereck
1706
Söllereckbahn
Schönblick
1345
Sattelkopf
1422
Schartenkopf
1278
Hochleite
1185
Freibergsee
Strandcafé Bergschau-Info
Freiberg
984
Freiberghöhe
933
Seeblick
Naturfreundehaus Freibergsee
Ziegelbachhütte
Bergkristall
Heimspitze
Seeweg
Breitachklamm (Bergschau-Zentr.)
Walserschanz
991
Söllerhaus
Sölleralpe
1522
Schrattenwangalpe
1402
Söllerkopf
1940
Schlappoldkopf
1968
Schlappoldalpe
Heini Klopfer Skiflugschanze
Bergschau-Info
Sepp-Weiler
Schwand
Ringang
1022
St. Wendelinkapelle
Kristalltherme
Villa Jauss
Traube
St.Loretto
Unterer Renksteg
Karatsbichl
Waldesruh
Im Schlechten
Sanat. Stillachhaus
Hotel Oberstdorf
Reute
Weidach
Ebnath
Jauchen
Kurhotel Allgäuer Bergbad
Bergruh
Räppele
Lochwiesen
Winkel
Reine
Trimm-Pfad
Kornauer Stuben
Hochstatt
Mittwanden
Sessel
Engenkopf
1282
Ferlewang
Hüttenbühl
Mautstelle
Büchele
Schatthalde
Auf der Nase
Jehlefelsen
Kapf
Wasach
Schwande
Dorf
Kreben
Im Ried
Hof
Illerursprung
Müll-deponie
855
Walser-brücke
Stillach
Breitach
Breitachklamm
Ochsenmoos
Ochsenhöfle
1288
Huberles Schwand
Kletterwald
Walser Älpele
Amansalpe
1344
Stundenstein
Himmelschr. (verf.)
Laiter
Schlappoldbach
NSG
1164
1372
977
910
1445
1925
1358
14
01
02
03
04
05
06
19
201
0 500 m

An der Alp Huberles-Schwand, auch Ottos Hütte genannt, liegen plötzlich drei parallele Oberstdorfer Bergketten vor uns mit Nebelhorn, Schneck und Höfats. Von der bescheidenen Bergweide leitet ein flacher Ziehweg durch ein Waldstück und unter dem Felsriegel des Schartenkopfs vorbei zu einem weiteren kleinen Weidegebiet mit einer Privathütte. An der folgenden Einmündung in einen Alpweg weist das Schild bergab zum **Berggasthaus Hochleite** 03.

Auf dem erneut zum **Freibergsee** 04 beschilderten Pfad queren wir nochmals mittels eines Holzstegs eine Feuchtwiese. Dann schimmert, während wir in Windungen teilweise über Holzstufen durch den schönen Bergwald talwärts spazieren, bereits das ersehnte Badegewässer durchs Geäst. Zuletzt erreichen wir auf einem Fahrweg das Strand-Café am malerischen Freibergsee. Wir gehen ein kurzes Stück zurück, bis der Edmund-Probst-Weg Richtung Söllereckbahn abzweigt. Der mit vielen ausführlichen Tafeln als Naturlehrpfad angelegte, anfangs flache, später leicht steigende Wanderweg leitet an einem Felsaufschluss vorbei und kreuzt mehrere kleine Bachtobel und Lichtungen.

Bald nach dem Naturfreunde-Ferienheim Freibergsee taucht das **Alpengasthaus Bergkristall** 05 auf. Auf einem Anliegersträßchen ist es jetzt nicht mehr weit zur Söllereckbahn in **Kornau** 06.

Bei Spaziergängern, Wanderern und Badegästen gleichermaßen beliebt – der waldumschlossene Freibergsee über dem Stillachtal.

KANZELWANDHAUS • 1520 m

Aussichtsreiche Tour unter dem Fellhornkamm

8,25 km | 3:00 h | 616 hm | 616 hm | 3

START | Oberstdorf/Faistenoy, Bushaltestelle bei der Fellhornbahn (Parkplatz), 904 m
[GPS: UTM Zone 33 x: 344.015 m y: 5.274.244 m]
CHARAKTER | Kurzzeitig spürbarer Aufstieg. Gut beschilderte Steige und geteerte Alpwege, anfangs Pfad.

Talort des unbeschwerten Warmatsgund-Ausflugs ist **Faistenoy** 01. Hinter der Fellhornbahn lenkt der Wegweiser „Kanzelwandhaus" auf einen gemütlichen Mischwaldpfad. Dieser wird bald für eine Weile von einem schweißtreibenden, gelegentlich mit Holzstufen befestigten Zickzacksteig abgelöst. Zwischendurch spitzelt das Oberstdorfer Parade-Felskleeblatt Trettachspitze, Mädelegabel und Hochfrottspitze durchs Astwerk. Unter uns macht ein über Wildbachverbauungen rauschender Sturzbachbach auf sich aufmerksam.

Wo wir auf den zum Schlappoldhöfle führenden Alpweg stoßen, halten wir uns Richtung Fiderepasshütte. Die Route steigt danach in angenehmerer Manier und kreuzt nach einem Bachsteg im äußeren Warmatsgund ein paar kleinere Wasserläufe.

Ein Stück nach einer **Forsthütte** 02 quert man einen Alpweg und schlendert durch zunehmend auf-

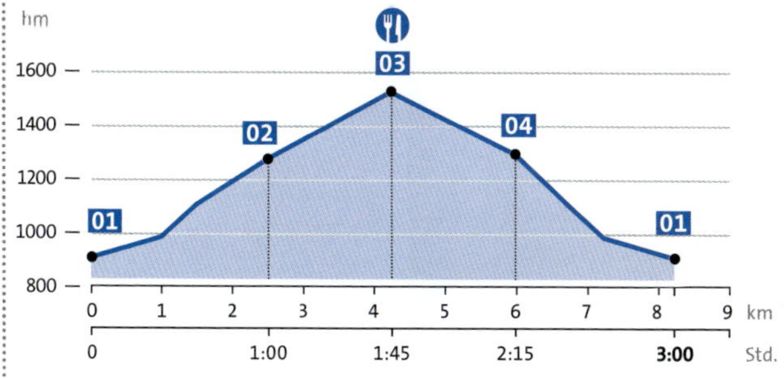

01 Faistenoy, 904 m; 02 Forsthütte, 1269 m; 03 Kanzelwandhaus, 1520 m; 04 Schlappoldhöfle, 1289 m

Der Warmatsgund einst und heute:

Das Kanzelwandhaus in einer der bedeutendsten und modernsten Skiregionen des Allgäus war früher von abgeschiedenen Hochweiden umgeben und gehörte ursprünglich der Sonthofner Ordensburg. Diese ließ hier im Warmatsgund, der schon seit dem Mittelalter als Weidegebiet bekannt ist, kurz vor dem Zweiten Weltkrieg auch noch andere Gebäude errichten wie die Fiderepasshütte und die Jagdhütte bei der Höflealp. Das wildreiche Hochtal hatte ab dem ausgehenden 19. Jh. dem Prinzregenten Luitpold als wichtiges Jagdrevier gedient. Heute wird im Warmatsgund sogar ein Kraftwerk betrieben. Von den einstmals vier Alpen ist abgesehen vom „Umzug" der alten Höflealp ins Freilichtmuseum nur noch das Schlappoldhöfle übrig geblieben. Die Kühgundalpen und Wankalpen sind längst Lawinen zum Opfer gefallen.

gelockerte Waldbestände zum **Kanzelwandhaus** 03. Daneben steht die Möseralp. Am Naturfreunde-Ferienheim, das auch dem Bergwanderer für eine Stärkung offensteht, überrascht eine prachtvolle Gipfelschau: rechts wild gezackt Oberstdorfer Hammerspitze und Hochgehrenspitze, links Gundköpfe und Schafalpenköpfe, jenseits der Stillach die graziösen Spitzen der Höfats und der Große Krottenkopf. Für den Abstieg über licht bewaldete Weidehänge wählen wir den geteerten Alpweg. Dabei prägen sich immer wieder die schönsten Landschaftsbilder ein. Nach Querung des bereits vom Aufstieg bekannten Sturzbachs geht's unter der Fellhornbahn hindurch zum **Schlappoldhöfle** 04. Das Schild „Fellhornbahn-Talstation" dirigiert uns nach zahlreichen Haarnadelkurven wieder auf den morgendlichen Steig, der hinunter nach **Faistenoy** 01 leitet.

Als unverkennbares Wahrzeichen des hintersten Stillachtals begeistert das Felskleeblatt Trettachspitze, Mädelegabel und Hochfrottspitze.

Tiefblick aufs Stillachtal, abgeriegelt von den Allgäuer Hochalpen.

16

FELLHORN • 2038 m
HOCHGEHRENSPITZE • 2251 m

Luftiger Gang zwischen Bayern und Vorarlberg

9,25 km | 5:00 h | 829 hm | 829 hm | 3

START | Oberstdorf/Faistenoy, Bushaltestelle bei der Fellhornbahn (Parkplatz), 904 m
[GPS: UTM Zone 33 x: 344.015 m y: 5.274.244 m]
CHARAKTER | Kurze Steilstücke. Für ausgesetzte Passagen ab der Kanzelwand Trittsicherheit erforderlich, an der Hochgehrenspitze leichte Kletterstellen (I) in zuverlässigem Fels. Meist unmarkierte Steige, anfangs Wanderwege. Vorsicht bei Nässe!

Der etwas knifflige Übergang von der Walser Hammerspitze zur Hochgehrenspitze verlangt Erfahrung in brüchigem Schrofengelände.

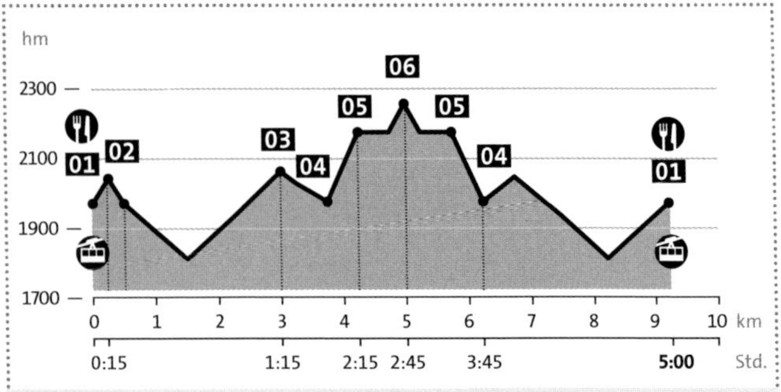

01 Fellhorn-Gipfelstation, 1967 m; **02** Fellhorn, 2038 m; ' **03** Kanzelwand, 2058 m; **04** Scharte, 1972 m; **05** Walser Hammerspitze, 2170 m; **06** Hochgehrenspitze, 2251 m

▶ In Faistenoy nehmen wir die Fellhornbahn zur **Gipfelstation** **01**, wo sich über eine Treppe das **Fellhorn** **02** besuchen lässt. Der Grasberg zeigt den Verlauf der Viergipfeltour. Über der Kanzelwand (auch Warmatsgundkopf) grüßt die Walser Hammerspitze. Ein Kuriosum nebenbei: Ausgerechnet dieser dritte Gipfel hieß bei den Bayern bis vor kurzem Schüsser, während der nächste Geselle für die Bayern die Nordwestliche Hammerspitze war, jedoch im Kleinwalsertal den Namen Hochgehrenspitze trägt. Der letzte im Bunde, die schwierige Oberstdorfer Hammerspitze wiederum, hieß in Österreich zur restlichen Verwirrung Schüsser.

Zurück an der Station schlendern wir auf einem Promenadenweg über einen Weiderücken zum Gundsattel und in drei Kehren mäßig bergan zum Sattel bei der Bergstation Kanzelwandbahn. Dort weist das Schild „Kanzelwand-Gipfel“ auf einen breiten Steig, der zu einer winzigen Einschartung führt. In wenigen Minuten leitet der geröllbedeckte Gipfelhang empor zur **Kanzelwand** **03**. Wieder an der Einschartung folgt nach geringem Ostabstieg in eine deutlichere **Scharte** **04** ein kurzer unmarkierter Gegenanstieg.

Von einer kleinen Zwischenhöhe wandert man über einen Latschenrücken zu einer weiteren Scharte. Dann setzt der meist nicht sonderlich steile, aber etwas luftige Schrofengrat zum Traumaussichtsberg **Walser Hammerspitze** **05** an. Das zu Recht angebrachte Täfelchen „Nur für Geübte“ lenkt über einen Minirücken zu einem Sattel. Dem spärlich begrünten Kamm treu bleibend geht's erst gemächlich bergauf. Der Schrofenkopf bei einem Gedenkkreuz regt mit einer leichten und ein wenig ausgesetzten Kletterstelle (I) in gut gestuftem Fels an. Über den folgenden Schutthang genießt man Tiefblicke in den Warmatsgund. Der Gipfelgrat auf die **Hochgehrenspitze** **06** wird etwas rechts in brüchigem Schrofengelände behutsam umgangen und wartet zum Schluss mit einer kurzen griffigen Rinne (I) auf.

FIDEREPASSHÜTTE • 2067 m

Durch den Warmatsgund in die Schafalpen

15,5 km · 6:00 h · 1163 hm · 1163 hm · 3

START | Oberstdorf/Faistenoy, Bushaltestelle bei der Fellhornbahn (Parkplatz), 904 m
[GPS: UTM Zone 33 x: 344.015 m y: 5.274.244 m]
CHARAKTER | Kurze steile Aufstiege. Meist bezeichnete Steige und Alpwege, anfangs Pfad.

In atemberaubender Nähe begeistert auf der Fiderepasshütte die Formenvielfalt der Walsertaler Berge und Schafalpen. Mit ein wenig Glück kann man Begeher des Mindelheimer Klettersteigs beim Überschreiten der Leiter beobachten. Fesselndes Schaustück direkt über dem Alpenvereins-Stützpunkt ist der rassige Zackengrat der Oberstdorfer Hammerspitze.

▶ Hinter der Fellhornbahn in **Faistenoy** 01 lenkt der Wegweiser „Fiderepasshütte" auf einen gemütlichen Mischwaldpfad. Dieser wird bald für eine Weile von einem gelegentlich mit Holzstufen befestigten, schweißtreibenden Zickzacksteig abgelöst.

Ab und an spitzeln Trettachspitze, Mädelegabel und Hochfrottspitze durchs Astwerk. Nach einem Bachsteg kreuzen wir, wieder in angenehmerer Manier, ein paar kleinere Wasserläufe und kommen zu einer **Forsthütte** 02, wo

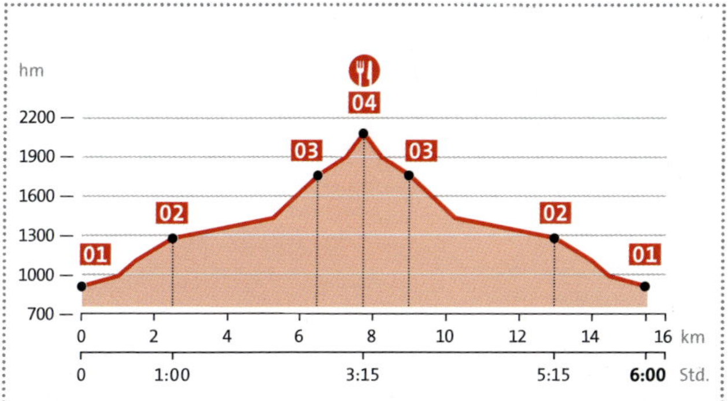

01 Faistenoy, 904 m; 02 Forsthütte, 1269 m; 03 Kühgundalpe, 1745 m; 04 Fiderepasshütte, 2067 m

Sonnenburg
Fatimakapelle
Schwand
Mittelalpe
1350
Unter-
Maria-Hilf
(Alpsennerei)
1067
1100
Schwarzwasserbach
-Westegg
Innerwesteggalpe
Egg
Eberlehof
Ober-
Bergstüble
1240
Loch
Walsermuseum
Riezlern
1086
Schmiedebach
Kurpark
Riezler Alpe
1526
Ober-
seite
Zwerwald
Gehrentobel
Fellhorn
Hinterberg
2038
Scharnagl's
Alpenhof
1403
Gehrenspitze
1857
Fellhorn-
Gipfelstation
(Bergschau)
1967
Letze
Hirschegg
1122
Köpfle
1470
Kanzelwandbahn
Leidtobelkap.
Zwerenalpe
Riezler
Alpsee
Gundkopf
1949
Gundsattel
Säß
1296
Schwaben-
hütte
Panoramarest. Kanzelwand
Tiroler-
hof
Kuhgehrenspitze
1910
(nur Wi)
Adlerhorst
Brandalpe
1306
Äußere
Kuhgehrenalpe
Wildental-
hütte
Innere
Kuhgehrenalpe
1673
Wies
Innere Wiesalpe
1298
Wiesalpe
1290
Wildenbach
Wildentobel
Walser
Hammerspitze
2170
1972
Wannenalpe
1821
(verf.)
Hochgehrenspitze
2251
Fluchtalpe
1390
1674
Vordere Wildenalpe
Wilde Tobel
Ochsenloch
Schafalpenköpfe
2.Schafalpenkopf
2075
1777
Hintere Wildenalpe
Elferkopf
2387
1.Schafalpenkopf
2272
2104
Runde Köpfle
Liechelkopf
2384
2103
Kemptner Scharte
2191
Kemptner Kopf
Angererkopf
2263
Obere
Angererhütte
1908
Untere
Angererhütte
Schlappoldkopf
1968
1925
1940
NSG
1800
Schlappoldsee
Station
Schlappoldsee
Bergwachthütte
Bierenwang
Kanzelwandhaus
Winterbetrieb
Obere
Bierenwangalpe
1737
Untergern
Obergern
Kanzelwand
(Warmatsgundkopf)
2058
Katzen-
köpfe
Obere
Falkhalde
Roßgundalpe
(verf.)
Wankalpe
(verf.)
1378
17
03
Kühgundalpe
1745
Oberstdorfer
Hammerspitze
2260
nur für
Geübte
Fiderepasshütte
04
2067
2033
Fiderepass
2214
Fiderescharte
Saubuckel
Roßgundscharte
2005
2139
2320
3.Schafalpenkopf
Große
Wanne
Taufersbergalpe
2302
Scheidbichel
1681
Schmalzhalde
1329
1227
Rappen-
alpe

Söllerälpe
1522
Schwand
Stunden-
stein
Himmelschrofenalpe
(verf.)
1673
Gotten
Christlessee
Himmelschrofen
1791
Ringang
1022
St. Wendelinkapelle
Waldhotel am
Christlessee
NSG
Vordere Ringersgundalpe
(verf.)
1358
Laiter
1776
Klupper
Ebene
01
Schlappold-
höfle
Fellhorn
17
Hintere Ringersgundalpe
(verf.)
Faistenoy
Kesselgrat
02
Diensthütte
1269
Anatswald
Vorderer
Wildgundkopf
Spielman
1935
Brandrücken
stündl. Busverbindung
(saisonal)
Gundsbach
Hinterer
Wildgundkopf
Leitersberg
1955
Wurmloch
Gundsberg
1582
Birgsau
Birgsauer Hof
Schmalhorn
(verf.)
Schartenkopf
1812
Gundsbergalpe
1952
Eschbachalpe
1912
Untere Mädelea
1977
Jagdhaus
1401
Vordere
Einödsbergalpe
1647
Griesgund
980
(verf.)
Griesgundkopf
2164
1833
Alpgundkopf
Scheidbichel
Häselsgern
1511
Gleygund
2102
Alpkopf
Einödsberg
Obere
Alpe
(verf.)
Spätengundkopf
1589
1555
1993
Hintere
Einödsbergalpe
Auf der
hohen Trett
Einödsbach
1114
Kühgund
Buchenrainalpe
1127
1174
Bacher Alpe
1727
Vordere
Taufersbergalpe
Berggasth.
Einödsbach
2238
Wildengundkopf
Rote Wand
Katzentobel
Langenrücken
Jausenstation
Petersalpe
1296
Breitengernalpe
1156
Laubschrofen
Trettachspitze
Heubaum
1779
Bacherloch
2595
Auf dem
oberen
Klettplatz
Mädelegab
Känzele
1774
2073
Waltenberger
Haus
2084
Linkersalpe
(verf.)
Enzianhütte
1780
2644
0
500 m
Rappen-
kessel
Auf dem Falken
1787
Vorderes Bockkar
2649
2504
Bockkarscharte
Schnee-
loch

Luftig – der Nordostgrat der Oberstdorfer Hammerspitze.

der Aufstieg zur Bierenwangalpe abzweigt.

Hier folgen wir links dem unmarkierten Pfad, der in einen geteerten, sanft steigenden Alpweg mündet. Auf die Felszinnen der Schafalpenköpfe zuhaltend wandert man hinein in den verschwiegenen Warmatsgund.

Die Fiderepasshütte wird von der rassigen Oberstdorfer Hammerspitze überragt.

Nach einer weiteren Forsthütte, wo die alte, heute im Allgäuer Bergbauernmuseum Diepolz befindliche Höflealp stand, lichtet sich der Wald. Zur Linken bauen sich die kaum jemals besuchten Gundköpfe auf. Hinter einer Bachbrücke endet der Alpweg. Ein Feldweg zieht sich nun durch den hochromantischen Alpkessel am Fuße der Oberstdorfer Hammerspitze und der Hochgehrenspitze. Dann schwingt sich ein Steig über einen Krummholzhang empor mit den im Herbst zahlreich vorhandenen Birken.

Von der winzigen auf einer Karschwelle stehenden **Kühgundalpe** 03 ist die Fiderepasshütte bereits sichtbar. Unter den schroffen Schafalpenköpfen entschwindet man über die mit Zwergsträuchern bewachsenen Buckelböden in den hintersten Kargrund. Am Rand eines Geröllstroms weicht man in ein paar Serpentinen einem Schrofenriegel aus und trifft wenig später bei der **Fiderepasshütte** 04 etwas oberhalb des gleichnamigen Passes ein.

…ARKOPF • 2609 m

…ck des Heilbronner Wegs

17,75 km | 9:15 h | 1650 hm | 1650 hm | 3

START | Oberstdorf/Birgsau, Bushaltestelle, 959 m, zu erreichen mit dem Linienbus von Oberstdorf; letzter Parkplatz in Faistenoy [GPS: UTM Zone 33 x: 344.015 m y: 5.274.244 m]
CHARAKTER | Lange steile Auf- und Abstiege. Sowohl der etwas ausgesetzte Hüttenaufstieg wie auch die Steiganlage des Heilbronner Wegs erfordern Trittsicherheit, Schwindelfreiheit und Kondition. Gut bezeichnete Steige, anfangs Fahrweg. Nur für erfahrene Bergwanderer und bei zuverlässigem Wetter, nicht vor Mitte Juli! Übernachtung empfehlenswert.

▶ Diese hochalpine Unternehmung startet an der Bushaltestelle im Ortsteil **Birgsau** 01. Die Anliegerstraße im Stillachtal wechselt nach kurzem in einen Fahrweg, der uns durch den Bergwald nach **Einödsbach** 02 bringt. Dort beachten wir das Schild „Waltenberger Haus“ und wandern auf einem Grassteig über einem Wildbach zum Stall der Bacheralp. In der Talenge des **Bacherlochs** 03 legen sich unter rutschgefährdeten, schrofendurchsetzten Grasflanken zwei Sturzbäche quer. Bald danach windet sich der spannende Weg durch Buschwerk spürbar bergan. Beim Schneeloch mogelt man sich in einer Schleife über das „Wändle“ empor, eine etwas feuchte, aber

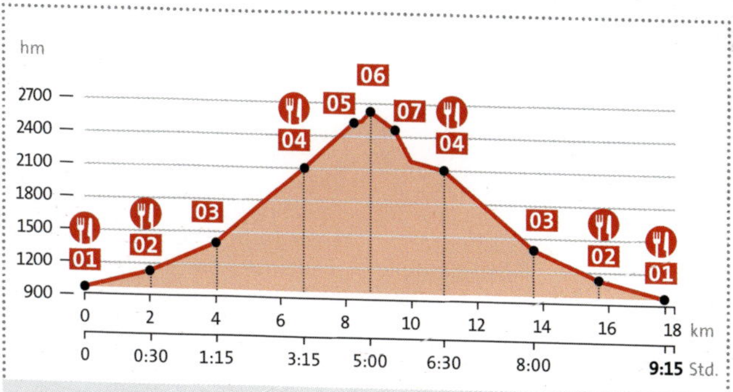

01 Birgsau, 959 m; 02 Einödsbach, 1114 m; 03 Bacherloch, 1380 m; 04 Waltenberger Haus, 2084 m; 05 Westliche Bockkarscharte, 2504 m; 06 Bockkarkopf, 2609 m; 07 Socktalscharte, 2446 m

Das hochalpine Reich des Heilbronner Wegs (Steinschartenkopf).

drahtseilgesicherte Schrofenzone. Nochmals über Grashänge und eine Geröllhalde ansteigend erreicht man das auf einem begrünten Sporn stehende **Waltenberger Haus** 04. Unmittelbarer Blickfang ist neben unserem aus dem Vorderen Bockkar emporwachsenden, wuchtigen Gipfelziel über dem Schneeloch der höchste Allgäuer Grasberg, der Linkerskopf.

Der kraftraubende Geröllsteig durch das abschließend knackig steile und drahtseilgesicherte, schrofige Kar leitet in die Bockkarscharte. Die Steiganlage des Heilbronner Wegs quert nun mit Blick in die Lechtaler Alpen unter Felsüberhängen zur **Westlichen Bockkarscharte** 05 und erklimmt darauf in gesichertem Zickzack über einen Schrofengrat den **Bockkarkopf** 06.

Nach dem ein wenig luftigen Gang in die **Socktalscharte** 07 verlassen wir die Allgäuer „Haute Route". Es erfolgt auf einem teilweise unangenehm abschüssigen Steig der zu Beginn steile Geröllabstieg durch das Hintere Bockkar.

Ein kleines Flachstück, dann wendet man sich um einen grasigen Gratausläufer herum und quert mitunter auf erdigen, zum Teil ausgesetzten und versicherten Passagen unter finsteren Wandabbrüchen achtsam hinüber zum **Waltenberger Haus** 04. Dort nimmt man den bekannten Weg nach **Birgsau** 01 zum Ausgangspunkt.

RAPPENSEEKOPF • 2469 m
HOCHRAPPENKOPF • 2425 m

Gipfelüberschreitung für gehobene Ansprüche

19,5 km | 10:00 h | 1610 hm | 1610 hm | 3

START | Oberstdorf/Birgsau, Bushaltestelle, 959 m, zu erreichen mit dem Linienbus von Oberstdorf; letzter Parkplatz in Faistenoy [GPS: UTM Zone 33 x: 344.015 m y: 5.274.244 m]
CHARAKTER | Längere steile Aufstiege. Die Trittsicherheit und leichte, stellenweise brüchige Kletterei (I) fordernde Überschreitung des Rappenseekopfs verlangt Ausdauer und Erfahrung. Gut bezeichnete Pfade und Steige, anfangs Fahrweg. Übernachtung empfehlenswert.

Unsere knackige Zweigipfeltour im westlichen Allgäuer Hauptkamm beginnt an der Bushaltestelle im Ortsteil **Birgsau** **01**. Die Anliegerstraße im Stillachtal wechselt nach kurzem in einen Fahrweg, der uns durch den Bergwald nach **Einödsbach** **02** bringt. Ein erst noch gemütlicher Waldpfad führt über einen Wildbachsteg und später hinauf zur Petersalpe. Auf einem Steig überwinden wir einen Erlenhang zu der auf einem Absatz stehenden **Enzianhütte** **03**.

Nach Queren der Linkerskopfflanke steigt die Route erneut an zur

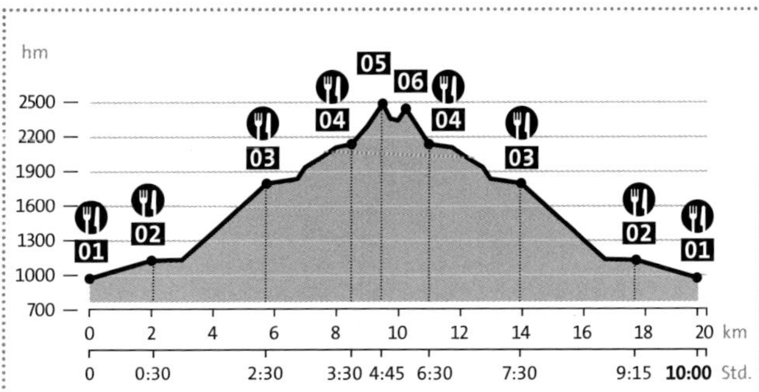

01 Birgsau, 959 m; **02** Einödsbach, 1114 m; **03** Enzianhütte, 1780 m; **04** Rappenseehütte, 2091 m; **05** Rappenseekopf, 2469 m; **06** Hochrappenkopf, 2425 m

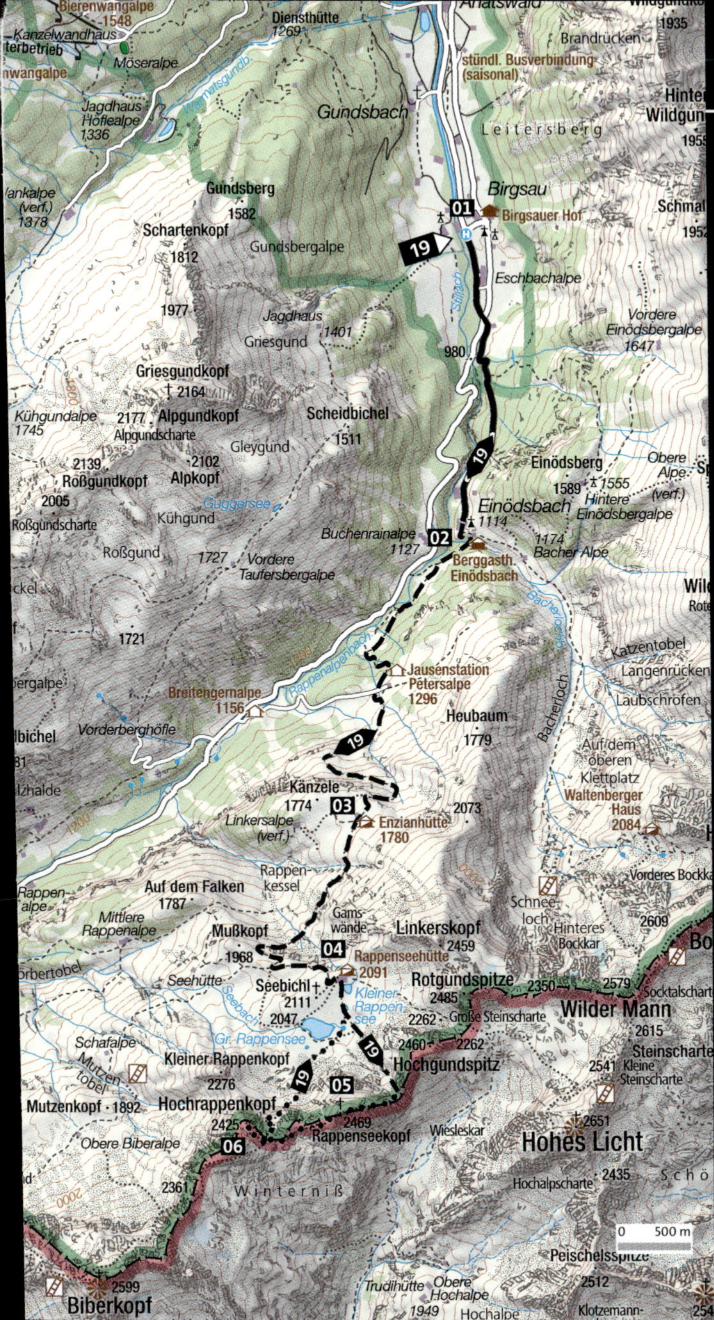
Bierenwangalpe
1548
Kanzelwandhaus
Diensthütte
1269
Möseralpe
Brandrücken
1935
stündl. Busverbindung
(saisonal)
Jagdhaus
Höflealpe
1336
Gundsbach
Leitersberg
Hinter
Wildgun
1955
Gundsberg
1582
Birgsau
01
Birgsauer Hof
Schmal
1952
Schartenkopf
1812
Gundsbergalpe
19
Eschbachalpe
Stillach
1977
Jagdhaus
1401
Griesgund
Vordere
Einödsbergalpe
1647
980
Griesgundkopf
2164
Kühgundalpe
1745
2177
Alpgundkopf
Alpgundscharte
Scheidbichel
1511
Gleygund
19
2139
Roßgundkopf
2102
Alpkopf
Einödsberg
Obere
Alpe
(verf.)
2005
1589
1555
Hintere
Einödsbergalpe
Guggersee
Einödsbach
Kühgund
1114
Roßgundscharte
Buchenrainalpe
1127
02
1174
Bacher Alpe
Roßgund
1727
Vordere
Taufersbergalpe
Berggasth.
Einödsbach
Bacherloch
1721
Katzentobel
Rappenalpenbach
Jausenstation
Petersalpe
1296
Langenrücken
Laubschrofen
Breitengernalpe
1156
Heubaum
1779
Bacherloch
Vorderberghöfle
19
Auf dem
oberen
Klettplatz
Känzele
Waltenberger
Haus
2084
1774
03
2073
Linkersalpe
(verf.)
Enzianhütte
1780
Rappen-
kessel
Vorderes Bockka
Rappen-
alpe
Auf dem Falken
1787
Schnee-
loch
Mittlere
Rappenalpe
Gams-
wände
Linkerskopf
2459
Hinteres
Bockkar
2609
Mußkopf
1968
04
Rappenseehütte
2091
Seehütte
Seebichl
2111
Rotgundspitze
2485
2350
2579
Socktalschart
Kleiner
Rappen-
see
Wilder Mann
2047
2262
Große Steinscharte
2615
Seebach
Gr. Rappensee
Schafalpe
2460
2262
19
Steinscharte
Kleiner Rappenkopf
Hochgundspitz
2541
Kleine
Steinscharte
Mutzen-
tobel
19
2276
05
Mutzenkopf · 1892
Hochrappenkopf
2651
2425
2469
Rappenseekopf
Wiesleskar
Obere Biberalpe
06
Hohes Licht
2361
Winterniß
Hochalpscharte
2435
0
500 m
Peischelsspitze
2599
Biberkopf
Trudihütte
Obere
Hochalpe
1949
Hochalpe
2512
Klotzemann-

Geländestufe am Mußkopf. Bald darauf ist am Rand einer noch begrünten Hochmulde die **Rappenseehütte** **04** mit dem Kleinen Rappensee erreicht.

Der kurzzeitig flache Steig Richtung Rappenseekopf schwingt sich – unter uns der Große Rappensee – über die von der Hochgundspitze herunterziehenden, etwas unangenehmen Block- und Schutthalden empor zu einer Scharte mit Blick zum Hohen Licht. Das an einer Weggabelung angebrachte Schild „Leichter Weg" räumt die anfänglichen Bedenken angesichts der aufsteilenden Schrofenflanke schnell wieder aus. Dennoch weist die bestens gestufte Route ein paar ausgesetzte Passagen auf. Der steile, mitunter brüchige Mittelteil verlangt sogar ein kurzes Handanlegen (I) und einen geübten Blick für zuverlässige Griffe und Tritte. Zuletzt meist dem Grat folgend ist für eine kleine Steilstufe, die auch rechts leicht umgangen werden kann, ein beherztes Zupacken angesagt.

Vom **Rappenseekopf** **05** gelangt man über bescheidene Schrofenköpfe (I) mit festem Fels und einen Grasrücken in einen Sattel. Der **Hochrappenkopf** **06** bietet uns einen problemlosen Schrofenrücken an.

Zurück im Sattel geht's anfangs im Zickzack, später Schutthalden querend zur Rappenseehütte, wo man den bekannten Weg nach **Birgsau** **01** zum Ausgangspunkt zurückwandert.

Vom Aufstieg zur Rappenseehütte schweift der Blick hinüber zu den einsamen Gundköpfen.

OSTERBERGALPE • 1269 m

Vorarlbergisch-bayerische Promenierrunde

9,75 km | 3:15 h | 308 hm | 308 hm | 3

START | Riezlern/Außerschwende (Gemeinde Mittelberg, Vorarlberg), Bushaltestelle am Gasthof Bergblick (Parkplatz), 1080 m
[GPS: UTM Zone 33 x: 344.015 m y: 5.274.244 m]
CHARAKTER | Leichte Steigungen. Gut beschilderte Güter- und Forstwege, verkehrsfreie Sträßchen und kurzer Pfad. Grenzübertritt.

Die würzig duftenden Bergwiesen und erfrischenden Waldinseln zwischen dem Kleinwalsertal und dem Rohrmoostal warten mit einem komfortablen, länderverbindenden Rundwanderweg auf.

Nach dem Gasthof Bergblick im Ortsteil **Außerschwende** 01 zeigt der Wegweiser „Hörnlepass" auf ein verkehrsfreies Sträßchen. Über meist flache Wiesen schlendern wir vorbei an den Häusern von Au und Gatter und erreichen den Weiler **Klausenwald**. Dabei schweift das Auge vom Fellhornkamm jenseits der Breitachfurche hinaus zum stattlichen Nebelhorn. Weiter geht es, die nahen Kackenköpfe vor der Nase, zum **Alpengasthof Hörnlepass** 02.

Nun führt ein Güterweg an einer Wildfütterung vorbei in ein Waldtal. Bei den Feuchtwiesen gegenüber des Hörnlesbachs, unter der

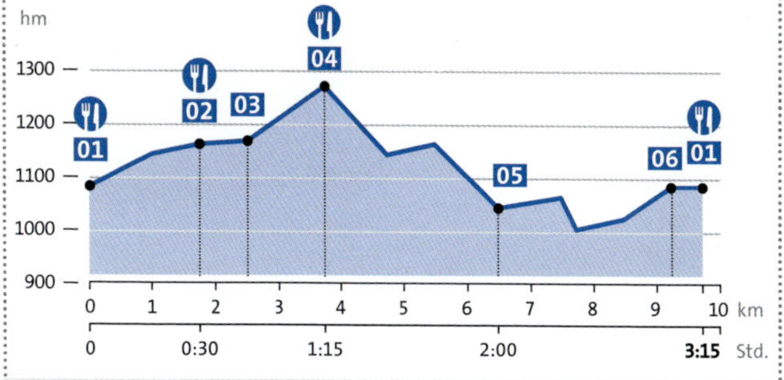

01 Außerschwende, 1080 m; 02 Alpengasthof Hörnlepass, 1159 m; 03 Außerwaldalpe, 1165 m; 04 Osterbergalpe, 1268 m; 05 Hinterenge, 1040 m; 06 Straußberg, 1080 m

jäh abstürzenden Weißen Platte, bleibt man dem mit „Osterberg“ beschilderten Fahrweg treu.

Nach einem kleinen Besuch in Bayern erwartet einen an der **Außerwaldalpe** 03 ein eindrucksvoller Ausblick: Schneck, Hochvogel, Großer Wilder und ganz rechts die Höfats. Wieder talauswärts bummelnd quert man den Bächteletobel. Endgültig auf bayerischer Seite folgt nun der einzige nennenswerte Anstieg der Runde. In einer Serpentine steigt man über einen Weidehang hinauf zur hübsch gelegenen **Osterbergalpe** 04. Im Talschluss grüßen die hohen Walsertaler Berge.

Auf dem Rückweg halten wir uns nach kurzem Abstieg an der bekannten Gabelung Richtung Tiefenbach und an der Einmündung in einen geteerten, erst flachen Forstweg Richtung Hinterenge. Durch aufgelockerte Waldbestände beginnt der Weg später zu fallen. An einer Gabelung wandern wir geradeaus zur Wegtafel des Oberstdorfer Ortsteils **Hinterenge** 05, wo wir Kurs Richtung Riezlern einschlagen. Über Wiesenböden, genannt „In der Ewigkeit“, geht es taleinwärts auf den massigen Widderstein zu.

Am Teerende weist das Schild „Schwende“ auf einen Pfad. Man wandert durch ein Waldstück bergab, quert auf einem Steg den Tobel des Hörnlebachs und trifft wieder in Vorarlberg ein. Auf einem Fahrweg passiert man (kurzer Abstecher zur Breitach möglich) mit zwei kleinen Gegenanstiegen die Einzelanwesen von Schmalzloch und gelangt, ab **Straußberg** 06 auf einem Anliegersträßchen, nach **Außerschwende** 01.

Auf dem Rückweg bietet sich ein kurzer Abstecher an die ungestüme Breitach an.

Unter den Kackenköpfen steht die bewirtschaftete Osterbergalpe.

KUHGEHRENSPITZE • 1910 m

Kleinwalsertaler Schauwarte ersten Ranges

9 km | 3:00 h | 106 hm | 969 hm | 3

START | Riezlern (Gemeinde Mittelberg, Vorarlberg), Bushaltestelle an der Kanzelwandbahn (Parkplatz), 1086 m
[GPS: UTM Zone 33 x: 344.015 m y: 5.274.244 m]
CHARAKTER | Kleiner Anstieg. Meist bezeichnete Pfade und Wanderwege, zuletzt ruhiges Sträßchen.

Wenn auch die Kuhgehrenspitze inmitten trutziger Felsburgen nur ein bescheidenes Format aufweisen kann, so ist sie dennoch ein liebenswertes Bergziel, von dem man in aller Stille die mannigfaltige Allgäuer Bergwelt bewundern kann.

▶ Die Gondel der Kanzelwandbahn bringt uns von Riezlern zur **Bergstation** 01 mit Restaurant. Richtung Kuhgehrenspitze geht's auf einem Güterweg talwärts über einen kleinen Bergrücken. Es begrüßen uns die Hauptkamm-Gipfelparade, der festungsartige Widderstein und der markante Hohe Ifen mit dem Gottesackerplateau. Bei der Einkehr Adlerhorst führt der mit „Kuhgehrenalpe" beschilderte, breite Wanderweg unter dem Miniatur-Felsenhaupt der Kanzelwand am Rand eines Alpkessels entlang. Am Fuße des schroffen Schüssers verschmälert sich die Route zum Pfad. Ohne großen Gegenanstieg quert man einen Strauchhang

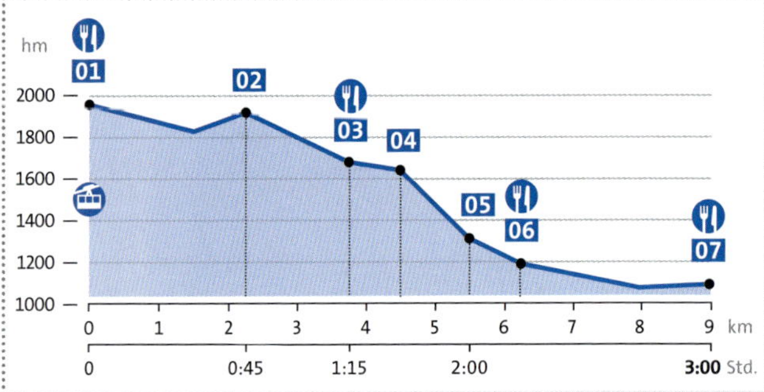

01 Bergstation, 1949 m; 02 Kuhgehrenspitze, 1910 m; 03 Innere Kuhgehrenalpe, 1673 m; 04 Äußere Kuhgehrenalpe, 1634 m; 05 Brandalpe, 1306 m; 06 Nebenwasser, 1185 m; 07 Riezlern, 1086 m

Straußberg
Gatter
1117
1141
Waldhaus
Wald
1039
Brandalpe
Höflealpe
1190
1152
Außerschwende
Bergblick
Kleiner Zwing
Buchenbach
Innerschwende
Sonnenburg
Fatimakapelle
Schwand
Mittelalpe
1350
(Alpsennerei)
Plattenalpe
Ober-
Unter-
1067
Maria Hilf
Wachauer Hütte
Mahdtalhaus
1100
Kessel-
schwand
Schwarzwasserbach
-Westegg
Innerwesteggalpe
Unter-
1064
Egg
Eberlehof
Ober-
Bergstüble
1240
Naturbrücke
Loch
Ladstatt
Aubachquelle
Walsermuseum
Riezlern
1086
Hammerer
Au
Bike-
park
07
21
Kurpark
1119
Aubach
Parsennbahn (nur Winter)
Ober-
seite
Zwerwald
Gehrentobel
Riezler Alpe
1526
Fellhorn
Hinterberg
2038
Windegge
Scharnagl's
Alpenhof
1403
Gehrenspitze
1857
Fellhorn-
Gipfelstation
(Bergschau)
1967
Letze
Hirschegg
1122
Köpfle
1470
Kanzelwandbahn
Bergwachthütte
Leidtobelkap.
Winterbetrieb
Zwerenalpe
Riezler Alpsee
Säß
1296
Gundkopf
1949
Gundsattel
Dürenboden
Speichersee
01
Untergern
Obergern
Schwaben-
hütte
Panoramarest. Kanzelwand
Winterbetrieb
Halde
Tiroler-
hof
Kuhgehrenspitze
1910
02
(nur Wi)
Adlerhorst
Tobel
Nebenwasser
06
05
Brandalpe
1306
Kanzelwand
(Warmatsgundkopf)
2058
04
Äußere
Kuhgehrenalpe
Obere
Falkhalde
Roßgund
(verf.)
Alpen-
blick
Wildental-
hütte
Höfle
1972
03
2170
Innere
Kuhgehrenalpe
1673
Walser
Hammerspitze
Wäldele
Bergheim Moser
Wies
Wannenalpe
1821
(verf.)
2251
Hochgehrenspitze
Oberstdorfer
Hammerspitze
2260
Innere Wiesalpe
1298
Schwendle
Untere Wiesalpe
1290
nur für
Geübte
Fiderepasshütte
2067
2033
Fiderepass
1609
Wildenbach
Fluchtalpe
1390
Wildentobel
1674
Vordere Wildenalpe
Ochsenloch
2320
3.Schafalpe
Schafalpenköpfe
2.Schafalpenkopf
Große
Wanne
Zwölferkopf
2224
2075
1777
Hintere Wildenalpe
2302
0 500 m
Elferkopf
1.Schafalpenkopf
2272
2387

Auf dem Gipfel der Kuhgehrenspitze. Eine der bemerkenswertesten Berggestalten ringsum ist der Hohe Ifen mit dem Gottesackerplateau.

und gelangt in den Kuhgehrensattel. Auf einem mit ein paar Fichten bestockten Kamm ist es dann nur noch ein Katzensprung zum westlich vorspringenden Graskopf namens **Kuhgehrenspitze** 02. Ein besonderes Schmankerl ist der unmittelbare Tiefblick auf die wie Spielzeugsiedlungen anmutenden Dorfflecken und Streusiedlungen des Kleinwalsertals.

Talblick von der Inneren Kuhgehrenalpe.

Zurück am Sattel weist uns das Täfelchen „Innerkuhgehren" auf einen gemütlichen Abstiegspfad. Über teilweise mit Krummholz gekleidete Weidehänge erreichen wir die auf einem Bergsporn stehende **Innere Kuhgehrenalpe** 03. Hinter der Hütte, in der noch gesennt wird und ein gut gelagerter Bergkäse zu erstehen ist, setzen sich die Schafalpenköpfe prächtig in Szene.

Richtung Riezlern leitet nun ein Flachstück durch ein Wäldchen. Danach taucht die alte **Äußere Kuhgehrenalpe** 04 auf. In Kehren steigen wir über Alpweiden und durch Waldstreifen bergab und passieren die **Brandalpe** 05. Vom Mittelberger Weiler **Nebenwasser** 06 bringt uns eine erholsame Bummelei etwas oberhalb des Tales zum Berggasthof Schwabenhütte. Nach der Querung des Pfusertobels führt ein Fahrweg nach Letze und ein ruhiges Sträßchen zurück nach **Riezlern** 07.

ÜBER DAS GOTTESACKERPLATEAU

Abenteuerliche Durchquerung einer Steinwüste

10 km | 4:15 h | 513 hm | 826 hm | 3

START | Riezlern/Auenhütte (Gemeinde Mittelberg, Vorarlberg), Bushaltestelle (Parkplatz), 1273 m
[GPS: UTM Zone 33 x: 344.015 m y: 5.274.244 m]
CHARAKTER | Anfangs steiler Aufstieg. Das Gottesackerplateau verlangt Trittsicherheit. Gut bezeichnete Steige und kurze Abschnitte auf Wander- und Forstwegen sowie ruhigem Sträßchen. Bei Schnee abzuraten, keinesfalls bei Nebel! Grenzübertritt.

Der Ifenlift-Doppelsessel erspart den Zugang von der Auenhütte zur **Bergstation** 01. Wir orientieren uns am Wegweiserschild „Gottesackerplateau" und gehen an der alten Herzhütte vorbei zum nahen Bergrestaurant Ifenhütte.

Die geteerten, über einen steilen Weidehang auf die jäh abbrechende Ifenplatte zuführenden Wanderwegkehren erfreuen uns mit einem schönen Ausblick in die Schafalpen. Von einem Absatz leitet ein weniger anstrengender Steig an der zunehmend geröllbedeckten Ifenmulde entlang. Das Panorama mit den Allgäuer Rang- und-Namen-Gipfeln weitet sich. An der Gabelung, wo der Ifenaufstieg abzweigt, ist es nicht mehr weit zum **Restaurant Bergadler** 02 mit Skiliftstation.

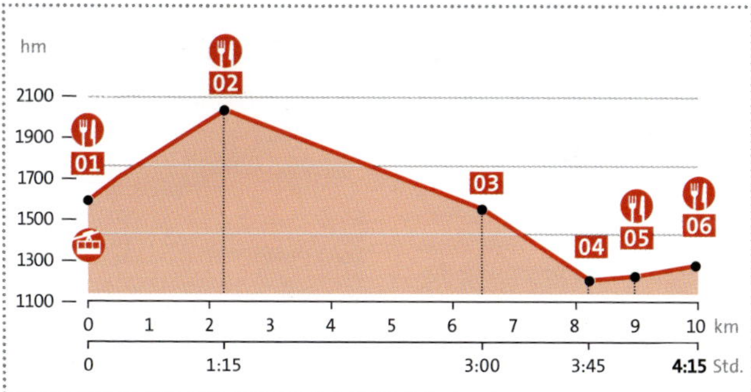

01 Bergstation Ifenhütte, 1586 m; 02 Restaurant Bergadler, 2026 m; 03 Schneiderkürenalpe, 1545 m; 04 Wäldele, 1200 m; 05 Oberwäldele, 1220 m; 06 Auenhütte, 1273 m

Vom Bergrestaurant Ifenhütte geht's auf die Ifenplatte zu.

Steinzeit-Jäger am Fuß des Gottesackers

Im Jahr 1998 entdeckte Steinwerkzeuge und Feuersteingeräte aus Radiolaritgestein deuten darauf hin, dass sich unter einem überhängenden Felsen neben der Schneiderkürenalp vor rund 8000 Jahren ein Sommerlager mittelsteinzeitlicher Jäger befand. Weitere Fundstücke der in 1545 m Höhe befindlichen Ausgrabungsstätte sind Teile von Tierknochen und Pfeilspitzen. Auffallend ist, dass in der Umgebung des bis knapp vor der Zeitenwende genutzten Lagers kein Radiolarit vorkommt. Das Arbeitsmaterial muss demnach vom Bruder des berühmten Ötzi aus Flussbetten empor zur Waldgrenze transportiert worden sein, wo die Menschen damals vermutlich den Sommer über gelebt hatten.

Das sanft fallende Gottesackerplateau zeigt sich von Anfang an als leicht kuppiges Karstgelände mit einem Labyrinth von Schrattenkalk-Spalten, den sogenannten Karren. Zwei Eisenbügel erleichtern das Überwinden einer kleinen Felsstufe. Das auf den ersten Blick monotone, mit nur wenigen Latschenflecken bewachsene Faltenmeer bringt neben einer spärlichen Grasnarbe und vereinzelten Alpenrosen eine seltene Pflanzenwelt hervor.

An der Routenkreuzung bei der verfallenen Gottesackeralpe weist die Tafel „Klein-Walsertal“ in das Gottesackerloch, eine kleine und wenig steile, aber etwas unangenehme Felsenkluft. Später geht's durch Krummholzgassen. Bei der **Schneiderkürenalpe 03**, einer Jagdhütte, tauchen wir in den Kürenwald ein. Der bis zum Schluss vom etwas beschwerlichen Schrattenkalk bedeckte Steig quert Richtung Küren einen Forstweg und bringt uns zum Haus Sonnblick in **Wäldele 04**.

Durchs Schwarzwassertal wandern wir auf der ruhigen Wäldelestraße zum Gasthaus Küren und von **Oberwäldele 05** mit kleinem Gegenanstieg auf einem Wanderweg am Bergheim Wäldele vorbei zur **Auenhütte 06**.

23

STEINMANDL • 1982 m
GRÜNHORN • 2039 m

Schrofenkletterei über dem Schwarzwassertal

14 km | 6:15 h | 828 hm | 828 hm | 3

START | Riezlern/Auenhütte (Gemeinde Mittelberg, Vorarlberg), Bushaltestelle (Parkplatz), 1273 m
[GPS: UTM Zone 33 x: 344.015 m y: 5.274.244 m]
CHARAKTER | Kurze Steilstücke. Der Trittsicherheit und Schwindelfreiheit verlangende Gratübergang in exponiertem Schrofengelände mit leichten, gut gestuften Kletterstellen (I) bleibt geübten Bergwanderern vorbehalten. Überwiegend bezeichnete Steige und Steigspuren, Wander- und Alpwege. Nicht bei Nässe!

Wir nehmen für unsere einsame Grattour an der **Auenhütte** 01 den Wanderweg über eine moorige Kuppe Richtung Schwarzwasserhütte. Im locker bewaldeten Schwarzwassertal schwenkt man in einen erholsamen Alpweg ein. Der Naturlehrpfad verläuft unter

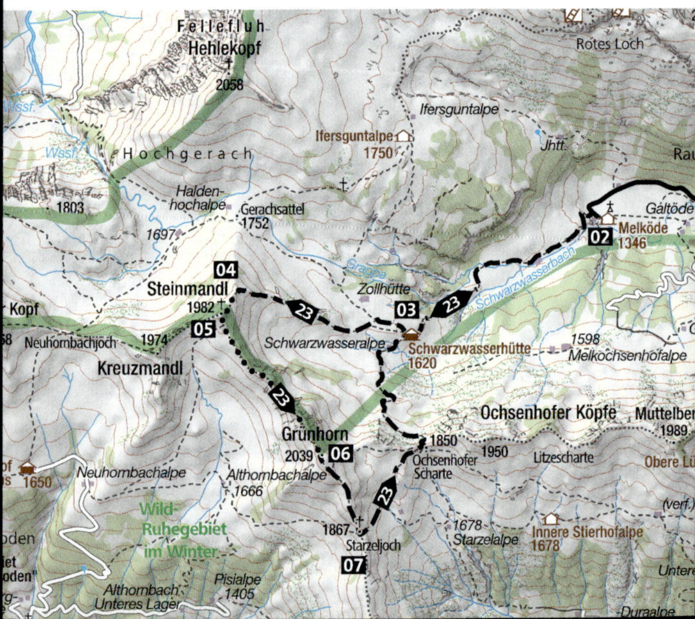

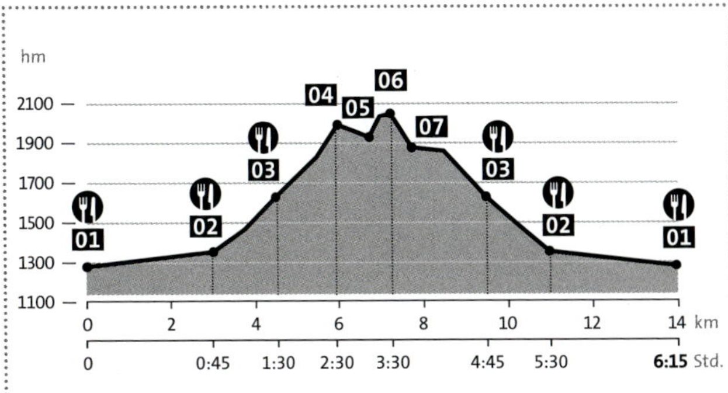

01 Auenhütte, 1273 m; **02** Melköde, 1346 m;
03 Schwarzwasserhütte, 1620 m; **04** Steinmandl, 1982 m;
05 Scharte, 1920 m; **06** Grünhorn, 2039 m; **07** Starzeljoch, 1867 m

der lotrechten Ifenmauer zwischen Felsblöcken hindurch und bei einem Bildstock an einer Versickerungsstelle vorbei zur **Melköde 02** im Talschluss. Wieder auf einem Wanderweg geht's nach einem Aufschwung durch eine herrliche Hochmoorlandschaft. Über deutlicher ansteigende, von einem Waldstreifen unterbrochene Weideböden steigt man hinauf zur **Schwarzwasserhütte 03**. Der Wegweiser „Steinmanndl" lenkt auf einen flachen Ziehweg,

Der Grat vom Steinmandl zum Grünhorn verlangt gute Nerven.

vor uns das Grünhorn. Bei der Schwarzwasseralp wechselt die Route vor einer Bachquerung in einen anfangs unmarkierten Steig. Danach folgt ein mäßig steiler, später zum Teil mit Latschen bewachsener Zwergstrauchrücken.

Grünhorn und Steinmandl.

Über anstrengende Grashänge erreicht man das aussichtsreiche **Steinmandl** **04**. Das manchmal schmale, nur zu Beginn harmlose Auf und Ab zum Grünhorn weist gelegentlich nur Steigspuren auf. Latschen und Sträucher behindern das Vorwärtskommen. Mitunter kitzlige Stellen in gut gestuftem Fels, manchmal neben dem Grat, warten wiederholt mit leichter Kletterei (I) auf. Aus einer **Scharte** **05** setzt ein knackiger Aufstieg zu einer Zwischenerhebung an.

Über einen nahen Grassattel und einen letzten Steilaufschwung gelangt man schließlich auf das **Grünhorn** **06**. Ins **Starzeljoch** **07**, dabei an einer Gabelung geradeaus haltend, verfolgt man den nun angenehmen Grasgrat. Dann quert man über Weidehänge zur Ochsenhofer Scharte und wandert durch Buschwerk im Bogen hinunter zur **Schwarzwasserhütte** **03** und zurück zur **Auenhütte** **01**.

BÜHLALPE • 1435 m

Lustwandeln zwischen Hirschegg und Baad

10 km · 3:30 h · 428 hm · 428 hm · 3

START | Hirschegg (Gemeinde Mittelberg, Vorarlberg), Bushaltestelle bei der Kirche (Parkplatz), 1122 m [GPS: UTM Zone 33 x: 344.015 m y: 5.274.244 m]
CHARAKTER | Kräftige Steigung zu Beginn. Meist beschilderte Wander- und Güterwege, Pfade und verkehrsfreie Sträßchen.

In **Hirschegg** 01 bei der Pfarrkirche dem Gehsteig talauswärts folgend setzt bei der Raiffeisenbank auf der Straße Am Berg der wadenschindende Auftakt zu dem sonst recht beschaulichen Talausflug an. Nach der Kreuzkirche bietet der geteerte Fußweg vom Ortsende über eine Bergwiese Richtung Auenhütte wunderbare Ausblicke nach Riezlern und in die hinteren Walsertaler Berge. Ein steiles Sträßchen leitet von **Schöntal** 02 zum Berggasthof Schöntalhof.

Elferkopf und Zwölferkopf hinter Hirschegg.

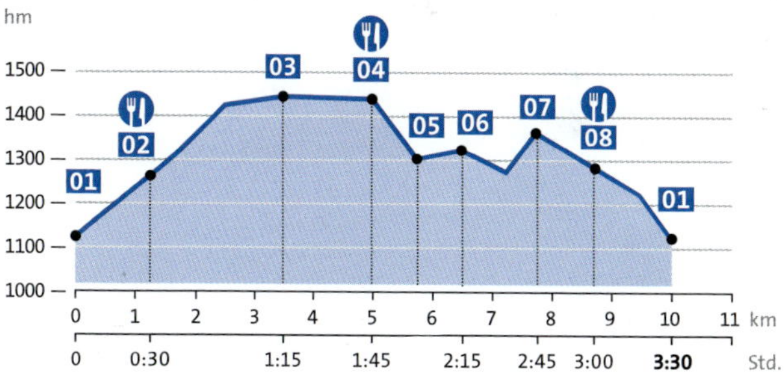

01 Hirschegg, 1122 m; 02 Schöntal, 1260 m; 03 Zafernahütte, 1440 m; 04 Berggasthof Bühlalpe, 1435 m; 05 Erlenboden, 1300 m; 06 Maisäßhütte, 1320 m; 07 Zafernaalpe, 1360 m; 08 Rohr, 1280 m

Der Wegweiser „Zaferna“ lenkt auf einen Güterweg, der ohne große Anstrengung durch den Wald steigt. An der Gabelung auf einer Kuppe beachten wir die Beschilderung zur Bühlalpe, die nach kurzem Gefälle auf einen Waldwanderweg für Genießer dirigiert. An der Gabelung bei der **Zafernahütte** 03 mit Sessellift zeigt uns das Täfelchen „Baad“ den weiteren Kurs.

Über dem Wildental beeindruckt die mauerbewehrte Breitseite der durch den Mindelheimer Klettersteig verbundenen Schafalpenköpfe. Nach der privaten Oberen Heuberghütte lichtet sich der Wald endgültig. Zwischen den Lawinenverbauungen unter dem Heuberggrat und unter der Walmendinger-Horn-Bahn hindurchgehend öffnet sich nun das Gemsteltal.

Am heimeligen **Berggasthof Bühlalpe** 04 beginnt ein geteerter Fahrweg, der in ein paar Haarnadelkurven durch einen Waldfleck hinunter zum Ortsteil **Erlenboden** 05 leitet. Dort wählen wir den Haspelwaldweg Richtung Mittelberg, einen vergnüglichen Pfad durch einen flachen Mischwald. An der privaten **Maisäßhütte** 06 über dem Gemeindesitz des Kleinwalsertals setzt man das großartige Höhenweg-Lustwandeln auf einem unbeschilderten Pfad geradeaus fort und geht nochmals unter der Bergbahn hindurch. Am darauffolgenden Viehstall wechselt man ganz kurz auf einer steigenden Pfadspur zu einem geteerten Alpweg und wandert über Weidehänge hinauf zur **Zafernaalpe** 07. Ab der nächsten Kreuzung geht's auf dem nach Hirschegg ausgeschilderten, leicht fallenden Wanderweg nach **Rohr** 08. Dort nimmt man den Rohrweg Richtung Schwarzwassertal zum Haus Bergfelder, wo der Wegweiser „Hirschegg-Dorf“ zur Kirche von **Hirschegg** 01 lenkt.

Mittelberg im Kleinwalsertal mit Hohem Ifen.

Oberes Gottesacker-Plateau
Brandalpe
Höflealpe
1190
1152
Grafenkürenalpe
Außerschwende
Innerschwende
Plattenalpe
Ober-
Fatimakapelle
1495
1067
Schmalzboden
Wachauer Hütte
Mahdtalhaus
1100
Schwarzwasserbach
Kessel-
schwand
1545
Außerkürenwald
Unter-
1064
Egg
Eberlehof
Naturbrücke
Loch
Jagdhütte
1600
Ladstatt
Aubach-
quelle
1145
Walsermuseum
Eselsrücken
Oberau
Hammerer
Au
Wäldele
Bike-
park
Kurpark
1119
Ober-
seite
Innerkürenwald
Alpenhotel Küren
Aubach
Parsennbahn (nur Winter)
Zwerwa
Bruder
Klaus-Kap.
Walserblick
Scharnagl's
Alpenhof
Fuchsfarm
Wäldele
Ifen I
02
Windegge
1403
Schöntalhof
1324
Letze
Alpinlodge
Auenhütte
24
Hirschegg
Köpfle
1122
1470
Alpe
Heuberg-Sesselb.
Leidtobelkap.
01
Geißbühel
24
Säß
1296
Dürenboden
Speicher-
see
Schwaben-
hütte
Sölleralpe
Untere
Walmendingenalpe
1424
Rohr
08
Halde
Tiroler-
hof
Tobel
Brandalpe
1306
Heuberg
Nebenwasser
Obere
Walmendingeralpe
1795
24
Ahorn
1585
03
Zafernahütte
Alpen-
blick
Wildental-
hütte
Walmendingerhorn
Sonna-Alp
Zaferna-
lift
Zafernaalpe
Höfle
Schrecken-
mahder
Walmendingerhornbahn
Heubergalpe
07
Mittelberg
1215
Wäldele
Innere
Kuhgehrenalpe
1673
Schwendle
1178
Bergheim Moser
Max Hütte
Alpsennerei
Stutzalpe
1500
Bühlalpe
1435
04
06
24
Moos
Wies
Stütze
Schwendle
Innere Wiesalp
1298
Untere Wiesalpe
1290
Außerbödmen
Erlenboden
05
Café
Alpenwald
Innerbödmen
1609
Vorder-
boden
Alpenwald
1229
201
Breitach
Sattelalpe
(verf.)
Gemstelboden
Brunnenberg
Wildentobel
Wildenbach
Zwölferkopf
2224
Bärenweidealpe
2075
Hintere
Tonisgemstelalpe
1239
Elferkopf
2387
Bärenkopf
2083
Feuersteinmahder
Runde Köpfle
0 500 m
Bernhardsgemstelalpe
1300
Gemstel-Schönesbodenalpe
1310
Liechelkopf

MINDELHEIMER HÜTTE • 2013 m

Spannend vom Gemsteltal zum Wildental

15,5 km · 7:15 h · 1150 hm · 1150 hm · 3

START | Mittelberg/Innerbödmen (Vorarlberg), Bushaltestelle (Parkplatz), 1158 m
[GPS: UTM Zone 33 x: 344.015 m y: 5.274.244 m]
CHARAKTER | Längere Steilstücke. Besonders bei Schnee Vorsicht auf dem etwas ausgesetzten, gesicherten Abstieg von der Kemptner Scharte. Gut bezeichnete Steige, Alp- und Wanderwege.

Als Talort für die sportliche Elferkopfrunde wählen wir die Bushaltestelle in **Innerbödmen** 01. Das Anliegersträßchen Richtung Widdersteinhütte bringt uns nach Gemstelboden. Hinter der Breitachbrücke entschwinden wir auf einem Alpweg ins enge Gemsteltal. An einer Gabelung wählen wir die westseitige Route durch Wald und später über Alpweiden zur Bernhardsgemstelhütte, zur

Biberkopf vom Fuß des Geißhorns.

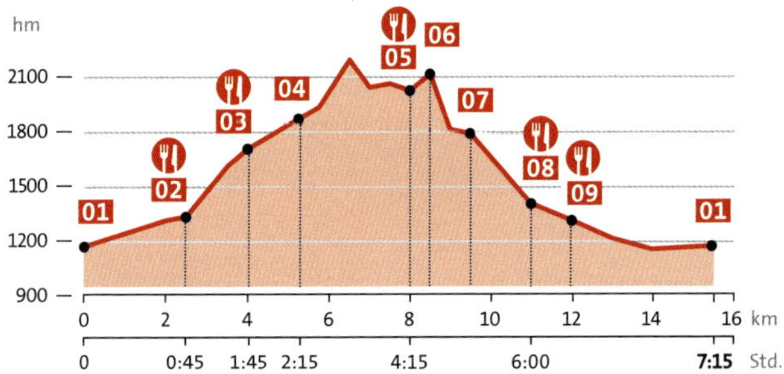

01 Innerbödmen, 1158 m; 02 Hintere Gemstelalpe, 1320 m; 03 Obere Gemstelalpe, 1694 m; 04 Sterzerhütte, 1859 m; 05 Mindelheimer Hütte, 2013 m; 06 Kemptner Scharte, 2103 m; 07 Hintere Wildenalpe, 1777 m; 08 Fluchtalpe, 1390 m; 09 Innere Wiesalpe, 1298 m

Talschluss des Gemsteltals.

Linken die Elferkopf-Steilgrasflanken. Im Talschluss steht die **Hintere Gemstelalpe** 02, über uns der riesige Widderstein.

Der Steig zur Mindelheimer Hütte überwindet in Kehren einen schrofigen Krummholzhang. Eine etwas ausgesetzte Felsrinne ist mit einem Kunststoffseil gesichert. Nach einer weiteren gesicherten Passage über der Klamm mäßigt sich die Steigung vorbei an einem Wasserfall. Es folgt ein kurzes Bachbett, dann taucht die **Obere Gemstelalpe** 03 auf.

Unter Schrofenhängen kommen wir zur **Sterzerhütte** 04, einer alten Jagdhütte. Danach müht man sich über einen ab und an von Latschen bewachsenen Grashang zum Fuß des Geißhorns.

Auf bayerischer Seite noch über Geröllströme zum Sattel zwischen Geißhorn und Wildengundkopf, dann gelangt man auf einem kurzen Steilabstieg ins Angererkar und an Grashängen entlang zur **Mindelheimer Hütte** 05.

Es folgt der Aufstieg in die **Kemptner Scharte** 06 an der Grenze. Die ein wenig ausgesetzten, oft mit Drahtseilen gesicherten Steigkehren über eine schuttige Schrofenflanke hinunter in ein Trümmerkar verlangen Umsicht. Bald nach Querung des jungen Wildenbachs erreicht man die **Hintere Wildenalpe** 07.

Danach steigt man in Serpentinen über die steile Krummholzzone zur **Fluchtalpe** 08. Auf dem gemütlichen Alpweg durchs romantische Wildental hinaus passiert man die **Innere** und **Untere Wiesalpe** 09 sowie wieder im Wald das Bergheim Moser. Vom Restaurant Schwendle führt ein Sträßchen zur Schwendlebrücke und ab dort ein bequemer Wanderweg an der Breitach nach **Innerbödmen** 01.

Bärenköpfle
1702
1586
Alpinlodge
Auenhütte
Alpe
Schöntalhof
1324
Heuberg
Jhtt.
Rauhewald
Geißbühel
Galtöde
Melköde
1346
Gletscher-
mühlen
Sölleralpe
Untere
Walmendingenalpe
1424
Rohr
Knechtsälpele
Galtochsenhofalpe
Heuberg
1795
Obere
Walmendingeralpe
1585
Ahorn
1598
Melkochsenhofalpe
Zafernahütte
Sonna-Alp
Zaferna-
lift
Walmendingerhorn
Muttelbergscharte
1990
Zafernaalpe
Schrecken-
mähder
nhofer Köpfe
Muttelbergkopf
1989
Gipfelstuba
1940
Walmendingerhornbahn
Heubergalpe
Litzescharte
Obere Lüchlealpe
Wi.-Bett
Winterbetrieb
Max Hütte
(verf.)
Alpsennerei
Stutzalpe
1500
Moos
Innere Stierhofalpe
1678
Bühlalpe
1435
Stütze
1571
Untere Lüchlealpe
Lüchlebach
Hennenalpe
Erlenboden
01
Außerbödmen
Café
Alpenwald
25
Innerbödmen
Innere
1386
Duraalpe
Äußere
Baad
1244
Vorder-
boden
Starzelhaus
Durabach
201
1229
Alpenwald
Gemstelboden
Brunnenb
Sattelalpe
(verf.)
Breitach
Untere
Spitalalpe
1200
25
Untere
Derrahütte
1300
Zügalpe
Derrabach
pitalalpe
Bärenweidealpe
1378
Eggalpe
1289
Äußere
Widdersteinalpe
Tonisgen
1239
Bärenkopf
2083
Feuersteinmähder
Alpe Widderstein
Jhtt.
Bernhardsgemstelalpe
1300
Gemstelbach
Gems
1310
Wannenberg
1830
Bärgunthütte
1408
Hintere
1320
Kleiner
Widderstein
02
Stierlochalpe
1515
Jhtt.
2236
Karlstor
Großer
Widderstein
2533
2360
Klamm
Obere Gemstelalpe
1694
03
Älpele
Hochalpsee
Nur für
Geübte!
1722
Schrofen
Widdersteinhütte
2009
Seekopf
2039
Gemstelpass
1971
Hochalp-Alpe
1938
Hochalppass
Schärtle
Höferspitze
Krumbacher Halde
1800
2131
Untere
Widdersteinalpe
1666
Hot. Adler
Gerichtsstätte
Hochkrumbach
Tschirgge
Höferbergalpe
Hochtannbergpass
1676
1700

Hirschegg
1122
Leidtobelkap.
Köpfle
1470
Zwerenalpe
Riezler Alpsee
Gundkopf
1949
Gundsattel
Untergern
Obergern
Winterbetrieb
Obere Bierenwang
1737
Panoramarest. Kanzelwand
Adlerhorst
Kuhgehrenspitze
1910
Kanzelwand
(Warmatsgundkopf)
2058
Obere Falkhalde
Roßgundalpe
(verf.)
Katzenköpfe
Dürenboden
Säß
1296
Schwabenhütte
Tirolerhof
Brandalpe
1306
Halde
Tobel
Alpenblick
Wildentalhütte
Höfle
Äußere Kuhgehrenalpe
1972
2170
Walser Hammerspitze
Wäldele
Innere Kuhgehrenalpe
1673
Bergheim Moser
Wies
09
Innere Wiesalpe
1298
Wannenalpe
1821
(verf.)
2251
Hochgehrenspitze
Oberstdorfer Hammerspitze
2260
nur für Geübte
Fiderepasshütte
2067
Fiderepass
2033
2214
Fiderescharte
Untere Wiesalpe
1290
Wildenbach
1609
Wildentobel
Fluchtalpe
1390
08
1674
Vordere Wildenalpe
Ochsenloch
2320
3.Schafalpenkopf
Schafalpenköpfe
2.Schafalpenkopf
Große Wanne
Wilde Tobel
Zwölferkopf
2224
2075
1777
07
Hintere Wildenalpe
2302
Elferkopf
2387
1.Schafalpenkopf
2272
Scheidbach
Runde Köpfle
2104
Schmalhorn
Liechelkopf
06
2103
2191
Kemptner Scharte
Kemptner Kopf
1329
2384
Angererkopf
2263
Obere Angererhütte
1908
Untere Angererhütte
1227
Mindelheimer Hütte
2013
05
Schwarze Hütte
Bergerhöfle
1242
Geißhorn
2366
Wildengundkopf
2197
Im Älpele
1277
Biberkörb
Äußere Koblat
04
1310
Untere Biberalpe
(Biberalper Höfle)
Salzbichel
Grenzpunkt Koblat
2040
1678
Mittlere Biberalpe
Haldenwanger Alpe
1982
Speicherhütte
Haldenwanger Bach
Bürgerbach
2019
Koblachhütte
2020
1522
Schrofenpass
1688
Am Schänzle
Schlosswand
Haldenwanger Kopf
1913
Grüner
Salzbüheljoch
1876
2002
Obere Haldenwanger Hütte
Trifthütte
Hintere-
1771
0
500 m
1935
Vordere-
(verf.)
Lechleitner Alpe
1931
Gehrner Berg
Haldenwanger Eck
1883
Hundskopf

HOCHSTARZEL • 1974 m

Floristische Augenweide auf kühner Kammschneide

9,5 km · 4:45 h · 730 hm ↗ · 730 hm ↘ · 3

START | Baad (Gemeinde Mittelberg, Vorarlberg), Bushaltestelle am Ortsanfang (Parkplatz), 1244 m
[GPS: UTM Zone 33 x: 344.015 m y: 5.274.244 m]
CHARAKTER | Kurze steile Anstiege. Für die gesicherte Kammschneide zur Hochstarzel ist Trittsicherheit und Schwindelfreiheit notwendig. Gut beschilderte Steige, Zieh- und Wanderwege. Nur für erfahrene Bergwanderer, nicht bei Nässe!

Am Ortsanfang von **Baad** 01 machen wir uns auf den Weg zu einem Selbstvertrauen fordernden Balanceakt. Der Wegweiser „Derrahütte" lenkt auf einen Ziehweg. Nach der Breitachbrücke erreichen wir über eine mäßig steile Weidelichtung die **Untere Derrahütte** 02, eine Jagdhütte.

Wenig später zweigt in dem enger werdenden Derrabachtal, das sich nun gabelt, ein wie gewohnt beschilderter, anstrengender Steig ab. Die mit Fichtengruppen und Buschwerk gekleideten Steilhänge sind von Bergrutschen geschunden und bieten dem Vieh nur ein spärliches Futter.

Ab einem mit Holzdielen besser begehbar gemachten Feuchtgebiet nimmt die Bergwandertour unter den Steilgraspleisen der

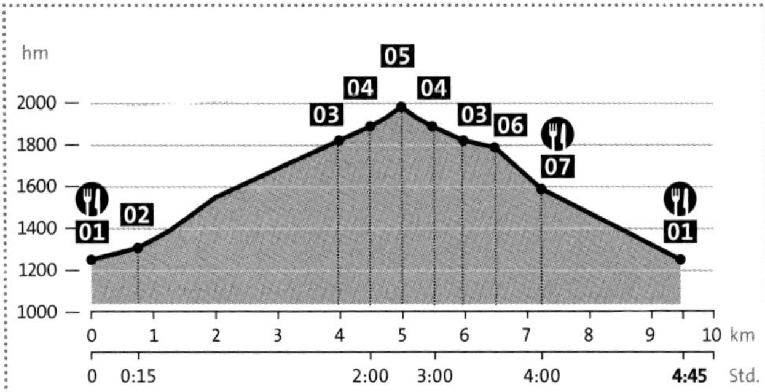

01 Baad, 1244 m; 02 Untere Derrahütte, 1300 m; 03 Derraalpe, 1813 m; 04 Derrajoch, 1880 m; 05 Hochstarzel, 1974 m; 06 Obere Spitalalpe, 1780 m; 07 Mittlere Spitalalpe, 1580 m

Hinteren Üntschenspitze wieder Erholungscharakter an. Linker Hand die Güntlespitze, streben wir in weitem Bogen über Alpweiden der kleinen, auf einem Bergsporn stehenden Derrahütte (auch **Derraalpe 03**) entgegen. Ein recht ungleiches Paar geben der bullige Widderstein und der zackige kleine Bruder ab.

In Kürze ist das **Derrajoch 04** erreicht. Die Tafel „Leichter Klettersteig zum Starzeljoch" weist den Weiterweg. Der steile Aufschwung zum Graskamm mit seiner verschwenderischen Blumenfülle erfreut mit schönen Ausblicken zu Didamskopf und Kanisfluh im Bregenzerwald. Für das jetzt beginnende ausgesetz-

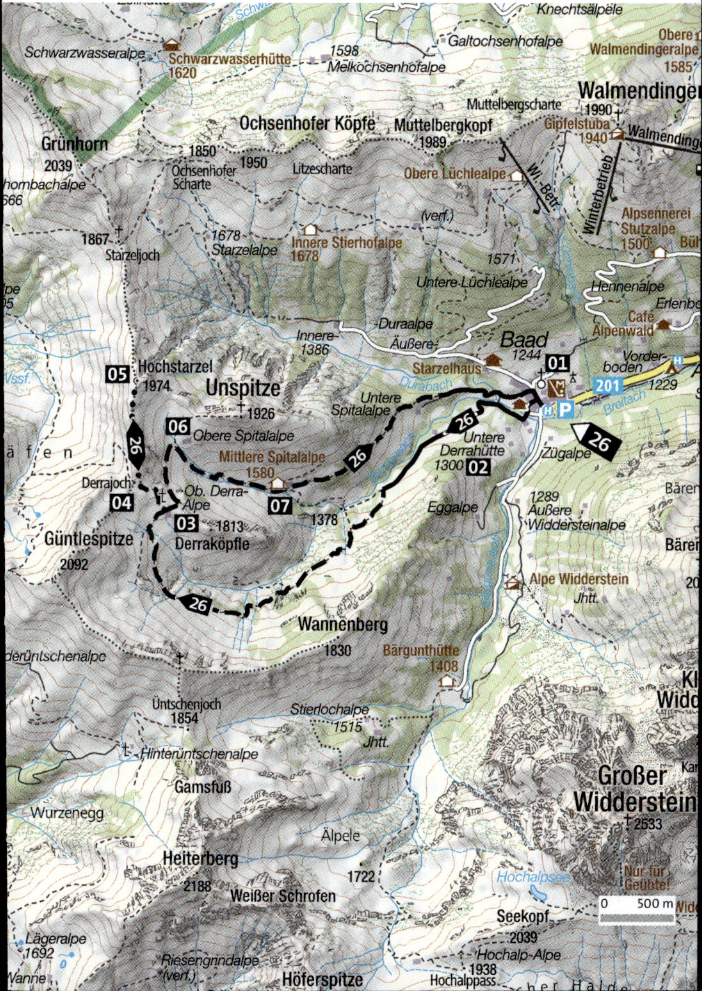

Südflanke der Unspitze.

te Steiglein ist ein behutsames Vorgehen angesagt. In leichtem Auf und Ab mit einer seilgesicherten Passage – unter uns das Talbecken von Au – wagen wir uns über die anregende Kammschneide hinüber zur **Hochstarzel 05**. „Klettersteig" ist allerdings etwas übertrieben, denn Kletterei ist – zumindest auf unserem Kammabschnitt – nirgendwo erforderlich.

Zurück an der Derrahütte quert man Richtung Baad die Weidehänge zur **Oberen Spitalalpe 06** und erreicht durch einen Alpkessel die **Mittlere Spitalalpe 07**. Ab der Verzweigung kurz danach führt links ein Wanderweg an einer verfallenen Hütte vorbei, an einem Steilhang entlang und durch Wald zurück nach **Baad 01**.

Die auf Vorarlberger Gebiet versammelten Flyschberge in der Südwestecke der Allgäuer Alpen zeichnen sich wie hier an der Hochstarzel durch luftige Gratschneiden aus.

BÄRGUNTHÜTTE • 1391 m

Spaziergang zum Wahrzeichen des Kleinwalsertals

5 km | 1:45 h | 156 hm | 156 hm | 3

START | Baad (Gemeinde Mittelberg, Vorarlberg), Bushaltestelle am Ortsanfang (Parkplatz), 1244 m
[GPS: UTM Zone 33 x: 344.015 m y: 5.274.244 m]
CHARAKTER | Leichte Aufschwünge. Gut beschilderte Alpwege.

Sollte während dieses kleinen aber dennoch recht eindrucksvollen Bärgunttal-Ausflugs die Lust auf mehr erwachen, wird man es nicht bereuen, die faszinierende Tourenfortsetzung zum Hochalppass oder gar zum Wirt auf dem Hochtannbergpass in Erwägung zu ziehen.

Der Richtungszeiger „Bärgunthütte“ dirigiert am Ortsanfang von **Baad** 01 über die Breitachbrücke. Das waldgesäumte Ufer des Bärguntbachs begleitet einen sanft steigenden Güterweg. An einer Verzweigung kommt erst mal die linke Möglichkeit des Talrundwegs zum Zug. In einer deutlicher ansteigenden Serpentine passiert man die **Äußere Widdersteinalpe** 02.

Im Banne der überdimensionalen Widderstein-Felsbastion, Wahrzeichen des Kleinwalsertals, durchstreifen wir bescheidene Alpweiden und treffen bald schon bei den beiden kleinen Hütten der **Inneren Widdersteinalpe** 03 ein. Von hier besticht auch die rassige Pyramide des Kleinen Widdersteins. Hinter uns ragen die Ochsenhofer Köpfe und das Walmendinger Horn

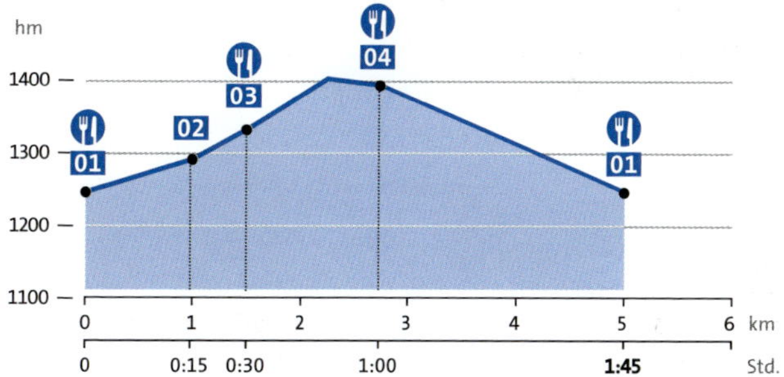

01 Baad, 1244 m; 02 Äußere Widdersteinalpe, 1289 m;
03 Innere Widdersteinalpe, 1330 m; 04 Bärgunthütte, 1391 m

Dolomitriese Widderstein

Bereits aus dem Alpenvorland gibt die im hintersten Kleinwalsertal sockelnde Charaktergestalt des Widdersteins, einer der schönsten Allgäuer Berge, eine unverwechselbare Landmarke ab. Und auch auf denjenigen, der sich den mit längerer leichter Kletterei gewürzten Felsaufstieg nicht zumuten möchte, übt der kantige Dolomitbulle mit dem langen Ostgrat, urigen Trümmerkaren entwachsend, eine gewaltige Anziehung aus. Dieses Wahrzeichen des von der Breitach durchströmten Gebirgstales taucht bereits in uralten Schriften auf: Schon 1059 findet der Widderstein Erwähnung als Grenzpunkt „widerostein". Den Namen hat der Berg, in dessen Klüften früher die sagenhaften, scheuen „Wilden Männle" hausten, seinem Ruf zu verdanken, Gewitter besonders anzuziehen: der „Gewitterstein".

auf. Nochmals schalten sich zwei Kehren ein, dann bewegen wir uns im hinteren Talgrund wieder ohne jeglichen Freizeitstress auf die selten besuchte Gipfelregion zwischen Hochalppass und Üntschenpass zu. Ab einer Kuppe spazieren wir am Fuß des Widdersteins durch ein von Lawinen gelichtetes Waldstück bergab zur Brücke über den jungen Bärguntbach und zur nahen **Bärgunthütte** 04, wo eine schmackhafte Brotzeit serviert wird.

Auf dem Rückweg wählt man an der Gabelung gleich unterhalb der Hütte den direkt am bewaldeten südlichen Bachufer entlangführenden Alpweg. Dieser verspricht ebenfalls eine entspannende Bummelei. Im unteren Tal mündet der Rundkurs wieder in die bekannte Route nach **Baad** 01.

Im hinteren Bärgunttal lädt die Bärgunthütte zur Einkehr.

Geißbühel
Galtöde
Melköde
1346
Gletscher-
mühlen
Schwarzwasserbach
Söllerale
Untere
Walmendingenalpe
1424
Knechtsälpele
Heuberg
1795
Obere
Walmendingeralpe
1585
Galtochsenhofalpe
1598
Melkochsenhofalpe
Sonna-Alp
Zafernaalpe
Walmendingerhorn
1990
Muttelbergscharte
Gipfelstuba
1940
Walmendingerhornbahn
Schrecken-
mähder
Heubergalpe
Muttelbergkopf
1989
Litzescharte
Obere Lüchlealpe
Wi.-Betr.
Winterbetrieb
Max'Hütte
Moos
(verf.)
Alpsennerei
Stutzalpe
1500
Bühlalpe
1435
Stütze
Innere Stierhofalpe
1678
1571
Untere Lüchlealpe
Hennenalpe
Erlenboden
Außerbödmen
Duraalpe
Äußere
Innere
1386
Café
Alpenwald
Innerbödmen
Baad
1244
Vorder-
boden
1229
Alpenwald
Starzelhaus
Durabach
01
201
Breitach
Gemstelboden
Untere
Spitalalpe
Sattelalpe
(verf.)
1926
Untere
Derrahütte
1300
Zügalpe
27
1289
02
Äußere
Widdersteinalpe
Bärenweidealpe
Eggalpe
1378
Bärenkopf
2083
Alpe Widderstein
Jhtt.
03
Feuersteinmähder
Bernhardsgemstelalpe
1300
Gemstelbach
Wannenberg
1830
Bärgunthütte
1408
04
Kleiner
Widderstein
2236
Stierlochalpe
1515
Jhtt.
Karlstor
Großer
Widderstein
2533
2360
Älpele
Obere Gemstelalpe
1694
1722
Hochalpsee
Nur für
Geübte!
Widdersteinhütte
2009
Seekopf
2039
Gemstelpass
1971
Hochalp-Alpe
1938
Hochalppass
Schärtle
Höferspitze
2131
Krumbacher Halde
Gerichtsstätte
Untere
Widdersteinalpe
1666
Hot. Adler
Hochkrumbach
Höferbergalpe
Hochtannbergpass
1676
1700
Weltfriedenskreuz
1562
Käsestraße
Unterkrumbach
Untere-
Schlössle
Joch
200
1686
Rest.
"S1"
Körbalpe
Kuchealpe
Jägeralp
0 500 m
Neßlegg
Witelealpe
Holzschöpf
Kalbelesee
Holzbodenalpe
Schmitte
Tannberg

28

BERGGASTHAUS ZUM OBEREN HORN • 1320 m

Höhenwanderung am Imberger Horn

9 km | 3:45 h | 603 hm | 603 hm | 3

START | Bad Hindelang, Bushaltestelle am Kurhaus (Parkplatz), 820 m
[GPS: UTM Zone 33 x: 344.015 m y: 5.274.244 m]
CHARAKTER | Langer mittelsteiler Aufstieg und überwiegend steiler, etwas unangenehmer Abstieg. Ausreichend beschilderte Zieh-, Forst- und Wanderwege, kurze Abschnitte auf Pfad, Steig und Trittspur.

Die mit hübschen Ostrachtal-Tiefblicken erfreuende Bergwald-Rundwanderung beginnt am Kurhaus in **Bad Hindelang** 01. Wir queren vorsichtig die Bundesstraße und gehen bei der Hornbahn über die Ostrachbrücke. Die Richtung Hornbahn-Bergstation beschilderten Forstwegschleifen, an einer kleinen Hütte vorbei, bieten reizvolle Ausblicke zum ansprechenden Marktflecken unter dem Kleinen Hirschberg. Bei einem Sendemast geht es unter der Seilbahn hindurch. Ab der Gabelung nach einem schütteren Waldflecken mit Ausschau zu den beiden Illertalstädten sind es nur noch ein paar letzte Kehren auf der auch als Rodelbahn genutzten Route durch Jungwald zum **Berggasthaus Zum Oberen Horn** 02.

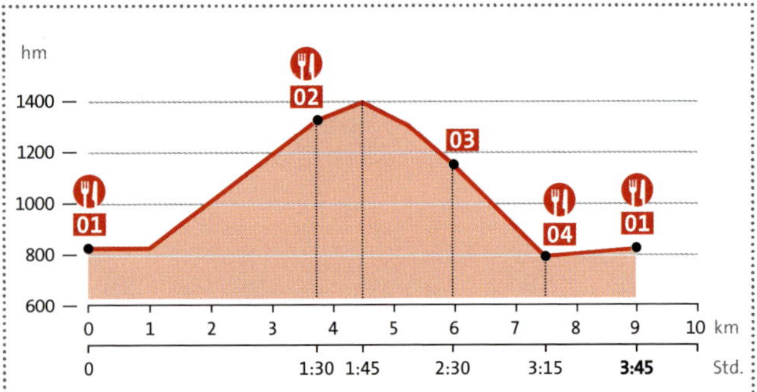

01 Bad Hindelang, 820 m; 02 Berggasthaus Zum Oberen Horn, 1320 m; 03 Blörchachalpe, 1145 m; 04 Vorderhindelang, 787 m

Dort richten wir uns nach dem Schild „Vorderhindelang über Zwölferkopf“ und benützen einen kurzen Wanderweg zu einem Forstweg. Dieser quert unter dem Imberger Horn einen Windwurfhang. Vom Wegende leitet der Pfad Richtung Imberg in wenigen Windungen bergab zu einem Kreuz auf einer Geländestufe und durch einen Waldstreifen zum Beginn eines weiteren Forstwegs.

Über den Westrücken der unscheinbaren Kuppe namens Zwölferkopf schlendernd achte man auf die Abzweigung des Steigs nach Vorderhindelang. Später ist über einen steilen Weidehang nur noch eine Trittspur zu erkennen.

Am Hangfuß bringt uns abermals ein Forstweg rechts zur winzigen **Blörchachalpe** 03, wo wir wieder auf den Wegweiser „Vorderhinde-

lang" stoßen. In wilden Serpentinen steigt man auf einem steinigen Ziehweg-Ungeheuer talwärts über weitere Weidehänge. Ohne Stöcke ein kniegelenkschindendes Unterfangen.

Nach einer möglichen Einkehr in **Vorderhindelang** 04 lenkt an der Ostrachbrücke das Täfelchen „Talstation Sesselbahn" auf einen genüsslichen Wanderweg. Waldstreifen säumen das Flussufer zurück nach **Bad Hindelang** 01.

Bei der Naturkneippanlage weist eine Infotafel daraufhin, dass auf einer nahen Kiesbank der Flussuferläufer brütet.

Entlang des beschaulichen Ostrachufers leitet ein Wanderweg mit Blick zum Kleinen Hirschberg zurück nach Bad Hindelang.

SONNENKOPF • 1712 m
HEIDELBEERKOPF • 1767 m

Erholsamer Panoramaweg

14,25 km | 5:45 h | 775 hm | 775 hm | 3

START | Bad Hindelang (Talstation Hornbahn, 820 m), Berggasthaus Zum Oberen Horn, 1320 m
[GPS: UTM Zone 32 x: 602.757 m y: 5.260.357 m]
CHARAKTER | Kurze steile Aufstiege. Ausreichend beschilderte Pfade, Steige und Steigspuren.

▶ Den Aufstieg von **Bad Hindelang** zum **Berggasthaus Zum Oberen Horn** 01, dem Startpunkt des überwiegend unbeschwerten Panoramawegs zu den Sonthofner Sonnenköpfen, nimmt uns die Hornbahn ab (0:15 Std. ab Kurhaus). Ein kurzer Wanderweg leitet bergauf zu einem Forstweg. Dieser quert unter dem Imberger Horn einen Windwurfhang. Am Wegende weist die Tafel „Straußbergsattel" auf einen Pfad, der in wenigen Kehren zu einem Kreuz

Beim Berggasthaus Zum Oberen Horn.

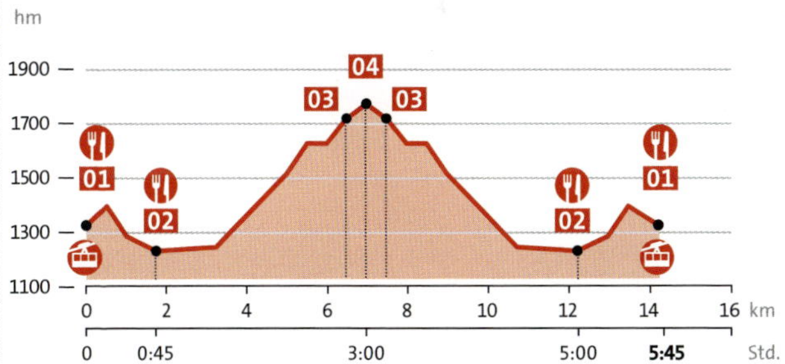

01 Berggasthaus Zum Oberen Horn, 1320 m; 02 Strausbergalpe, 1226 m; 03 Sonnenkopf, 1712 m; 04 Heidelbeerkopf, 1767 m

auf einer Geländestufe fällt. Dieser Abschnitt des Oberallgäuer Rundwanderwegs führt danach durch ein Waldstück und weiter unten über Weidehänge auf den Fichtenschopf des Sonthofner Hörnles zu.

Nach der über einer Moorsenke gelegenen **Strausbergalpe** 02 verläuft die nun flache, mit „Straußbergsattel“ ausgewiesene Route weiter abwechselnd durch Wald und über Weidelichtungen. An einer Verzweigung hält man sich Richtung Sonthofen. Wo ein Forstweg beginnt, grüßen im Osten der behäbige Breitenberg und die stattliche Rotspitze. Kurz nach der Einmündung in eine Teerfahrbahn lenkt das Schild des Panoramawegs auf einen steigenden, meist gut erkennbaren Graspfad, der einen Bogen um das Sonthofner Hörnle schlägt. An einem Weidedurchgang dirigiert uns der Wegweiser „Oberstdorf“ auf eine steilere Steigspur. Wenig später weitet sich auf einem anfangs flachen Forstweg der Blickradius bis ins Kleinwalsertal. Zwischendurch weist das Schild „Sonnenköpfe“ den Kurs.

Kurz nach einer Pfadabkürzung endet beim Sattel zwischen Gernkopf und Sonnenkopf der Weg. Ein Steig überwindet jetzt über zahlreiche Holzstufen einen locker bewaldeten Rücken zu einem Absatz. Dabei genießt man einen herrlichen Ausblick ins Retterschwang und zum trutzigen Daumenmassiv. Auf einem Pfad folgt eine kleine Erholungsetappe, dann bringt uns der harmlose Schlussaufstieg zwischen letzten Fichten über zwei weitere Absätze auf den **Sonnenkopf** 03. Nach kaum nennenswertem Höhenverlust klettert ein Steiglein im Zickzack über einen steilen Strauchhang zum benachbarten **Heidelbeerkopf** 04.

Retterschwanger Tal mit Gernkopf, Nachbar des Sonnenkopfs.

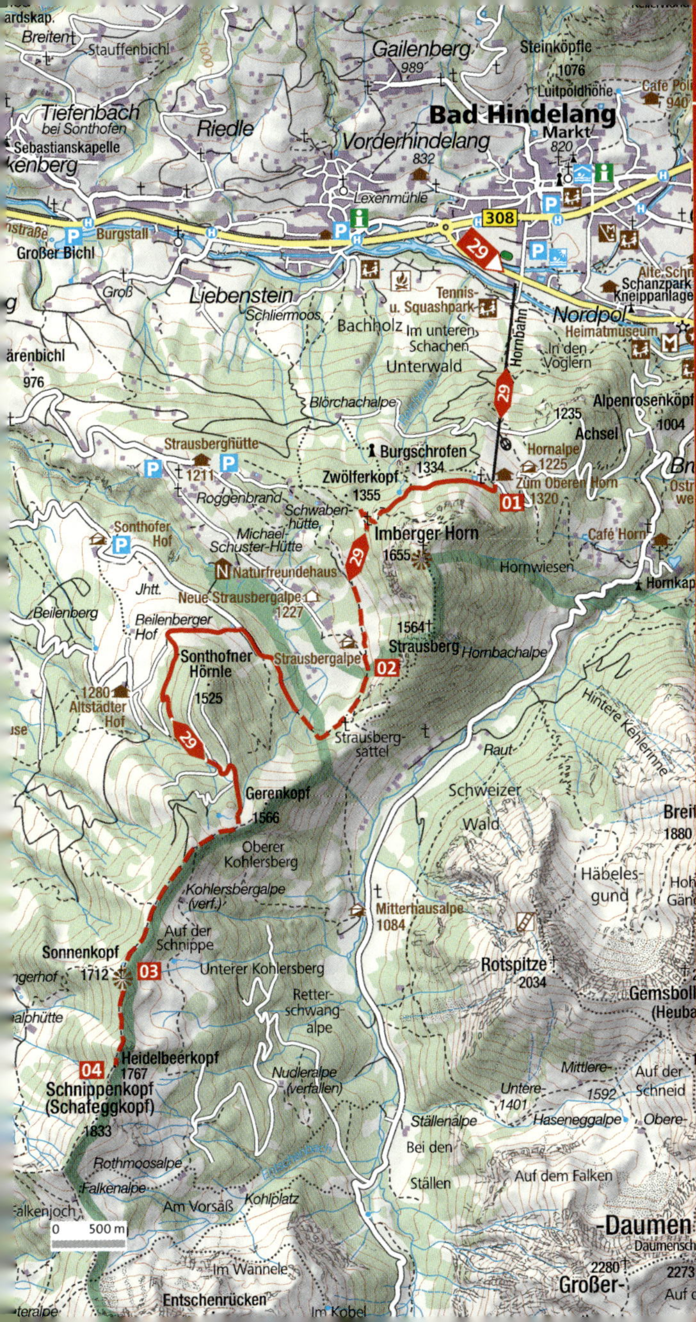

Bad Hindelang
Markt
820
Gailenberg
989
Steinköpfle
1076
Luitpoldhöhe
Café Point
940
Stauffenbichl
Tiefenbach
bei Sonthofen
Sebastianskapelle
Riedle
Vorderhindelang
832
Lexenmühle
308
Burgstall
Großer Bichl
Liebenstein
Schliermoos
Bachholz
Im unteren Schachen
Unterwald
Tennis- u. Squashpark
Hornbahn
Nordpol
Alte Schmiede
Schanzpark
Kneippanlage
Heimatmuseum
In den Voglern
976
Blörchachalpe
Strausberghütte
1211
Roggenbrand
Burgschrofen
1334
Zwölferkopf
1355
Schwabenhütte
Michael-Schuster-Hütte
Naturfreundehaus
Imberger Horn
1655
Hornwiesen
1235
Achsel
1004
Alpenrosenköpfle
Hornalpe
1225
Zum Oberen Horn
1320
Café Horn
Hornkapelle
Sonthofer Hof
Jhtt.
Neue Strausbergalpe
1227
Beilenberg
Beilenberger Hof
Sonthofner Hörnle
1525
Strausbergalpe
1564
Strausberg
Hornbachalpe
1280
Altstädter Hof
Strausbergsattel
Hintere Kehlerinne
Raut
Gerenkopf
1566
Schweizer Wald
Oberer Kohlersberg
Kohlersbergalpe (verf.)
Mitterhausalpe
1084
Häbelesgund
Breitenberg
1880
Auf der Schnippe
Sonnenkopf
1712
Unterer Kohlersberg
Retterschwangalpe
Rotspitze
2034
Gemsbolle (Heubatspitze)
Heidelbeerkopf
1767
Schnippenkopf (Schafeggkopf)
1833
Nudleralpe (verfallen)
Mittlere-
Untere-
1401
1592
Auf der Schneid
Hasenegalpe
Obere-
Ställenalpe
Bei den Ställen
Auf dem Falken
Rothmoosalpe
Falkenalpe
Falkenjoch
Am Vorsäß
Kohlplatz
0
500 m
Daumen
2280
2273
Großer-
Im Wannele
Entschenrücken
Im Kobel
01
02
03
04
29

ROTSPITZE • 2034 m

Schönheitskönigin vom Retterschwang

14,5 km | 7:15 h | 1237 hm | 1237 hm | 3

START | Bad Hindelang/Bruck, Bushaltestelle, 830 m; Parkplatz nach der Kurve
[GPS: UTM Zone 32 x: 604.461 m y: 5.260.136 m]
CHARAKTER | Lange steile Auf- und Abstiege. Für den Gipfelübergang mit leichter Kletterei (I) und ausgesetzten, im Abstieg gesicherten Passagen ist Trittsicherheit und Schwindelfreiheit nötig. Vorsicht bei Nässe! Gut bezeichnete Steige, kurze Forst- und Alpwege.

Als Startpunkt für die pfiffige Überschreitung der ebenmäßig geformten Felspyramide wählen wir die Bushaltestelle im Ortsteil **Bruck 01**.

Neben der Straße nach Hinterstein bietet sich der begleitende Wanderweg an. Bei einer Gedenktafel queren wir in Richtung Breitenberg die Ostrach zu einer Forstwegkreuzung, wo eine Waldserpentine ansetzt. Später führt uns der Jägersteig ins Retterschwanger Tal. Dort quert eine flache Forstfahrbahn eine riesige Windwurffläche. Nach kleinem Abstieg begleitet die Bsonderach das Alpsträßchen zur **Mitterhausalpe 02**.

Bald danach weist das Schild „Haseneggalpe“ auf einen Steig. In steilen Kehren geht es durch

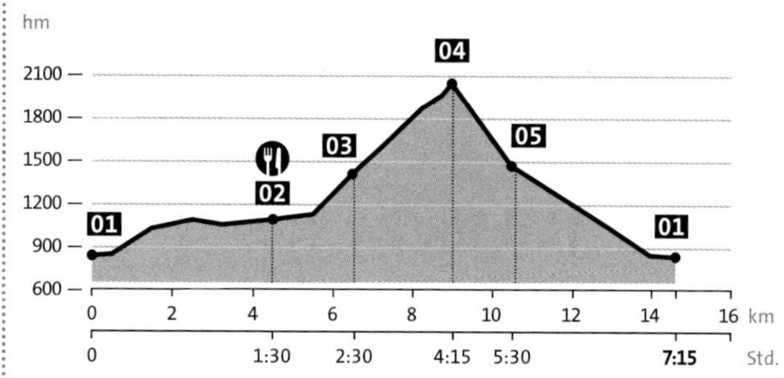

01 Bruck, 830 m; 02 Mitterhausalpe, 1084 m; 03 Untere Haseneggalpe, 1401 m; 04 Rotspitze, 2034 m; 05 Häblesgund, 1460 m

Bad Hindelang
Markt
820
Vorderhindelang
832
Lexenmühle
308
Jochpass
Bad
Oberdorf
Prinz-Luitpold-
Schwefel-Mineralbad
Kurhotel
819
Alte Schmiede
Schanzpark
Kneippanlage
Tennis-
u. Squashpark
Schliermoos
Bachholz
Im unteren
Schachen
Nordpol
Heimatmuseum
Obere Mühle
Schaukäserei
Hornbahn
In den
Voglern
Unterwald
Blörchachalpe
Alpenrosenköpfle
1235
Achsel
1004
Burgschrofen
1334
Hornalpe
1225
Zum Oberen Horn
1320
Bruck
Ostrach
1111
Schrattenberg
Zwölferkopf
1355
Ostrach-
wellen
Schwaben-
hütte
Imberger Horn
1655
Café Horn
01
30
Hornwiesen
Hornkapelle
1227
1564
Strausberg
Hornbachalpe
Strausbergalpe
Vordere Kehlerinne
Heidachrinne
Hintere Kehlerinne
Strausberg-
sattel
Raut
Lachekopf
1488
Gerenkopf
1566
Schweizer
Wald
1893
Breitenberg
1880
Sulzbachwand
Obere Hütte
05
Häbeles-
gund
Hohe
Gänge
Elpenalpe
Untere Hütte
(Alpenalpe)
02
Mitterhausalpe
1084
Im Gries
Rotspitze
2034
04
2008
Gemsbollenkopf
(Heubatkopf)
Eckscheid
1589
Kohlersberg
Retter-
schwang-
alpe
Im Bonach
Nudleralpe
(verfallen)
1936
Mittlere-
Auf der
Schneid
Untere-
1401
1592
1644
Wiesloher Hütte
Ställenalpe
Haseneggalpe
Obere-
03
Bei den
Ställen
Auf dem Falken
2197
Pfannenhölzer
2029
Kleiner-
2090
Daumen
Auf dem Falken
Obere
Nickenalp
Daumenscharte
Türle
2280
2273
Hengst
Großer-
Auf dem
Seehütte
1989
Im Kobel
Gratkopf
hohen Bichel
0
500 m
Hintere Eschenalpe
Stierengerats-
gundkoblat
1622
Engeratsgundalp
(Gündleshütte)
2042

Anspruchsvolle Tourenerweiterung – von der Rotspitze über die Hohen Gänge zum Breitenberg.

kränkelnden Fichtenwald. Nach einem Flachstück erreichen wir bei einem Wasserfall die **Untere Haseneggalpe 03**. Nächste Station, über uns der Kleine und Große Daumen, ist die Mittlere Haseneggalpe.

Ab der folgenden Gabelung mühen wir uns in zunehmend engerem Zickzack über anstrengende Grashänge empor. Wenig unterhalb der Grathöhe teilt sich der Weg nochmals. Unsere ab und an felsige Route (I) quert mit einer ausgesetzten Passage eine Steilgrasflanke. Hand anzulegen ist aber nur selten erforderlich. Nach unangenehm bröseligem Abstieg zu einer Scharte erklimmen wir über den Südostgrat die aussichtsreiche **Rotspitze 04**.

Nach wenigen Metern Rückweg nehmen wir die mit „Häbelesgund" beschilderte Abzweigung. Ein sehr steiler, mitunter geröllbedeckter und abschüssiger Steig – erst auf dem Grat, später etwas daneben – wartet mit drahtseilgesicherten Schrofenstufen auf, die wiederum leichte, aber bedächtige Kletterei erfordern. Noch über einen schuttigen Grashang und eine Latschenzone, dann treffen wir am Unterstand im **Häbelesgund 05** ein.

Nach steinigen Alpweiden fällt ein anfangs steiler Zickzacksteig durch einen Skelettwald zum bekannten Talkurs, der uns nach **Bruck 01** zurückbringt.

Immer wieder ist man umgeben von schönen Blumenwiesen.

ZIPFELSBACH-WASSERFALL • 980 m

Genussbummelei im Ostrachtal

10,25 km 3:45 h 296 hm 296 hm 3

START | Bad Oberdorf (Gemeinde Bad Hindelang), Bushaltestelle am Hotel Hirsch, 819 m; Parkplatz am Ortsende Richtung Hinterstein [GPS: UTM Zone 32 x: 604.387 m y: 5.261.810 m]
CHARAKTER | Kleine Steigungen. Meist gut beschilderte Wander- und Wirtschaftswege sowie Pfade.

Vom Hotel Hirsch in **Bad Oberdorf** 01 folgen wir ein kleines Stück der kurzen Gasse. Dann zeigt das Täfelchen „Schleierfall“ den Kurs zu der bequemen Talwanderung. Nach der ersten Kurve zweigt ein Wanderweg ab. An der Gabelung beim Prinz-Luitpold-Bad rechtshaltend bringt uns bald ein kleiner Abstecher zu einem Klammausgang, in den der **Schleierfall** 02 über eine hohe Felsstufe stürzt. Ein wilder Winkel, so nahe beim Dorf. Zurück auf der Hauptroute weist das Schild „Bärenweg Hinterstein“ über die Ehlesbachbrücke. Ein wenig über dem Ostrachtal spaziert man an gelichteten, steilen Waldhängen entlang. Nach unwesentlichem Höhenverlust bei Bruck folgt am Schrattenberg in Pfad-Serpentinen ein Gegenanstieg. Anschließend mündet die Bärenwegroute in einen Ziehweg.

Am Steigungsende finden wir wieder einen Pfad vor. Auf einem Eisensteg wird eine Bachrinne überschritten. Danach treten wir

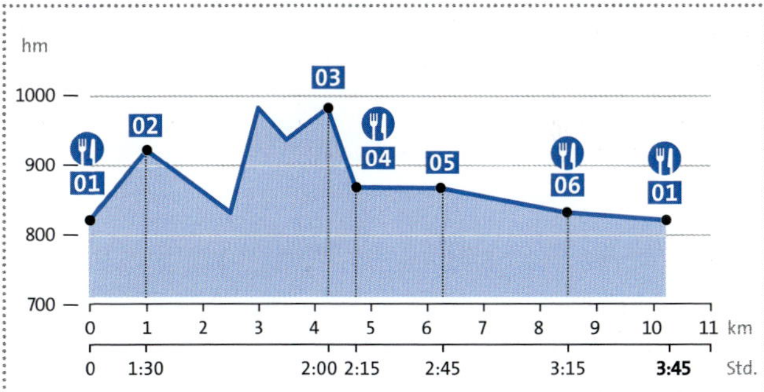

01 Bad Oberdorf, 819 m; 02 Schleierfall, 920 m; 03 Zipfelsbach-Wasserfall, 980 m; 04 Hinterstein, 866 m; 05 Kutschenmuseum, 865 m; 06 Bruck, 830 m

Kutschenmuseum

Das höchst eigenwillig eingerichtete, mit Solarenergie betriebene Hintersteiner Kutschenmuseum überrascht mit uralten Kutschen und Schlitten, überwiegend aus dem Allgäuer Raum, darunter so manche Rarität. Ein Privatmann hat die Ausstellung in jahrelanger Arbeit mit unglaublichem Feingefühl gestaltet und aus eigener Tasche finanziert. Vielerlei Stimmungen gehen von den bewusst düster und geheimnisvoll gehaltenen, musikalisch untermalten Nischen und Winkeln aus. Wilde Tiere begegnen einem zu unterschiedlichen Jahreszeiten. Hier und dort plätschert, rieselt, gluckst ein Wässerchen. Außerhalb des lebendigen Zauberreichs gibt es einfallsreiche Klangspiele und Skulpturen aus Alteisen und Holz sowie einen kleinen Garten mit Pavillon zu sehen. Auch die ungewöhnliche Grotte nimmt einen sofort gefangen. Bei einem Brand im Januar 2020 wurde der Pavillon zerstört und diverse Exponate im Hauptgebäude mutwillig beschädigt.

hinaus auf freie Weidehänge. An der Kreuzung hinter der Gemsbachquerung lenkt der Wegweiser „Wasserfälle“ an einer Wildfütterung vorbei. Noch ein paar letzte kleine Anstiege, dann kommen wir zu einer mit Steinplatten belegten Brücke unter dem

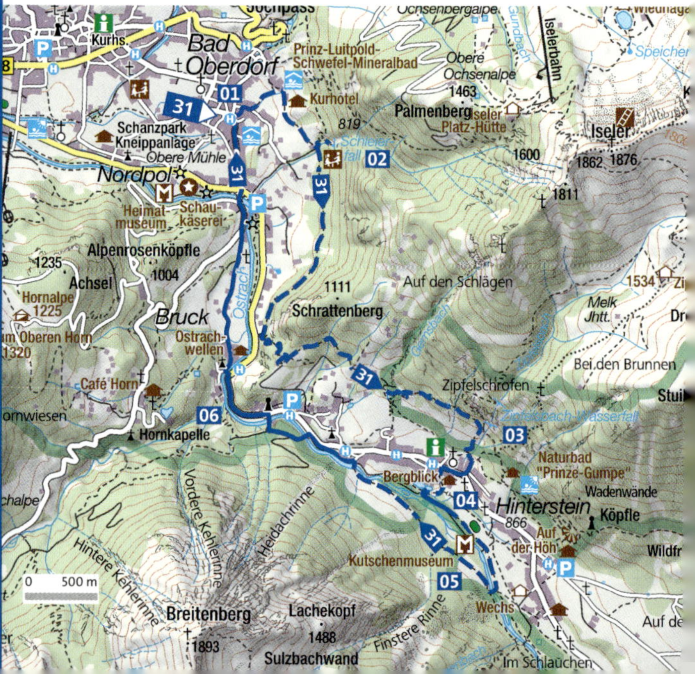

Halbtagesziel Zipfelsbach-Wasserfall.

hübschen **Zipfelsbach-Wasserfall** 03. Der gleichnamige Sturzbach ergießt sich hier in eine glasklare Gumpe.

Nun schlängelt sich der Pfad hinunter zur Kirche im mittleren Dorf von **Hinterstein** 04. Dort folgt man einem Wanderweg bergab am Spielplatz vorbei und über die Zipfelsbachbrücke zur Ostrach. Ein Uferweg führt flussaufwärts. Kurz nach der überdachten Ostrachbrücke lädt das **Kutschenmuseum** 05 zum Besuch. Nahe des Südufers geht's daraufhin durch Fichtenwald und über Viehweiden. Eine weitere überdachte Brücke trägt uns ins vordere Dorf. Neben der Straße führt ein Fahrweg nach **Bruck** 06. Dort schlendern wir über eine letzte überdachte Holzbrücke und nehmen den Wiesenweg nach **Bad Oberdorf** 01.

LAHNERKOPF • 2122 m
KASTENKOPF • 2129 m

Verschwiegenes Gipfelreich um den Schrecksee

18,5 km | 8:45 h | 1412 hm | 1412 hm | 3

START | Hinterstein (Gemeinde Bad Hindelang), Bushaltestelle an der Kapelle im Hinterdorf, 866 m; Parkplatz am Ortsende [GPS: UTM Zone 32 x: 606.698 m y: 5.258.788 m]
CHARAKTER | Längere steile Anstiege. Meist bezeichnete Steige mit einer gesicherten ausgesetzten Passage, zu Beginn Alpwege, Lahnerkopf weglos. Etwas Ausdauer erforderlich.

Schrecksee vom Lahnerkopf.

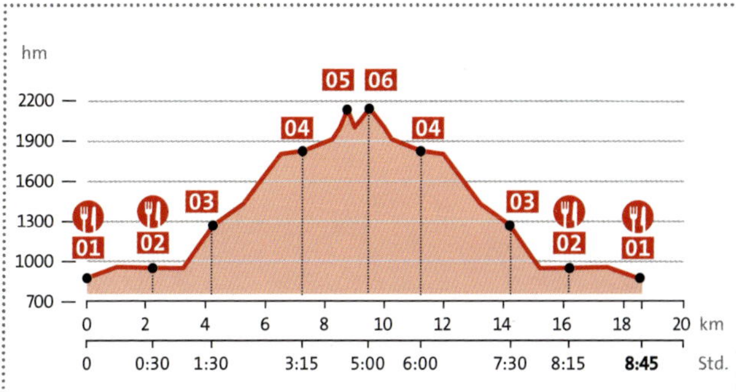

01 Hinterstein, 866 m; **02** Konstanzer Jägerhaus, 940 m; **03** Stausee, 1260 m; **04** Schrecksee, 1813 m; **05** Lahnerkopf, 2122 m; **06** Kastenkopf, 2129 m

▶ Als Ausgangspunkt für den außergewöhnlich schönen Aufstieg zu den zwei selten besuchten Gestalten im Allgäuer Hauptkamm wählen wir die Kapelle im Hinterdorf von **Hinterstein** **01**. Den Wegweiser „Giebelhaus – Fußweg" beachtend nimmt uns am Straßenende ein taleinwärtsführender Alpweg auf. Über die buckeligen Weideböden steigt die Route leicht an. Sanft fallend geht es über die Willersbachbrücke.

Danach passiert ein Wanderweg den Hinterbachhof, bevor er in das zum Giebelhaus führende Alpsträßchen mündet. In angenehmer Steigung wandern wir am **Konstanzer Jägerhaus** **02** und dem bald darauffolgenden Brünnele vorbei durch Mischwald zur Talenge Aueles Gasse. Nach kleinem Gefälle lenkt beim E-Werk das Schild „Schrecksee" auf einen Steig, der am Fuß des Rauhhorns einen kleinen Weidehang überwindet und später durch steilen, lockeren Fichtenwald zu einem **Mini-Stausee** **03** seinen Tribut fordert. Bei zwei Jagdhütten erreicht man eine Alpwanne.

Hinter der verfallenen Taufersalp folgt bei der Materialseilbahn zum Schrecksee ein Bachsteg. Dann überlisten schuttige Kehren in einer Schleife eine teils latschenbewachsene und mit einer ausgesetzten, seilgesicherten Passage aufwartende Felsbarriere.

An der unteren Karschwelle setzen gemütliche Grashänge an. Eingebettet hinter der oberen Karschwelle schimmert der mit einer Insel geschmückte **Schrecksee** **04**.

Der erst noch gemächliche Jubiläumsweg hält jetzt auf den Kastenkopf zu. Über leicht schrofendurchsetzte Grashänge erreicht man in einem Bogen über ein paar Windungen die **Lahnerscharte**. Der weglose und gelegentlich schuttige Gipfelhang zum westseitig aufragenden **Lahnerkopf** **05** mit beeindruckender Schau heizt nochmals ein.

Zurück in der **Lahnerscharte**, leitet uns ein Steiglein über geröllldurchsetzte Grashänge ohne große Anstrengung auf den **Kastenkopf** **06**.

Bruck
Ostrach-wellen
Café Horn
Hornkapelle
1111
Schrattenberg
Auf den Schlägen
1534
Zipfelsalpe
Melk Jhtt.
Dresenberg
Bei den Brunnen
1830
Stuibenkopf
Zipfelschrofen
Naturbad "Prinze-Gumpe"
Wadenwände
Bergblick
Hinterstein
866
Köpfle
Auf der Höh
32
01
Wildfräuleinstein
Kutschenmuseum
Vordere Kehlerinne
Heidachrinne
Hintere Kehlerinne
Breitenberg
1893
Lachekopf
1488
Finstere Rinne
Wechs
Auf der Höhe
Sulzbachwand
Im Schlauchen
1880
Obere Hütte
Elperberg
Hohe Gänge
Elpenalpe
Im Gries
Untere Hütte (Alpenalpe)
Hölle
953
Vorsäßwiesen
2008
Eckscheid
1589
Eckschrofen
Rappenschrofen
Gemsbollenkopf (Heubatkopf)
Im Bonach
Eckalpe
1445
Auf der Schneid
Möslealpe
1133
Auf der Schneid
1936
1644
Wiesloher Hütte
Im Gries
Mittagspitz
1682
Alphütte
Auf der Scheid
Eisenbreche
Untere Nickenalpe
Naturdenkmal
2197
Pfannenhölzer
2029
1304
Kleiner-
2090
-Daumen
Daumenscharte
Auf dem Falken
Obere Nickenalpe
1555
Mittlere Nickenalpe (verf.)
Auf den Gattern
Engeratsgundsee
Türle
2280
2273
Auf dem hohen Bichel
Seehütte
Hengst
1989
Auf dem schönen Bichl
1735
Ortwanger Berg
Im Obergattern
ratkopf
Laufbichlsee
Stierengeratsgundkoblat
2042
1622
Engeratsgundalpe (Gündleshütte)
Hubertuskapelle
Im Unter-
Hinterer Erzb
2029
Stierengeratsgundalpe
Oberer Schwarzenberg
In der K
Laufbichlkirche
Käseralpe
1401
Laufbichl Koblat
Koblathütte (verf.)
Am Mutzen
Schwarzenberghütte
1380
Huferhütte
Unterer Schwarzenberg
Am Hals
Roßkc
1823
1644
Laufbichlalpe
Langenfeldhütte
1498
Engeratsgundhof (Narrenwanghütte)
1154
1068
Giebelhaus
dem Älpele
Alpe Laufbichl
1200
Vorsäßhütte
Alphütte
1709
Sattelh
Oberschrattenberg
1808
Satte
Bächhütte

Ponten
2045
1998
1782
Rohnenspitze
1990
Rohnenschrofen
Älpele
1526
Untere Roßalpe
Bergwacht-
hütte
Zirleseck
1872
Güntle
Schnurschrofen
1900
Roßberg
1753
Willersalpe
1459
Feldalpe
Zererköpfle
1946
Feldalpe
Obere Roßalpe
1444
Auf den Sätzen
Gaishorn
2247
Gaiseck
2212
1703
Älpele
Berggrundalpe
1898
Gerenkopf
Geißeckjoch
2088
Schwarztaufen
Konstanzer
Jägerhaus
940
Gernalpe
(verfallen)
Aueles-
wände
Taufersberg
Auelesgasse
Gernbach
2241
Rauhhorn
Schäferkopf
Vilsalpe
1178
1168
Schäferhütte
1793
Weg gesperrt
03
Taufersalpe
(verf.)
32
Taufersbach
1965
Hintere
Schafwanne
Auelesgern
Erzberggern
Die Seuchen
2126
Kugelhorn
Bärgacht
Auf dem Falken
Knappenkopf
Rote Spitze
1905
Schreckenhütte
(verf.)
1764
2071
Im Älpele
Älpelekopf
2024
Kirchendachsattel
1927
1600
Alpsee
Lachenjoch
Kastenalpe
04
Schrecksee
Kirchendach
Kastenjoch
2013
32
Kastenkopf
Remsgern
Erzeck
In der Schiene
06
2135
1875
1859
2000
Kalbleggspitze
Schienenhütte
1611
Schreckenjöchle
2129
Kälbelespitze
Hochwalder
Karalpe
Lahnerkopf
1988
Lahnerscharte
Hochwalderkar
05
2122
1399
Hinterkar
1973
2052
Schänzlespitze
Mitterkar
1913
Im Schänzle
Hochwalder-
bodenalpe
1651
0
500 m
2070
Schänzlekopf
Notlend
Notlend-
alpe
1581
Lehnerhütte
Hochwald

BREITENBERG • 1893 m VON HINTERSTEIN

Über Jägersteig und Häbelesgund hoch über der Ostrach

16,5 km | 5:30 h | 1090 hm | 1090 hm | 3

START | Parkplatz Auf der Höhe in Hinterstein, Rauhhornweg, bei Bad Hindelang
[GPS: UTM Zone 32 x: 606.698 m y: 5.258.788 m]
CHARAKTER | Breite Wanderwege, schmale Wald- und Wiesenpfade, beim Abstieg zwei steilere, drahtseilversicherte Felsrinnen.

Die gemütliche Wanderung entlang der Ostrach, vorbei am Kutschenmuseum, bringt uns ins Rettenschwanger Tal und entwickelt sich dann zu einer deutlich anstrengenderen Rundtour über hochgelegene Alpweiden und den aussichtsreichen Breitenberg.

▶ Vom **Parkplatz Auf der Höhe** 01, am Ortsende von Hinterstein, wandern wir rechts über Wiesen, vorbei an einem Schuppen und steigen über einen schmalen Fußpfad hinter den Häusern vorbei zur Autostraße (Im Schlauchen) hinab. Ein paar Meter nach rechts, dann biegen wir links ab, vorbei am Kiosk Wechs und gehen – bald asphaltfrei – über freies Wiesengelände zur nächsten Verzweigung bei der Pos. 860 m.

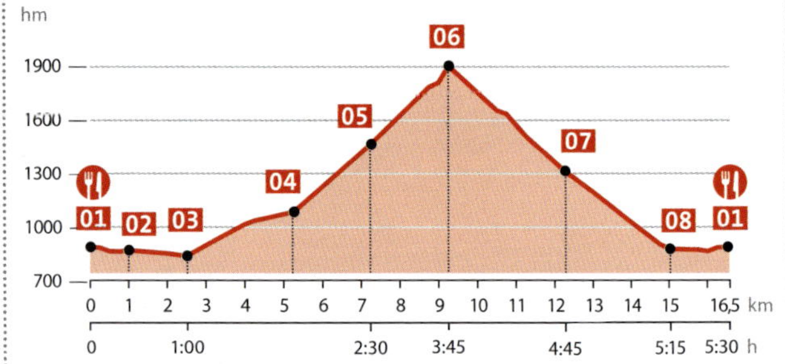

01 Parkplatz Auf der Höhe, 883 m; 02 Kutschenmuseum, 865 m; 03 Rohrbrücke, 833 m; 04 Pos. Hinter der Kelle, 1078 m; 05 Pos. Häbelesgund, 1457 m; 06 Breitenberg, 1893 m; 07 Untere Älpe Alp, 1306 m; 08 Vorsäßbrücke, 872 m

Beim Kutschenmuseum.

Wir schwenken rechts, sind nach ein paar Minuten an der überdachen Rohrbrücke, überqueren die Ostrach und schlendern gemütlich zum bald sichtbaren **Kutschenmuseum** **02**, das mit originellen Skulpturen und Details im Außenbereich aufwartet (das Museum selbst wurde Ende 2018 nach zweijährigem Umbau wieder geöffnet).

Parallel zur Ostrach, zunächst durch ein kleines Waldstück, dann über Wiesengelände überqueren wir den Bachlauf erneut auf der überdachten Haidachbrücke und schwenken sofort nach links, in Richtung Bruck. Auf breitem Kiesweg, an einem kleinen Stauwehr vorbei, stoßen wir auf die asphaltierte Talstraße und kurz darauf überqueren wir die Ostrach über die **Rohrbrücke** **03**.

Nach der Brücke steigt der Kiesweg zum Wald an und wir folgen der Markierung „Retterschwanger Tal über Jägersteig". Der breite Weg verengt sich zunehmend in einen schmäleren Pfad, der kehrenreich durch den schattigen Wald ansteigt. Nach einer lichten Passage, mit Ausblick rechts hinab ins Retterschwanger Tal, kommen wir über eine Kuppe zur **Pos. Hinter der Kelle** **04**, wo links hoch Breitenberg und Rotspitze angeschrieben sind. Wir folgen dem ordentlich steilen und kehrenreichen Kiesweg über den bewaldeten Berghang hoch, bis wir flachere Passagen erreichen und bei einer großen neuen Viehhütte auf die **Pos. Häbelesgund** **05** treffen.

Auf schmalem, teils steinigen Pfad steigen wir über die Alpweiden weiter hoch, gelangen am Grat zum Weidezaun und queren fast eben am Hang entlang. In einer Rechtskehre umrunden wir durch Latschengelände den Gipfelhang, bis wir das Gipfelkreuz sehen, und wenig später auf dem **Breitenberg** **06** stehen und eine fantastische Aussicht genießen.
Der Abstieg verläuft zunächst über steile Kehren, ein Teil des

Durchs Latschendickicht gehts Richtung Breitenberggipfel.

Weges ist von oben einzusehen. Bei einer Vertiefung im Grat halten wir uns scharf rechts, es geht ziemlich steil durch eine felsige Rinne bergab. Der geröllige, manchmal grasige Pfad ist teils etwas rutschig und bringt uns in Serpentinen zu einer weiteren Steilstufe, wo uns ein Nylonseil beim Absteigen hilft.

Anschließend wird es leichter und flacher und über eine durch Viehspuren durchsetzte Grassenke gelangen wir zu einer Viehhütte, vor der wir scharf rechts zum Waldrand abbiegen. Der wieder etwas felsigere – und bei Nässe auch rutschige – Pfad bringt uns durch den Wald hinab zur **Unteren Älpe Alp** 07. Über Almwiesen gelangen wir zu einem breiten Kiesweg, dem wir in großen Kehren bergab durch den Wald folgen.

Nach einer Dreiviertelstunde verlassen wir den Wald, marschieren über Wiesengelände zur Ostrach vor und überqueren die **Vorsäßbrücke** 08. Nach der Brücke folgen wir links dem Schild „Hinterstein über Fußweg“, hal-

Der Abstiegsweg vom Breitenberg ist recht gut einzusehen.

ten uns bei der nächsten Brücke rechts und gelangen zurück zur Verzweigung mit dem Hinweg. Auf bekanntem Weg zurück zum Ausgangspunkt.

GAISHORN • 2247 m

Aussichtsberg zwischen Tannheimer und Hintersteiner Tal

14 km | 6:45 h | 1364 hm | 1364 hm | 4

START | Parkplatz Auf der Höhe in Hinterstein, bei Bad Hindelang [GPS: UTM Zone 32 x: 606.698 m y: 5.258.788 m]
CHARAKTER | Wald- und Wiesenpfade sowie felsige Bergpfade mit teils steilen Absätzen, im Abstieg sind zwei steilere Rinnen drahtseilversichert.

Grandiose Aussichtstour über die urige Willersalpe und einer Gratwanderung zwischen Gaishorn und Zirleseck, hoch über dem Tannheimer, dem Vilsalptal und dem Hintersteiner Tal.

▶ Vom **Parkplatz Auf der Höhe** 01, am Ortsende von Hinterstein, gehen wir links vom geteerten Sträßchen auf einem gekiesten Fußweg über Alpwiesen bergwärts, stoßen auf das Sträßchen und folgen ihm nach links. Wenn links am Weg das **Schild „Willer's Alp. Achtung! Tragpferde auf dem Weg!"** 02 auftaucht, verlassen wir den Asphalt und biegen nach links in einen stetig ansteigenden steinigen Weg ab. Wir überqueren einen Bach und der Weg wird steiler, führt über Holzstufen und in Kehren den Waldhang hinauf. Kurz nach Verlassen des Waldes geht es durch Wiesengelände über eine kleine Kuppe und vor uns taucht die **Willersalpe** 03 auf. Rechter Hand

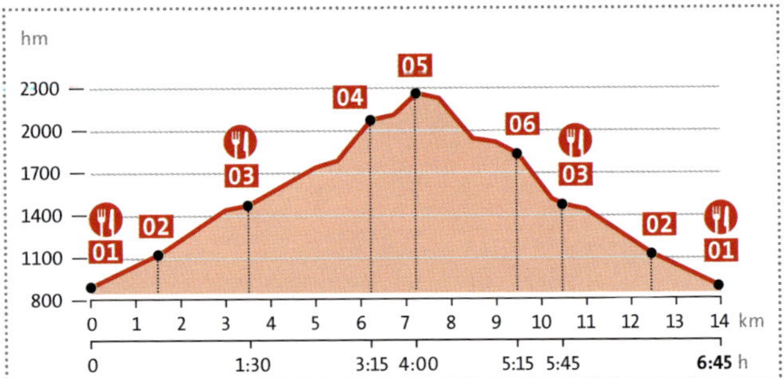

01 Parkplatz Auf der Höhe, 883 m; 02 Abzw. Willersalpe, 1110 m; 03 Willersalpe, 1456 m; 04 Pos. Vordere Schafwanne, 2060 m; 05 Gaishorn, 2247 m; 06 Pos. Zirleseck, 1817 m

Rege Betriebsamkeit an der urigen Willersalpe.

steht auf einem grasigen Hügel ein großes Holzkreuz.

Hinter der Hütte folgen wir dem Schild „Jubiläumsweg“ nach rechts und queren ansteigend die Almwiesen. Über etliche Kehren geht es den grasigen Hang hoch, stets mit herrlichen Tiefblicken, bis wir bei der **Pos. Vordere Schafwanne** 04 den Grat erreichen. Das Gipfelkreuz ist schon zu sehen, wir halten uns links zu einer weiteren Verzweigung und folgen

Rast an der Vorderen Schafwanne vor dem Gipfelanstieg.

weiter der Markierung „Gaishorn". Wir traversieren am steilen Hang entlang, mit tollem Blick hinüber zum Rauhhorn, und gelangen zur Wegteilung, wo wir nach links den 10-minütigen Abstecher zum **Gipfel des Gaishorns** 05 machen.

Zurück bei der Wegteilung gehen wir weiter in Richtung Zirleseck; eine sehr schöne Gratpassage, mit Tiefblick in die Täler links und rechts hinab. Wir passieren den Weg, der rechts vom Älpele hochkommt, und stoßen auf eine seilversicherte steile Rinne, die mit Trittstufen bergabführt.

Über Fels und viel Geröll geht es am Kamm entlang weiter steil bergab, es folgt nochmals eine drahtseilversicherte Rinne, dann wird es zunächst grasiger und der Weg verläuft über Weidehänge.

Nach einem letzten felsigen Steilstück geht es durch Latschen hinab zur **Pos. Zirleseck** 06. Wir biegen links ab Richtung Willersalpe und wandern kehrenreich den Berghang abwärts, stellenweise ist der Weg durch Kuhtrittspuren in Mitleidenschaft gezogen. Fast der gesamte, kurvenreiche Abstiegsweg vom Zirleseck war beim Aufstieg über den Jubiläumsweg gut einzusehen.

Von der **Willersalpe** 03 kehren wir auf dem Anstiegsweg zurück zum Ausgangspunkt in Hinterstein.

Rechts: Am Gipfelkreuz des beliebten und viel besuchten Gaishorns.

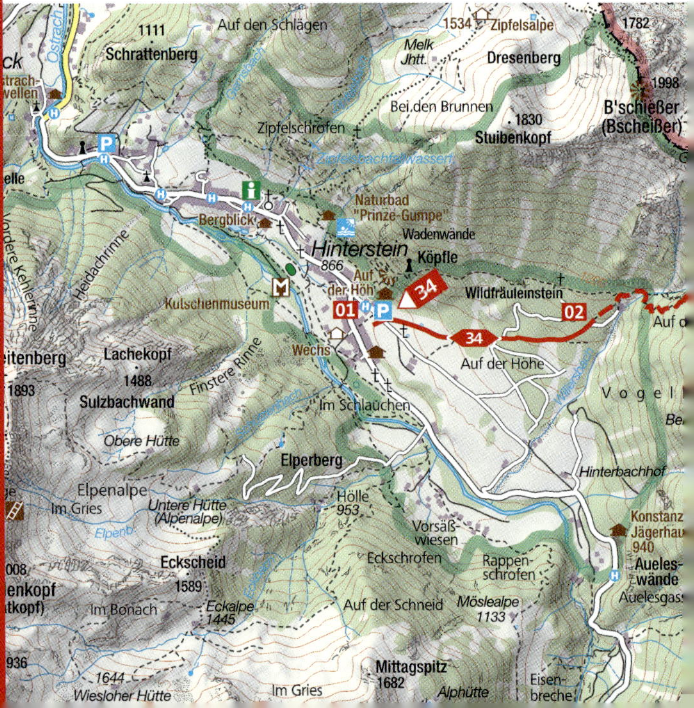

Ponten
1990
Rohnenspitze
Rohnenschrofen
Älpelebach
Älpele
1526
Pfobeschwanz
Untere Roßalpe
Roßalpbach
Bergwacht-
hütte
Zirleseck
1872
06
Schnurschrofen
Roßberg
1753
1900
34
03
1459
Feldalpe
Zererköpfle
1946
Feldalpe
Obere Roßalpe
1444
1703
Älpele
Gaishorn
2247
05
Gaiseck
2212
Weltlingalpe
P
Fischers
Vilsalp
1168
Vils
1898
Gerenkopf
Geißeckjoch
2088
04
arztaufen
Gernalpe
verfallen)
Vilsalpsee
1168
Untere
2241
Rauhhorn
Schäferkopf
Vilsalpe
1178
Weg gesperrt!
Schäferhütte
1793
0
500 m
Hintere
Schafwanne
1965

JUBILÄUMSWEG ZUM LUITPOLDHAUS

Durch die Hintersteiner Berge

22,5 km | 11:00 h | 1841 hm | 1641 hm | 3

START | Hinterstein (Gem. Bad Hindelang), Bushaltestelle an der Kapelle im Hinterdorf, 866 m; Parkplatz am Ortsende [GPS: UTM Zone 32 x: 606.698 m y: 5.258.788 m]
CHARAKTER | Längere steile Aufstiege. Gut bezeichnete, zum Teil ausgesetzte Steige mit gesicherten Passagen, Forst- und Alpwege. Ausdauer und Trittsicherheit erforderlich, Vorsicht bei Nässe! Übernachtung empfehlenswert, Grenzübertritt.

▶ Wir starten zu der ausgiebigen Höhenwanderung an der Kapelle im Hinterdorf von **Hinterstein** 01. Die Tafel „Giebelhaus – Fußweg" lenkt zur Abzweigung des Wanderwegs zur Willersalpe. Im Wald folgt ein Forstweg, später ein Steig. Nach einer Verzweigung queren wir den wilden Willersbach. Enge Kehren winden sich zu den Weiden der **Willersalpe** 02 empor. Latschen und Fichten säumen nun hier und dort den Jubiläumsweg Richtung Schrecksee.

Bei der Willersalpe beginnt der Höhenweg zum Prinz-Luitpold-Haus.

Nach einer Karschwelle klettert der Steig über einen knackigen Grashang und eine mitunter ausgesetzte Schuttflanke in einen Sattel namens **Vordere Schafwanne** 03. Am Gaiseckjoch wechselt der Kurs auf die Tiroler Seite, umrundet nach kleinem Steilabstieg über Geröllströme die zerborstenen Rauhhornabstürze und setzt zum Gegenanstieg an. Wieder in Bayern queren wir knapp oberhalb des **Hintere Schafwanne** genannten Sattels an Kugelhorn und Knappenkopf leicht bergab schrofendurchsetzte, steile Grasflanken. Bald nach der prächtigen Schreckseewanne erreichen wir Richtung Prinz-Luitpold-Haus die **Lahnerscharte** 04.

Erneut die Grenze wechselnd genießt man auf teils fallender, teils flacher Route zwischen Latschen, über Gras und Geröll den sehr aussichtsreichen Gang über dem Schwarzwassertal.

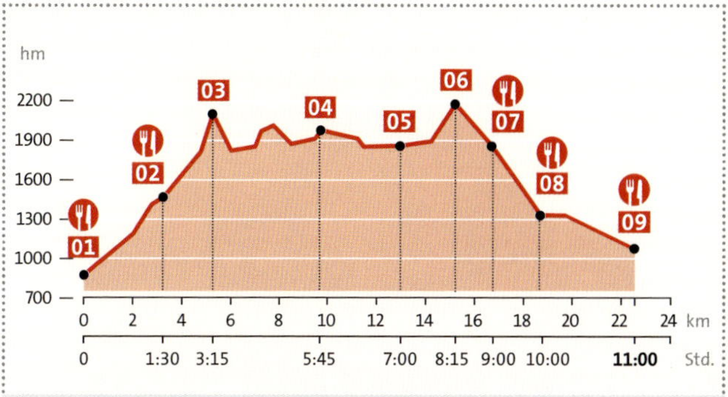

01 Hinterstein, 866 m; **02** Willersalpe, 1459 m; **03** Vordere Schafwanne, 2088 m; **04** Lahnerscharte, 1965 m; **05** Notlendsattel, 1847 m; **06** Bockkarscharte, 2164 m; **07** Prinz-Luitpold-Haus, 1846 m; **08** Untere Bärgündelealpe, 1322 m; **09** Giebelhaus, 1068 m

Unter Schänzlespitze und Schänzlekopf geht's mit einer ausgesetzten, drahtseilgesicherten Passage zum **Notlendsattel** **05**. Am Sattelkopf eine Rinne querend beginnt unter der abschüssigen Lärchwand (Drahtseilsicherung) der stressige Schlussaufstieg im Zickzack durch den blockigen sogenannten Kessel zur **Bockkarscharte** **06**.

Endgültig auf bayerischer Seite wandert man durch die Gras- und Schuttmulde Im Täle hinunter zum **Prinz-Luitpold-Haus** **07**. Über die Weiden der **Oberen Bärgündelealpe** und durch die Krummholzzone erreicht man auf dem Hüttenabstieg die **Untere Bärgündelealpe** **08**.

Ab dort leitet ein Ziehweg zur Pointhütte und ein geteerter Alpweg durchs Bärgündele zum **Giebelhaus** **09**, wo der Bus nach Hinterstein wartet.

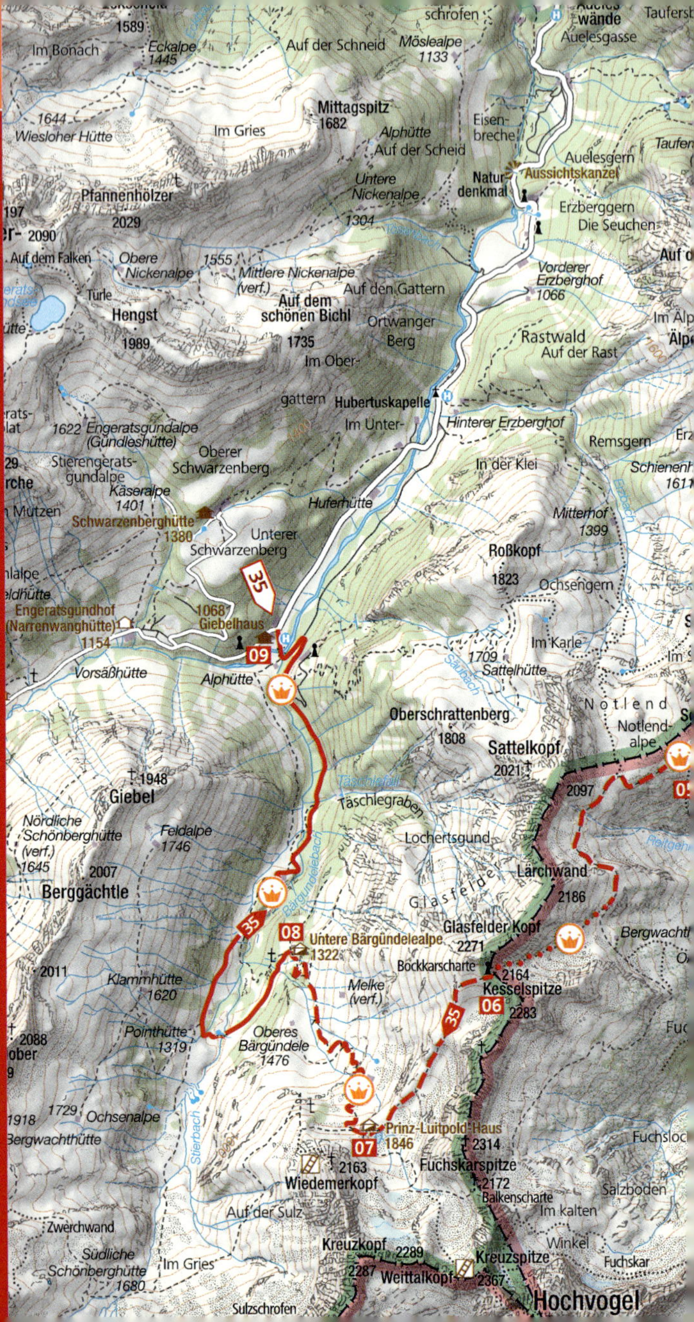
1589
Im Bonach
Eckalpe
1445
Auf der Schneid
schrofen
Möslealpe
1133
Auelesgasse
Taufers
1644
Wiesloher Hütte
Im Gries
Mittagspitz
1682
Alphütte
Auf der Scheid
Eisen-
breche
Tau
Auelesgern
Aussichtskanzel
Natur-
denkmal
Unter
Nickenalpe
Pfannenhölzer
2029
197
2090
1304
Erzberggern
Die Seuchen
Auf dem Falken
Obere
Nickenalpe
1555
Mittlere Nickenalpe
(verf.)
Auf den Gattern
Vorderer
Erzberghof
1066
Türle
Hengst
1989
Auf dem
schönen Bichl
1735
Ortwanger
Berg
Im Ober-
Rastwald
Auf der Rast
Im Alp
gattern
Hubertuskapelle
Im Unter-
Hinterer Erzberghof
1622 Engeratsgundalpe
(Gündleshütte)
Oberer
Schwarzenberg
Remsgern
Stierengerats-
gundalpe
In der Klei
Schienen
1611
Käseralpe
1401
Mutzen
Huferhütte
Mitterhof
1399
Schwarzenberghütte
1380
Unterer
Schwarzenberg
Roßkopf
1823
35
Ochsengern
Engeratsgundhof
(Narrenwanghütte)
1154
1068
Giebelhaus
09
Im Karle
1709
Sattelhütte
Vorsäßhütte
Alphütte
Notlend
Notlend-
alpe
Oberschrattenberg
1808
Sattelkopf
2021
1948
Giebel
Täschlegraben
2097
Nördliche
Schönberghütte
(verf.)
1645
Feldalpe
1746
Lochertsgund
2007
Berggächtle
Glasfelder
Lärchwand
2186
35
08
Untere Bärgündelealpe
1322
Glasfelder Kopf
2271
Bergwacht
2011
Bockkarscharte
2164
Kesselspitze
06
2283
Klammhütte
1620
Melke
(verf.)
35
Pointhütte
1319
Oberes
Bärgündele
1476
2088
1729
Ochsenalpe
1918
Bergwachthütte
Stierbach
Prinz-Luitpold-Haus
07
1846
2314
Fuchsloch
2163
Wiedemerkopf
Fuchskarspitze
2172
Balkenscharte
Salzboden
Im kalten
Auf der Sulz
Zwerchwand
Kreuzkopf
2289
Winkel
Südliche
Schönberghütte
1680
Im Gries
2287
Weittalkopf
Kreuzspitze
2367
Fuchskar
Sulzschrofen
Hochvogel

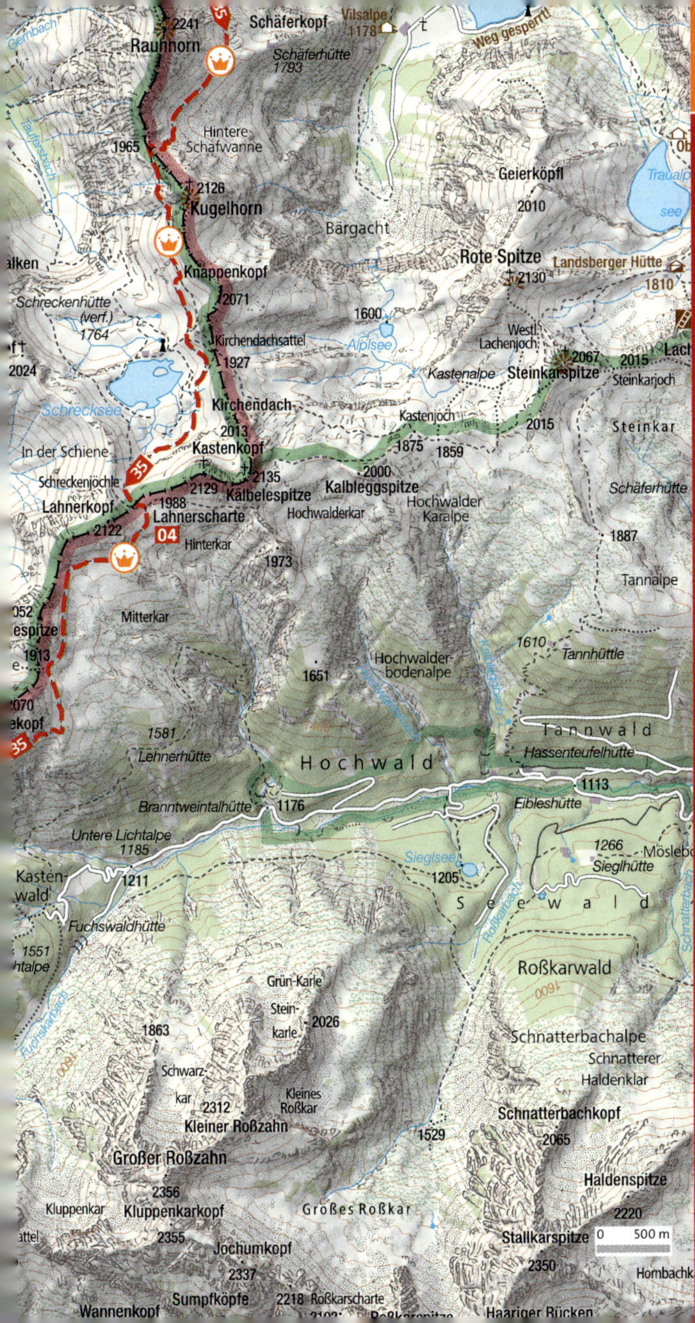
Raunhorn
2241
Schäferkopf
Vilsalpe
1178
Schäferhütte
1793
Weg gesperrt!
Hintere
Schafwanne
1965
2126
Kugelhorn
Geierköpfl
2010
Traualpsee
Bärgacht
Rote Spitze
2130
Landsberger Hütte
1810
Knappenkopf
2071
Schreckenhütte
(verf.)
1764
2024
1600
Kirchendachsattel
1927
Alplsee
Westl.
Lachenjoch
2067
2015
Kastenalpe
Steinkarspitze
Steinkarjoch
Schrecksee
Kirchendach
2013
Kastenjoch
2015
Steinkar
In der Schiene
Kastenkopf
1875
1859
Schreckenjöchle
2135
2000
Kalbleggspitze
Schäferhütte
Lahnerkopf
2129
Kälbelespitze
1988
Lahnerscharte
Hochwalderkar
Hochwalder
Karalpe
2122
04
Hinterkar
1973
1887
Tannalpe
Mitterkar
1913
1610
Tannhüttle
1651
Hochwalder-
bodenalpe
Tannwald
1581
Lehnerhütte
Hochwald
Hassenteufelhütte
1113
Branntweintalhütte
1176
Eibleshütte
Untere Lichtalpe
1185
1266
Sieglhütte
Sieglsee
1205
Kasten-
wald
1211
Seewald
Fuchswaldhütte
1551
Roßkarwald
1600
Grün-Karle
Stein-
karle
2026
1863
Schnatterbachalpe
Schnatterer
Haldenklar
Schwarz-
kar
2312
Kleines
Roßkar
Kleiner Roßzahn
1529
Schnatterbachkopf
2065
Großer Roßzahn
Haldenspitze
2356
Kluppenkar
Kluppenkarkopf
Großes Roßkar
2220
2355
Jochumkopf
Stallkarspitze
0
500 m
2337
2350
Hornbachk
Wannenkopf
Sumpfköpfe
2218
Roßkarscharte
Haariger Rücken
35

SCHWARZENBERGHÜTTE • 1380 m

Kleiner Ausflug ins „Paradies“

7,5 km | 2:15 h | 350 hm | 350 hm | 3

START | Hinterstein/Hubertuskapelle (Gemeinde Bad Hindelang), Bushaltestelle, 1030 m; zu erreichen mit dem Bus auf einem Anliegersträßchen ab dem Hinterdorf von Hinterstein [GPS: UTM Zone 32 x: 607.665 m y: 5.254.624 m]
CHARAKTER | Mäßig steiler Aufstieg. Steig und Alpwege überwiegend beschildert.

Diese entspannende Rundwanderung im romantischen Talschluss des Hintersteiner Tals, dem einstigen Jagdrevier des Prinzregenten Luitpold, kann je nach Belieben verlängert werden – entweder über die Käseralp zum hoch gelegenen Engeratsgundsee oder aber sogar auf den Großen und Kleinen Daumen.

Gleich hinter der **Hubertuskapelle** 01 tragen uns – über dem Giebelhaus den eleganten Grasspitz des Giebels im Visier – zwei Brücken über den Erzbach und die junge Ostrach. Danach weist uns die Beschilderung zur **Schwarzenberghütte** 02 auf einen wenig anstrengenden Steig.

Herbstliches Ahornleuchten.

Unter dem schrofigen, kaum bestiegenen Hengst wandern wir in zwei weiten Schleifen durch lockeren Bergwald, Im Untergattern genannt. Auf einer beweideten Bergschulter, dem Unteren Schwarzenberg, begrüßt uns die bewirtschaftete Schwarzenberghütte der AV-Sektion Illertissen. Man heißt es dort oben zu Recht auch im Paradies. Während einer behaglichen Hüttenbrotzeit vor dem niedrigen Holzdoppelbau kann man in aller Seelenruhe die recht alpine Gipfelkulisse des Prinz-Luitpold-Hauses hoch über dem romantischen Bärgündele mit den beiden Unikaten Fuchskarspitze und Hochvogel bestaunen. Jenseits des Gündlesbacheinschnitts züngelt im Osten die Laufbichelkirche wie eine Grasflamme empor zum doppelgipfligen Großen Daumen.

Den anfangs gemächlichen Alpweg-abstieg über bunte Weideböden säumen viele alte, knorrige Ahornbäume. Bald tauchen die wenigen, teilweise ausgewaschenen und nur von Allradfahrzeugen zu meisternden Kehren wieder im Wald unter. Kurz vor dem En-

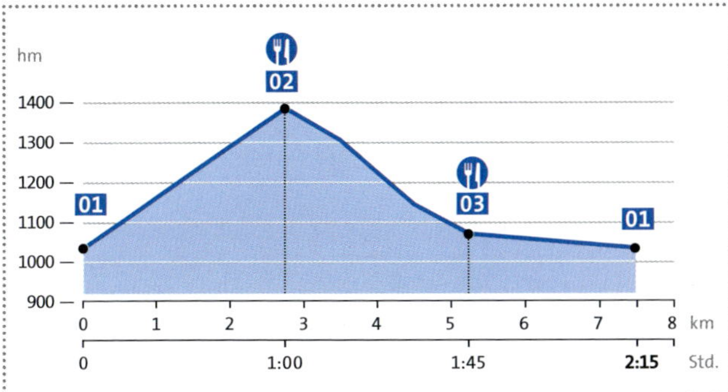

01 Hubertuskapelle, 1030 m; 02 Schwarzenberghütte, 1380 m; 03 Giebelhaus, 1068 m

geratsgundhof mündet unsere Route im Obertal in den weiter talwärtsführenden, geteerten Alpweg zum **Giebelhaus** 03 mit benachbarter Diensthütte. Kurz hinter dem stattlichen Berggasthaus überschreiten wir erst den Obertalbach, dann den Bärgündelesbach. Beide Quellbäche verbinden sich hier zur Ostrach. Eine flache Naturfahrbahn leitet uns zum Schluss unter dem Roßkopf, den über einen Wasserfall niederstürzenden Säubach querend, durchs hinterste Hintersteiner Tal auswärts zur **Hubertuskapelle** 01.

WIEDEMERKOPF • 2163 m

Das Faltengesicht am Luitpoldhaus

14,25 km | 7:45 h | 1133 hm | 1133 hm | 3

START | Hinterstein/Giebelhaus (Gemeinde Bad Hindelang), Bushaltestelle, 1066 m; zu erreichen mit dem Bus auf einem Anliegersträßchen ab dem Hinterdorf von Hinterstein [GPS: UTM Zone 32 x: 606.520 m y: 5.253.061 m]
CHARAKTER | Für den steilen, ausgesetzten und gesicherten Gipfel in zum Teil unzuverlässigem Fels mit leichter Kletterei (I) ist Trittsicherheit und alpine Erfahrung notwendig. Überwiegend bezeichnete Steige und Steigspuren sowie Alpwege.

Die Tafel Richtung Luitpoldhaus zeigt am **Giebelhaus 01** den Kurs zu der charaktervollen Dolomitburg nahe des Hochvogels. Nach der Obertalbachbrücke verlassen wir das Sträßchen Richtung Bärgündele. Hinter der benachbarten Alphütte überwindet ein unbeschilderter Steig einen kleinen Weidehang. Bald geht's unbeschwert durch lockeren Mischwald an der Nordostflanke des Giebels entlang. Wieder auf dem nun schmäleren Alpweg mit einer Serpentine wandern wir meist über Weiden. Auf der Karschwelle zwischen Fuchskarspitze und Wiedemerkopf erkennt man das Luitpoldhaus. Nach der Materialseilbahn ziert eine 2000-jährige Eibe den Wegesrand. Noch vor der **Pointhütte 02** ist das Schild „Alpe Bärgündle" zu beachten. Ein überwiegend flacher Ziehweg quert

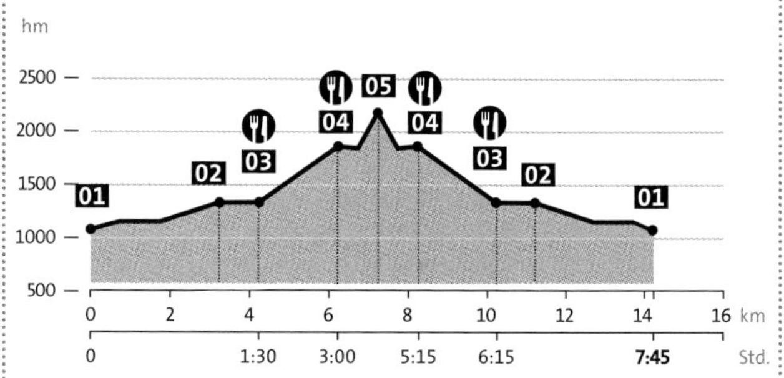

01 Giebelhaus, 1068 m; 02 Pointhütte, 1319 m; 03 Untere Bärgündelealpe, 1322 m; 04 Prinz-Luitpold-Haus, 1846 m; 05 Wiedemerkopf, 2163 m

auf einer Holzbrücke den Stierbach. Im Talschluss fesselt der kecke Schneck. Auf Eisenstegen werden zwei weitere Bäche gequert, bevor die **Untere Bärgündelealpe** **03** zur Rast lädt.

Der ab und an felsige Steig an einem Wasserfall vorbei durch die Krummholzzone und über die Weiden der Oberen Bärgündelealpe weist nur kurze stärkere Steigungen auf. Stege überbrücken zwei Sturzbäche.

Nach dem Absolvieren eines Geröllhatschers am Fuß des Wiedemers kommen wir zum **Prinz-Luitpold-Haus** **04**.

In einer kleinen Seemulde kann man das skurrile Faltengesicht des Gipfelziels recht eindrucksvoll bewundern.

Das Schild „Kemptner Hütte" verlangt wenig unterhalb des Hauses eine kurzzeitig steinschlaggefährdete Querung am Rand der Ge-

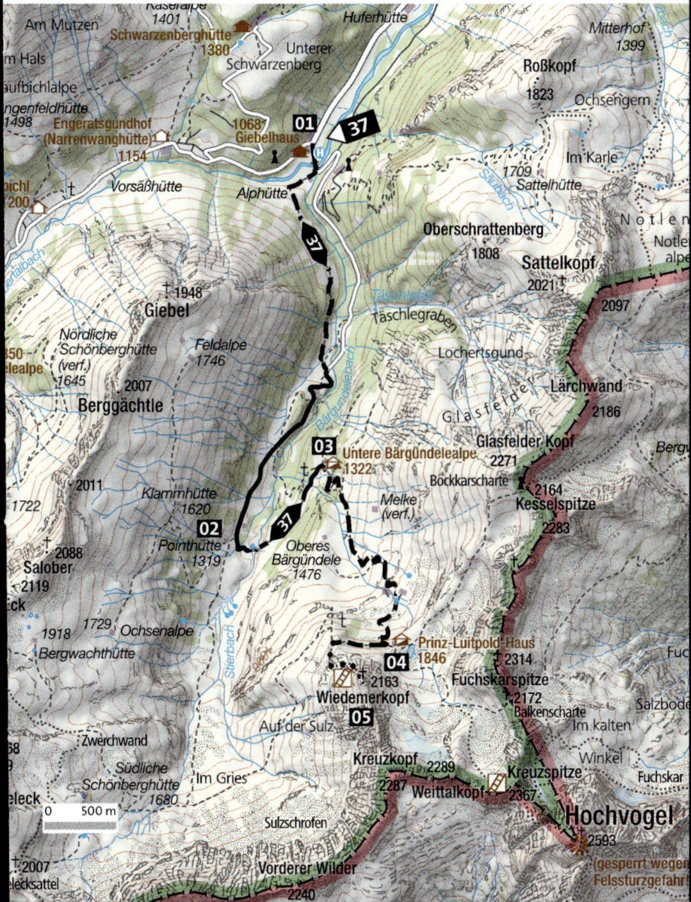

röllhalde. An der anschließenden Gabelung folgen wir dem oberen Grassteig zum Einstieg in die Felsen. Die pfiffige, gelegentlich ausgesetzte und durch alte Drahtseile gesicherte Route über die Nordwestflanke weist nur sparsame, verblasste Markierungen auf. Steile Aufschwünge und schuttbedeckte Passagen beinhalten einfache Kletterstellen (I) in manchmal brüchigem Fels.

Der **Wiedemerkopf** **05** ist kein ausgeprägter Gipfel, sondern nur ein Vorsprung des zerhackten Kammes, den der Kreuzkopf nach Norden entsendet.

Der Wiedemerkopf – ein aufgeschlagenes Lehrbuch der Geologie.

IMMENSTÄDTER HORN • 1489 m
GSCHWENDER HORN • 1450 m

Aussichtsberge über dem Großen Alpsee

10,75 km | 4:45 h | 792 hm | 792 hm | 3

START | Wanderparkplatz in Gschwend bei Immenstadt (Abzweigung Richtung Rieder)
[GPS: UTM Zone 32 x: 588.331 m y: 5.268.659 m]
CHARAKTER | Breite Forst-, Wald- und Wirtschaftswege, anfangs asphaltiert, sowie schmälere Wald- und Wiesenpfade, mit stellenweise steileren, wurzeligen und gerölligen Passagen.

Die leichte Rundtour über beschauliches Alpgebiet zum Immenstädter Hausberg bietet fantastische Tiefblicke hinab zum Großen Alpsee.

Vom **Wanderparkplatz in Gschwend** 01 wandern wir Richtung Immenstädter Horn auf einem steilen Kiesweg über eine Wiese zum Wald hoch. Am Waldrand entlang, mit herrlichem Alpseeblick, geht es hinauf zu einem kreuzenden Teersträßchen, dem wir rechts hoch folgen. Vorbei an der Abzweigung rechts zum Gschwender Horn bleiben wir auf dem breiten Weg, der uns zur **Hochbergalpe** 02 führt. Weiter auf dem recht steilen Teersträßchen geht es bergauf über freies Wiesengelände, über eine leichte

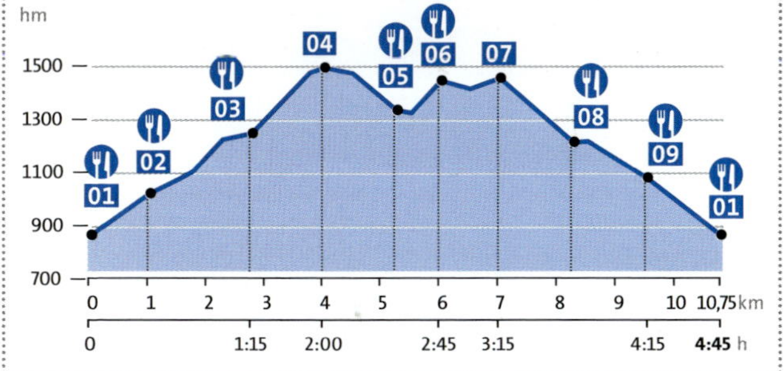

01 Wanderparkplatz Gschwend, 860 m; 02 Hochbergalpe, 1023 m; 03 Kessel-Alpe, 1243 m; 04 Immenstädter Horn, 1489 m; 05 Alpe Alp, 1330 m; 06 Naturfreundehaus, 1440 m; 07 Gschwender Horn, 1450 m; 08 Alpe Große Starkatsgund, 1210 m; 09 Alpe Gschwender Berg, 1075 m

Einen wunderbar weiten Blick bietet das Immenstädter Horn.

Kuppe und zu einer Verzweigung. Nach rechts ist die Alpe Gschwender Berg markiert, wir halten uns links und folgen dem Schild Immenstädter Horn/Naturfreundehaus. Wir tauchen weiter ansteigend in Wald ein und traversieren auf dem schönen, schattigen Waldweg am stellenweise steileren Waldhang entlang. Wenn der Weg abflacht und eine Linkskehre macht, stoßen wir auf einen Bach und einen kleinen Wasserfall. Nach der Linkskehre taucht rechts eine wunderschöne Wiese auf. Auf einem wurzeligen Pfad wandern wir am oberen Ende der Hangkante am Waldrand entlang und erreichen nach einem weiteren Waldstück die **Kessel-Alpe** 03. Wir folgen dem schmalen Pfad links hoch zu den Bäumen, zunächst über Alpwiesen, dann wird es aber zunehmend steiniger und steiler. An der abschüssigen Hangkante und einem Zaun entlang gelangen wir wieder auf eine weite Wiesenfläche mit fantastischem Tiefblick zum Alpsee. Wir machen einen Rechtsschwenk und steigen in Kehren steil über den Wiesenhang zu einer Kuppe hoch. Von hier ist bereits das Gipfelkreuz zu sehen. Fünf Minuten später stoßen wir auf eine Verzweigung; nur wenige Meter links davon ist das Christus geschmückte Gipfelkreuz des **Immenstädter Horns** **04**, mit Sitzbank, Tisch und einer herrlichen Panoramaaussicht.

Zurück zur Verzweigung folgen wir der Markierung „Naturfreundehaus". Es geht relativ flach über die Alpwiesen, teils über sumpfiges Gelände, das an besonders gefährdeten Stellen mit einem hölzernen Bohlensteg versehen ist. Flacheren Wiesen- folgen steilere Abwärtspassagen am Waldrand entlang hinab zur **Alpe Alp** **05**.

Wir gehen rechts am Alpgebäude vorbei (Markierung Naturfreundehaus), ignorieren die Abzweigung rechts zur Alpe Kessel, und steigen geradeaus am Wiesenhang zum Wald an. Über ein paar Holzstufen in den Wald hinein und auf einem manchmal etwas schwer zu erkennenden Pfad in Kehren ziemlich geradeaus bergwärts. Wieder über Holztreppen verlassen wir den Wald und erreichen über eine Hochfläche das **Naturfreundehaus** **06**.

Auf dem Dach des Nebengebäudes können wir Steinböcken beim Klettern zuschauen.

Auf breitem Kiesfahrweg verlassen wir das NF-Haus, zunächst flach, dann leicht abwärts wieder in den Wald hinein. Der Weg steigt aber bald wieder leicht an und wir folgen einem abzweigenden, wurzeligen Pfad der rechts Richtung **Gschwender Horn 07** markiert ist und uns nach wenigen Minuten auf den kreuzgeschmückten Gipfel bringt.

Um nicht den gleichen Weg zur Abzweigung zurückgehen zu müssen folgen wir einem deutlichen Pfad nach links, der sich unmarkiert durch den Wald hinabschlängelt. Am Waldrand gelangen wir zu einem Weidezaun, überqueren ihn an geeigneter Stelle und folgen ihm links hinab zu einer Kiesstraße. Kurvenreich geht es hinab zur Pos. Alpe Starkatsgund und – jetzt steiler und auf Asphalt – weiter abwärts zur **Alpe Große Starkatsgund 08**.

Wir halten uns rechts, durchwandern zunächst auf einem Kiesfahrweg, dann auf schmalem Pfad das Alpgelände. Wir gelangen wieder in Wald, der Weg wird steiniger und fällt deutlicher ab, zum Schluss geht es wieder über offenes Alpgelände und zuletzt über Stufen steil hinab zu einer Verzweigung. Nach links machen wir einen kurzen Abstecher zur **Alpe Gschwender Berg 09**.

Zurück zur Verzweigung und links ab über die Wiesen in Richtung Gschwend, Ratholz zum Waldrand. Im Wald geht es dann wieder leicht bergab, links begleitet uns eine Art Tobel und nach vorne eröffnen sich herrliche Tiefblicke zum Alpsee. Bei der nächsten Verzweigung halten wir uns links, folgen der Markierung „Parkplatz Gschwend" und wandern über sonnige Wiesen und durch kurze Waldstücke auf breitem Kiesweg teils steiler bergab zu den Häusern. Auf Asphalt geht es rechts, an Kleiner's Hexahäusle vorbei, zurück zum **Wanderparkplatz 01**.

Das Kemptener Naturfreundehaus.

KEMPTENER NATURFREUNDEHAUS • 1415 m

Durch den Steigbachtobel zur Wasserscheide

13,5 km | 4:00 h | 700 hm | 700 hm | 3

START | Immenstadt, Bahnhof (Parkplatz), 728 m
[GPS: UTM Zone 32 x: 591.352 m y: 5.268.002 m]
CHARAKTER | Meist mäßig steiler, zur Mittelbergalp deutlicher Aufstieg. Bestens beschilderte Pfade und Alpwege. Bei Nässe im Steigbachtobel parallelen Forstweg benutzen.

Auf dem Weg durch den Steigbachtobel zum Naturfreundehaus kommen wir an der freundlichen Alpe Mittelberg vorbei, einer Sennalp mit dem feinsten Bergkäse. Die Hütte steht genau auf der Wasserscheide. Während der Steigbach über die Iller das Flusssystem der Donau unterstützt, nährt die Weißach die Bregenzer Ach und somit über den Bodensee den Rhein.

Wir gehen vom Bahnhof in **Immenstadt** 01 Richtung Stadtmitte. Die Fußgänger-Bahnüberführung bringt uns in die Adolph-Probst-Straße. Geradeaus weiter am Friedhof vorbei spazierend weist das Schild „Alpe Gund" in den mit lichtem Mischwald gekleideten Steigbachtobel. Bei der Sepp-Gammel-Brücke verlassen wir den Forstweg auf dem Steigbachtobelweg. Der streckenweise mit Eisen-

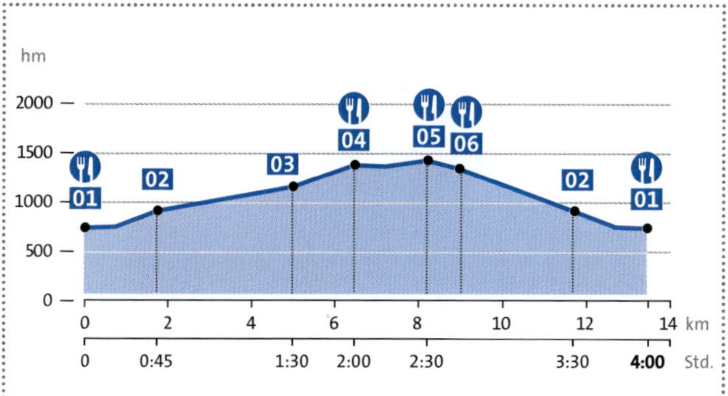

01 Immenstadt, 728 m; 02 Hölzerne Kapelle, 900 m; 03 Berghotel Almagmach, 1145 m; 04 Alpe Mittelberg, 1368 m; 05 Kemptener Naturfreundehaus, 1415 m; 06 Alpe Alp, 1331 m

An der Alpe Mittelberg unter dem Stuiben liegt der Steigbachtalaufstieg hinter uns.

stegen angelegte Pfad entführt in einen der fesselndsten Allgäuer Wildbachtobel. Die mitunter felsigen Bergflanken lassen kaum Platz für den in früheren Zeiten zu Recht gefürchteten Tosbach, seine kraftstrotzenden Wasserfälle und tiefgründigen Gumpen.

Die **Hölzerne Kapelle** **02** taucht auf. Auf dem nun bequemen Alpweg halten wir uns Richtung Naturfreundehaus und an einer Gabelung zum privaten **Berghotel Almagmach** **03**, wobei zweimal das Bachufer gewechselt wird. Durch Fichtenwald empor zur urgemütlichen **Alpe Mittelberg** **04** auf der Passhöhe haben wir ein paar einheizende Kehren zu überwinden. Zufrieden schaut man von der Einkehr hinüber zu den westlichen Nagelfluhbergen über dem Weißachtal. Ein Pfad führt nach einer schmackhaften Käsbrotzeit durch eine leicht moorige Senke zum Bergwachtstützpunkt Seifenmoosalpe.

Wieder auf einem Alpweg erreicht man in gemächlicher Steigung am Roten Kopf das **Kemptener Naturfreundehaus** **05**, einen beliebten Stützpunkt für Bergwanderer. Als Abstieg wählen wir den Steig durch einen Waldfleck zu der auf einem Weidesattel stehenden **Alpe Alp** **06**. Die nach Immenstadt beschilderten Ziehwegkehren entschwinden bald im Wald. Die Route mündet später in den Alpweg vom Naturfreundehaus. Wir erreichen wieder die Hölzerne Kapelle und nehmen ab hier wieder die bekannte Route nach **Immenstadt** **01** auf.

ÜBER HALDEN ZUM SONTHOFER SEE

Vergnügungsbummelei im oberen Illertal

10,5 km | 2:45 h | 142 hm ↗ | 142 hm ↘ | 3

START | Blaichach, Bahnhof (Parkplatz), 733 m
[GPS: UTM Zone 32 x: 594.718 m y: 5.266.402 m]
CHARAKTER | Leichte Aufstiege. Gut beschilderte Pfade, Wander- und Wirtschaftswege, kurze Abschnitte auf Straßen und Pfadspuren.

Diese kleine Vorgebirgstour beweist wieder einmal anschaulich, dass es gar nicht immer erforderlich ist, dem Berg Stunde um Stunde Höhenmeter abzuringen, um glücklich und zufrieden sein zu können. Eine geschickte Routenwahl auf amüsanten Schleichwegen verbindet im vorliegenden Fall dorfnahe Aussichtspunkte mit einer romantischen Badeseeumrundung und einem erfrischenden Flussspaziergang.

▶ Wir nehmen in **Blaichach** 01 beim Bahnhof den Gehsteig Richtung Sonthofen und wählen nach der Schwarzenbachbrücke den nach Kühberg ansteigenden Feldweg, der bald in einen Pfad wechselt. Bei einem Stadel leitet eine Wiesenspur zu einer bereits sichtbaren Ruhebank. Über dem Dorffleck baut sich der Grünten auf und hinter Sonthofen beeindruckt der lange Felskamm der Daumengruppe.

Am Ortsanfang von **Kühberg** 02 dirigiert uns der Wegweiser „Halden“ auf ein schmales Kurvensträßchen. An der Routenteilung nach einem Viehunterstand folgen wir einem Waldweg, im weiteren Verlauf einem Feldweg über

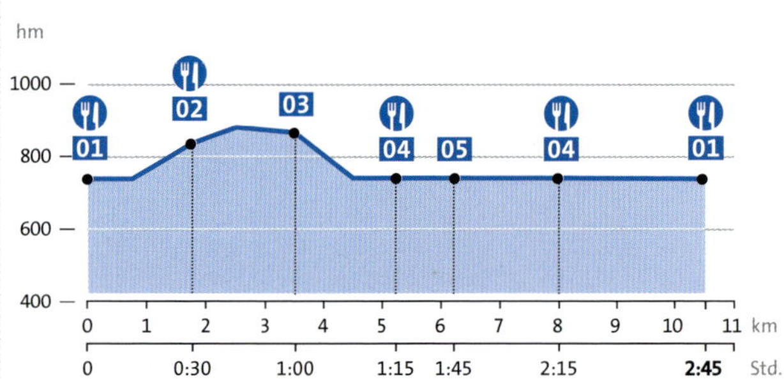

01 Blaichach, 733 m; 02 Kühberg, 830 m; 03 Halden, 860 m;
04 Bihlerdorf, 735 m; 05 Sonthofer See, 735 m

den bewaldeten Höhenrücken zu der Häuseransammlung **Halden** 03. Dort setzt auch schon wieder der Talkurs an. Man hält sich ein ganz kurzes Stück an den Gehsteig Richtung Seifriedsberg und bummelt auf dem Pfad Richtung Bihlerdorf – E4 über aussichtsreiche Wiesenhänge. Bei Seifriedsberg quert man ein Sträßchen und gelangt auf einem Waldwanderweg an einem Bächlein entlang nach **Bihlerdorf** 04.

Dort geht's auf der Hofackerstraße und rechts auf der Oberzollbrückestraße zum Beginn des Blaichacher Ortsteils Oberzollbrücke. Nach der Ettensbach-Fußgängerbrücke spazieren wir auf teilweise geteertem Wirtschaftsweg um den **Sonthofer See** 05, der Aussicht wegen vorzugsweise gegen den Uhrzeigersinn. Das beliebte, stadtnahe Badegewässer nennt sich auch Illersee. Zurück an der Ettensbachbrücke gehen wir auf einem Wirtschaftsweg zur Illerbrücke. Eine beschauliche Route führt am Flussufer vorbei an **Bihlerdorf** 04 und unter der Eisenbahnbrücke hindurch zurück nach **Blaichach** 01.

Der romantische Sonthofer See begeistert.

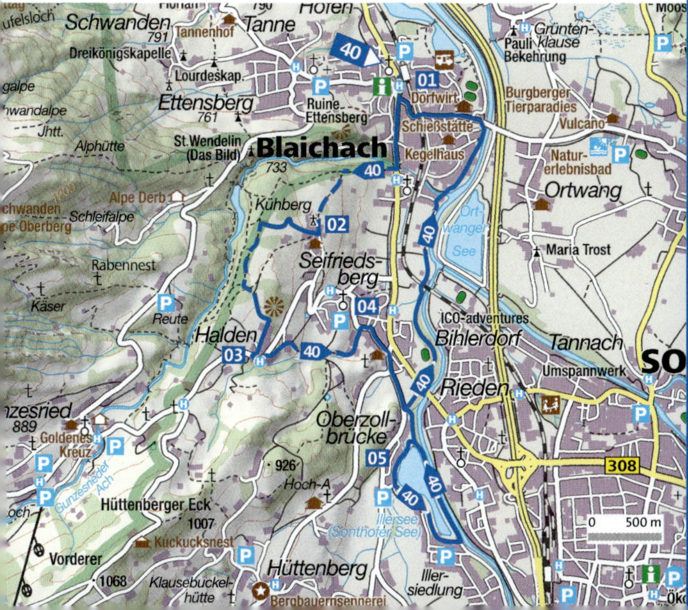

HEIDENKOPF • 1685 m
GRATKOPF • 1670 m

Schlüsselstellen des Oberallgäuer Rundwanderwegs

5,75 km | 3:00 h | 563 hm | 563 hm | 3

START | Gunzesried/Scheidwangalpe (Gemeinde Blaichach), Parkplatz, 1317 m; zu erreichen auf dem Mautsträßchen von Gunzesried/Säge
[GPS: UTM Zone 32 x: 583.613 m y: 5.260.188 m]
CHARAKTER | Mehrere kleine Steilaufstiege. Ausgesetzte Passagen am Heidenkopf mit kurzer gesicherter Kletterei in teilweise schmierigem Fels am Gratkopfabstieg und zurück erfordern Trittsicherheit. Überwiegend bezeichnete Steige. Vorsicht bei Nässe!

Unsere einprägsame Tour ins wilde Reich der Nagelfluh startet an der **Scheidwangalpe** 01, an der Wasserscheide Rhein–Donau.

Der Oberallgäuer Rundwanderweg schwingt sich südlich bergan durch aufgelockerten Bergwald. In einem Rechtsbogen leitet der Steig zu einem verfallenen Viehunterstand. Rückblickend zeigt sich die Rindalpenkette. Über eine links ausholende Schleife und einen schmäler werdenden Rücken gelangen wir auf den **Heidenkopf** 02. Die überwältigende weite Blickspanne wird im Osten von den Tannheimer, im Westen von den Schweizer Bergen begrenzt.

Ein unterhaltsamer Höhenkurs folgt nach einem kleinen südöst-

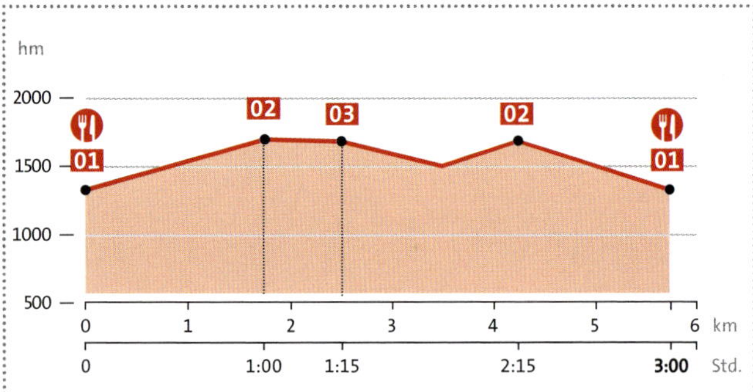

01 Scheidwangalpe, 1317 m; 02 Heidenkopf, 1685 m; 03 Gratkopf, 1670 m

Buschgschwend
Alpele
Rindalpe
1244
Gerichtsholz
Mittlere
Sedererwände
Buschalpe
Simatsgundwald
Groppachwald
1469
Buralpkopf
1772
Obere Rindalpe
(abgetragen)
Gratvorsäß-
alpe
Obere Groppachalpe
(verf.)
Rindalphorn
1821
Gündleskopf
1748
Gündlesalpe
Gündelalpe
Brunnenau
(verf.)
Gündles-
scharte
Hintere-
Vordere
Aualpe
1626
Brunnenauscharte
Rote Wand
1380
Gütle
1834
(Dietle Alpe)
Untere Gelchenwangalpe
1414
Wasserfall
Schneeloch
Hintere
Aualpe
Obere
Gelchenwangalpe
Leiterberg
1626
Pass Scheidwang
1315
41
Scheidwangalpe
1317
01
Hirschgundalpe
Scheidwanger
Melke
Untere-
Siplingeralpe
Berggundalpe
Obere-
(verf.)
1628
Feldalpe
Heidenkopf
1685
02
03
Siplingerkopf
1746
1270
Lachealpe
Girenkopf
1683
Scheidwang-
sattel
Gratkopf
1670
41
Im Kessel
41
Suraalpe
1599
1588
Alpe
Spicherhalde
1481
Schnelleralpe
(verf.)
Hintere Aschalpe
(verf.)
Obere
Balderschwanger Alpe
Obere-
-Socheralpe
Bleicherhorn
1669
Hintere-
(verf.)
Adlerkönig
Kienles
Hubertus
Balderschwang
Ifenblick
1044
Alpe
Unterbalderschwang
Untere-
Stöckalpe
Jägerwinkel
Berg-
blick
Gschwend
Dorfweiher
Schelpenalpe
Waldalpe
(verf.)
1003
Höflealpe
(nur Wi.)
Au
Schwabenhof
Schwaben-
hof
Lappach-
alpe
Schelpenbahn
nur Winter
Sala
Möser
Riedberghornbahn
(Winter)
Liechtensteiner
Hütte
Lenzen
Alpe
Gelbhansekopf-
alpe
Köpflealpe
1274
Bodenseehütte
1250
1075
Gelbhansekopf
1437
Lenzengräben
Gelbhanse-
kopfalpe
Obere
Hansekopflealpe
(verf.)
Schwarzenberg
Junghansen
Schelpbach
0
500 m
1202
1379
Jhtt.
Schwarzenbergalpe
1422
Fuchsschelpen-Alpe
Fuchsalm
1300
Tiefgraben
Hochschelpenalpe

lichen Grasabstieg dem flachen, geräumigen Kamm. Baumgruppen behindern ab und an die Sicht. Noch wenige Stufen und schon steht man auf dem **Gratkopf** 03. Dieses eigenwillige Massiv, das sich aus Grasköpfen, kecken Türmen und Nadeln zusammensetzt, verdient eine gebührende Schaupause.

Anschließend erfordert der reizvolle Abstieg über einen sich verschmälernden Grat mit ausgesetzten, jetzt felsigen Stellen unsere volle Aufmerksamkeit. In der Weidemulde vor dem Siplingerkopf achten wir auf die Markierung und überwinden einen ansteigenden Felsverhau. Danach verlassen wir den Oberallgäuer Rundwanderweg auf der gemütlichen, zur Oberen Balderschwanger Alp führenden Talroute.

Der Wegweiser Richtung Heidenkopf zeigt uns den Aufstieg über bucklige Hänge und an auffallenden Nagelfluhtürmen vorbei, zurück zum Joch zwischen Girenkopf und Heidenkopf.

Nun setzt der kurze anspruchsvolle und etwas ausgesetzte Gipfelaufstieg an. Zwei felsige Steilaufschwünge mit ein paar nicht ganz zuverlässigen Tritten sind durch Drahtseile entschärft. Sie verlangen aber dennoch für wenige kitzlige Augenblicke eine saubere Kletterei.

Danach lockt zur Rechten ein luftiger Aussichtspunkt. Auf fortwährend spannendem Routenverlauf ist bald zum zweiten Mal der **Heidenkopf** 02 erreicht. Dort nimmt man den bekannten Kurs hinunter zur **Scheidwangalpe** 01 auf.

Auf dem pfiffigen Gratkopfabstieg.

GÜNDLESKOPF • 1748 m
BURALPKOPF • 1772 m

Durchs Aubachtal in die Rindalpen

16 km | 6:15 h | 867 hm | 867 hm | 3

START | Gunzesried/Säge (Gemeinde Blaichach), Bushaltestelle, 930 m; Parkplatz am Ortseingang
[GPS: UTM Zone 32 x: 589.926 m y: 5.262.175 m]
CHARAKTER | Ab Hinterer Aualpe langer mittelsteiler Aufstieg und steile Abstiegsetappe vom Buralpkopf. Meist beschilderte Pfade und Ziehwege, kurzer Steig, zu Beginn längeres Alpsträßchen. Vorsicht bei Nässe!

Die Zweigipfel-Überschreitung beginnt an der Bushaltestelle im Ortsteil **Säge** 01. Auf dem anfangs steigenden Alpsträßchen wandern wir ins Aubachtal hinein und vorbei an der Alphütte Vorsäß 1. Rechter Hand begleiten uns die reich gescharteten Rindalpen. Nach Queren des Aubachs ziehen über der Hütte Vorsäß 2 steile Mischwälder zum Stuiben hinauf. Hinter **Vorsäß 3** 03 steigt unser Kurs durch einen Waldflecken wieder ein wenig an zur Vorderen Aualpe. Dort besticht der Siplingerkopf mit der Erosions-Kulisse der Spießwände. Nun richten wir uns nach dem Wegweiser „Gründlesscharte". Die **Hintere Aualpe** 03 ist die letzte Station im Tal. Unter dem Felsriegel der Roten Wand schwingt sich ein Ziehweg, spä-

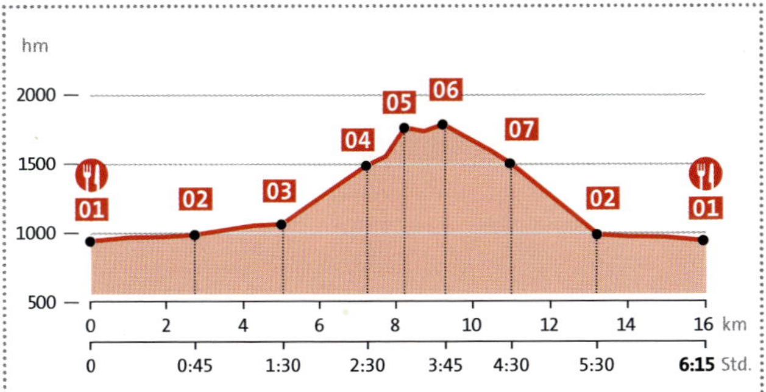

01 Säge, 930 m; 02 Vorsäß 3, 975 m; 03 Hintere Aualpe, 1050 m; 04 Vordere Rindalp, 1474 m; 05 Gündleskopf, 1748 m; 06 Buralpkopf, 1772 m; 07 Gatteralpe, 1489 m

Bei „kuhranzendunkler“ Nacht über Steilabbrüche

Am Buralpkopf mussten einst Immenstädter Bergwachtmänner nachts einen verunglückten Skitouristen abtransportieren. Da der Rückweg mit dem Akia über den schmalen Grat viel zu gefährlich gewesen wäre, entschieden sich die Retter für den vermeintlich leichteren Abstieg ins Aubachtal. Doch keinem der Männer war die Gunzesrieder Seite bekannt. So verstrickten sie sich in heimtückisches, teils felsiges Steilgelände mit lahnigen Rinnen. Nur mit viel Bedachtsamkeit und einer ungeheuren Portion Glück konnte die äußerst kraftraubende Aktion ein glückliches Ende nehmen.

ter in Kehren, durch Waldflecken empor. An seinem Ende steht die **Vordere Rindalp** 04. Auf einem Pfad ist es dann nicht mehr weit zur Gündlesscharte. Nach einem deutlichen Kammaufschwung erreicht man den **Gündleskopf** 05, den nur eine kleine Einsattelung vom **Buralpkopf** 06 trennt. Diese beiden Berge sind Bestandteil der Fernwanderwege E 4 und E 5 und machen dem Sammelnamen Rindalpen alle Ehre. Möglicherweise gefällt ja den „Hornträgern“ der Anblick der Oberstdorfer Berge ebenso gut wie uns. Nun setzt eine anregende, überwiegend flache Etappe an, über den Oberen Sedererwänden mit einem schmalen und steilen, felsdurchsetzten

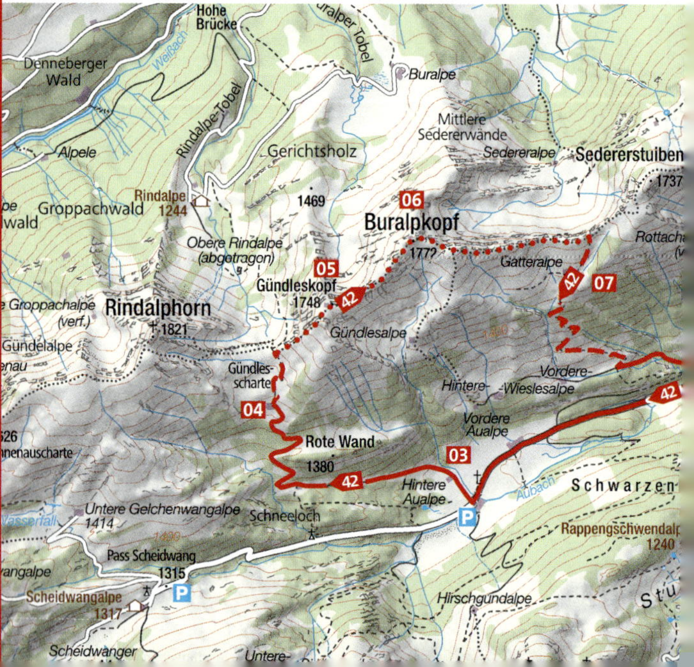

Im Aubachtal beim Gunzesrieder Ortsteil Säge.

Gratsteig zu einem Sattel. Ein Pfad leitet hinunter zur **Gatteralpe 07**. Wir überschreiten einen Graben und wandern nach einem Waldstreifen wieder über Weidehänge in ein paar weiten Schleifen zum Waldweg unterhalb der Vorderen Wieselealp. Am **Vorsäß 3** stoßen wir auf die bekannte Route zum Ausgangsort **Säge 01**.

STUIBEN • 1749 m

Peppige Steilhänge und Grate

9,5 km | 4:30 h | 819 hm | 819 hm | 3

START | Gunzesried/Säge (Gemeinde Blaichach), Bushaltestelle, 930 m; Parkplatz am Ortseingang
[GPS: UTM Zone 32 x: 589.926 m y: 5.262.175 m]
CHARAKTER | Ab der Ornachalpe anstrengender Aufstieg; der ausgesetzte, drahtseilgesicherte Gipfelabstieg erfordert Trittsicherheit. Meist gut bezeichnete Pfade und Steige, anfangs Alpsträßchen, kurze Pfadspur. Vorsicht bei Nässe.

Der Auftakt zu der mit allerhand neckischen Einlagen gewürzten Gipfelüberschreitung verläuft verdächtig harmlos.

Von der Bushaltestelle im Ortsteil **Säge** 01 spazieren wir auf dem anfangs steigenden Alpsträßchen ins Aubachtal hinein, zur Rechten Sedererstuiben und Stuiben. Wir passieren die Sennalp Gerstenbrändle und lassen uns nach unwesentlichem Höhenverlust an der Alphütte Vorsäß 1 vom Schild „Alpe Ornach" den weiteren Kurs zeigen. Es folgt eine kurze Weidespur, dann trägt uns eine Brücke über den Aubach. Ein kräfteschonender Pfad zieht sich an der Schönebuchhütte vorbei durch den Bergwald. In engem Zickzack steigen wir empor zur **Ornachalpe** 02.

Knorrige Ahorne und später teilweise orange gefärbte Nagelfluhriegel säumen den schweißtreibenden Steig über die licht bewaldete Südflanke Richtung

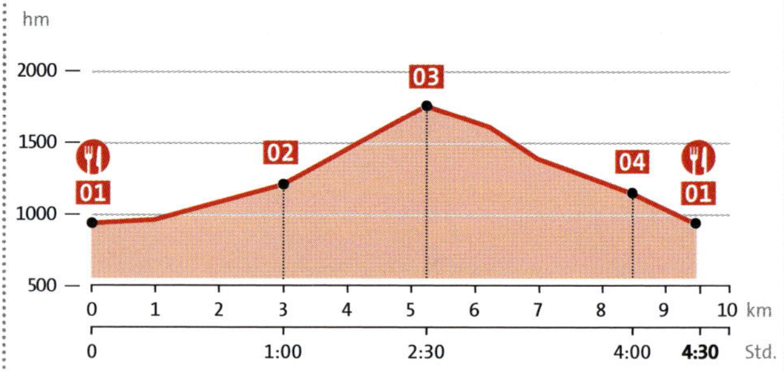

01 Säge, 930 m; 02 Ornachalpe, 1200 m;
03 Stuiben, 1749 m; 04 Wiesach, 1140 m

Stuiben. In der Alpwanne unter dem Sederer können wir endlich für eine kleine Weile aufatmen. An der verfallenen Rothenalp ist eine Felsmarkierung zu beachten. Das einheizende Engagement über nun steilste Weidehänge wird jedoch durch das herrliche Panorama der Hochalpenkette von der Daumengruppe bis zum Ifen belohnt.

Zuletzt strebt man auf einem gut angelegten Höhenweg unmittelbar neben dem Kamm dem **Stuiben** 03 entgegen. Erhebend ist der schöne Tiefblick über die nordseitigen Abbrüche zu dem reizvollen Feuchtgebiet bei der Gundalp. Nach einem anspruchsvollen Steilabstieg über einen recht ausgesetzten Felsgrat mit langem Drahtseil beachte man nördlich des Grates die Markierung.

Der obere Steig ist etwas schwieriger. Die nächste schmale, flache Gratrippe in dieser fesselnden Nagelfluh-Kleinlandschaft ist wiederum mit einem Drahtseil entschärft. Schließlich bringt uns eine Holztreppe hinauf zu einem Sattel. Richtung Gunzesrieder Tal geht's nochmals steil hinunter in die winzige Alpwanne am Fuß der Rauhen Schlucht. Auf einem Alpsteig an Felssturzblöcken vorbeisteigend, verdichtet sich der Wald zusehends. Von der kleinen Alpsiedlung **Wiesach** 04 bringt uns ein Pfad zurück zum Ortsteil **Säge** 01.

Nebelschwaden verhüllen den spannenden Ostabstieg vom Stuiben zur Alpsiedlung Wiesach.

BLEICHERHORN • 1669 m
HÖLLRITZERECK • 1669 m

Leichte Wanderberge über dem Ostertal

15,5 km | 5:30 h | 773 hm | 773 hm | 3

START | Gunzesried/Säge (Gemeinde Blaichach), Bushaltestelle, 930 m; Parkplatz am Ortseingang
[GPS: UTM Zone 32 x: 589.926 m y: 5.262.175 m]
CHARAKTER | Kurzer mittelsteiler Aufstieg zum Bleicherhorn. Meist bezeichnete Alp- und Ziehwege, Pfade und Steige.

Der grüne Zwillingsgipfel zwischen dem hintersten Ostertal und dem Balderschwanger Tal ist ein typischer Vertreter der sanft geformten Flyschberge.

An der Bushaltestelle im Gunzesrieder Ortsteil **Säge** 01 achten wir auf den Wegweiser „Naturlehrpfad" und an einer Gabelung auf das Täfelchen „Riedberger Horn". Beim vorerst letzten Haus nimmt uns ein zu Beginn ansteigender Ziehweg auf. An der Stuttgarter Hütte sowie an der Schwabenhütte vorbei, wandern wir hinein ins beschauliche Ostertal. Vom Berghaus Diesch führt dann ein Fahrweg durch ein Wäldchen zur **Buhlsalpe** 02 und danach eine Anliegerstraße auf das Riedberger Horn zu. Nach kleinem Gefälle hat man auf einem Alpsträßchen über Viehweiden und Wiesen den Ostertalbach als Begleiter. Geradeaus, an einer Bienenzucht vorbei, steigt die nun waldige Route deutlicher an. Nach Querung einiger Seitenbäche taucht die **Grafenalpehütte** 03 (auch Grafenälpehütte) auf, eine Jagdhütte.

Das Schild „Höllritzer Alpe" weist auf einen Ziehweg, der sich nach einer Bachbrücke durch recht lockeren Mischwald emporwindet

Beim Hubertushaus zeigt sich die Ostseite des nicht mehr weit entfernten Bleicherhorns.

Der Siplingerkopf vom Aufstieg zum Bleicherhorn.

zum **Hubertushaus** 04 unter dem Bleicherhorn. Über ein Weidegebiet erreichen wir schließlich die **Höllritzer Alpe** 05. Nur kurz folgen wir nach behaglicher Einkehr einem Mautsträßchen, bis der Ziehweg Richtung „Sipplingerkopf" abzweigt. Dieser wechselt bald in einen leicht steigenden Pfad. Zuletzt bringt uns ein wenig anstrengender Grassteig, Teil des Oberallgäuer Rundwanderwegs, über einen schmalen, mit ein paar Fichten bestockten Rücken zum **Bleicherhorn** 06, das uns mit einem hübschen Rundblick begrüßt. Nur eine geringe Einsenkung des begrünten Kammes trennt uns jetzt noch vom gleich hohen **Höllritzereck** 07.

Über einen ebenfalls schmalen Rücken erfolgt der Abstieg in einen **Sattel** 08. Von dort quert ein Pfad schattseitig die Strauchzone am Dreifahnenkopf. Ein kleines Stück vor der Prinschenalpe bummelt man zufrieden über nordgerichtete Weidehänge hinunter zur **Grafenalpehütte** 03, wo man den bekannten Kurs zum Ausgangspunkt **Säge** 01 aufnimmt.

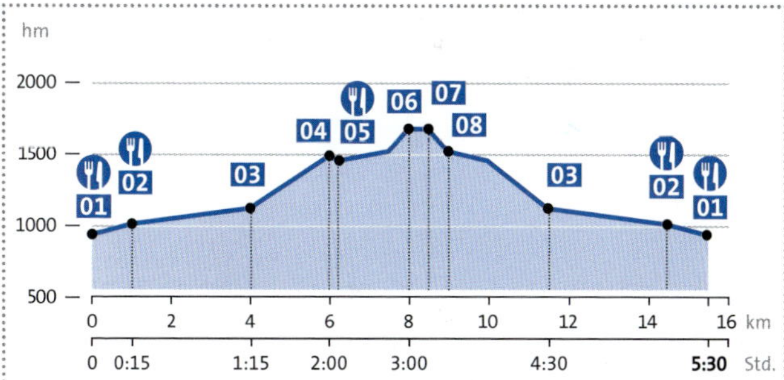

01 Säge, 930 m; 02 Buhlsalpe, 1003 m; 03 Grafenalpehütte, 1113 m;
04 Hubertushaus, 1479 m; 05 Höllritzer Alpe, 1445 m;
06 Bleicherhorn, 1669 m; 07 Höllritzereck, 1669 m; 08 Sattel, 1510 m

Hohe Brücke
Alpe Gund 1502
Krätzenstein
Buralpe
Stuiben 1749
Im Gund
Mittlere Sedererwände
Sedereralpe
Sedererstuiben
1739
Rindalpe-Tobel
Gerichtsholz
1737
Rauhenb
1244
1469
Buralpkopf
Obere Rindalpe (abgetragen)
1772
Rottachalpe (verf.)
Gatteralpe
Omac
Gündleskopf 1748
alphorn 1821
Gündlesalpe
1400
Vorsäß 2
Gündles-scharte
Vordere-
Hintere-Wieslesalpe
Vorsäß 3
Vordere Aualpe
Rote Wand 1380
Hintere Aualpe
Aubach
Schwarzenberg
1139
Schneeloch
Rappengschwendalpe 1240
1315
Stubachtal
Hirschgundalpe
Birkachalpe
Untere-Siplingeralpe
Ostertalberg 1383
Obere-(verf.)
1628
Tennenmooskopf
Heidenkopf 1685
Feldalpe
Siplingerkopf
Untere Wilhelminealpe
Gratkopf 1670
1746
Höllritzer Wald
Im Kessel
Obere Wilhelminealpe
1489
05
Höllritzer Alpe
1479
Hintere Aschalpe (verf.)
44
Hubertushaus
04
Obere
06
Bleicherhorn 1669
Obere-
Socheralpe
07
Höllritzereck 1669
Alpe Unterbalderschwang
Untere-
Stöckalpe
44
08
Jägerwinkel
1506
Waldalpe (verf.)
Unt. Höllritzeralpe (verf.)
1628
Printsch
Schelpenalpe
Dreifahnenkopf
Au
Schwabenhof
Kreuzlealpe (verf.) 1400
Grauenstein 1640
Schwaben-hof
Riedberghornbahn (Winter)
Sala Möser
Lenzen Alpe
Wildschutz-gebiet
Köpflealpe 1274
1075
1598
1787
Lenzengraben
Bolgenach
Riedberger Horn
Hornhütte
Junghansen

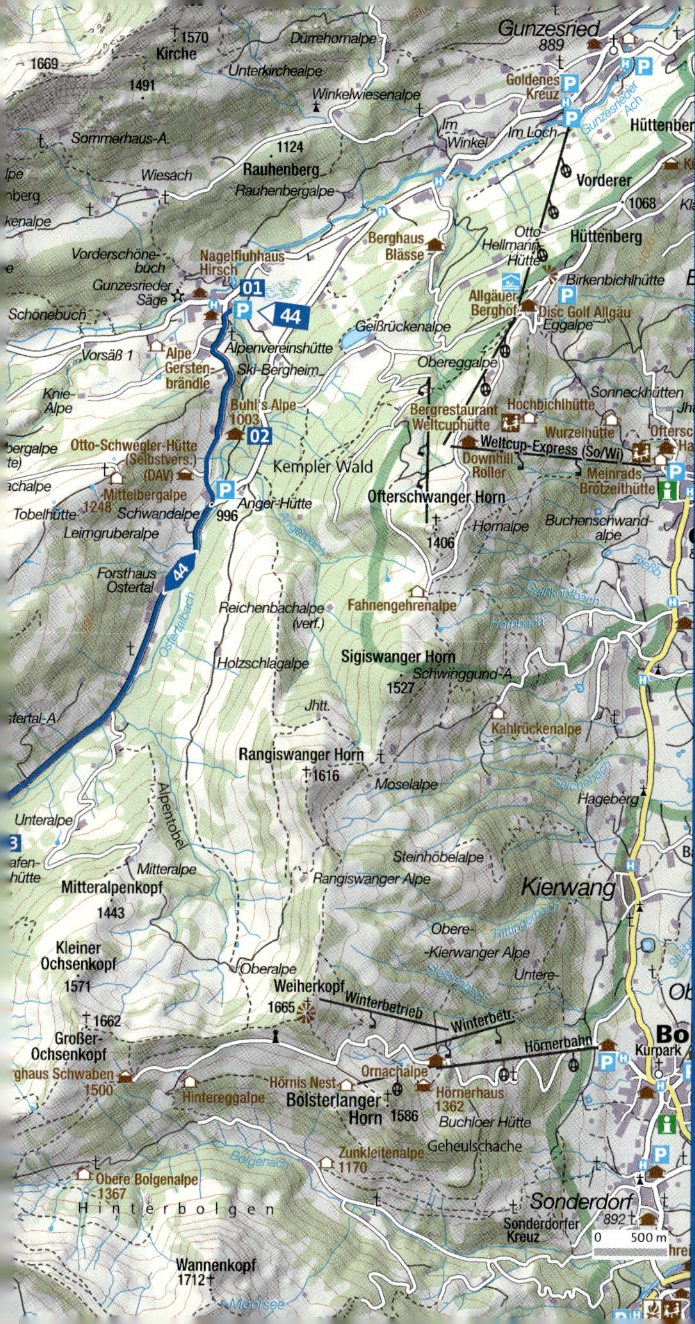
Gunzesried
889
1570
Kirche
Dürrehornalpe
1669
Unterkirchealpe
1491
Winkelwiesenalpe
Goldenes Kreuz
Gunzesrieder Ach
Hüttenber
Im Winkel
Im Loch
Sommerhaus-A.
1124
Rauhenberg
Rauhenbergalpe
Wiesach
Vorderer
1068
Hüttenberg
Otto-Hellmann-Hütte
Birkenbichlhütte
Berghaus Blässe
Vorderschönebuch
Nagelfluhhaus Hirsch
Gunzesrieder Säge
Schönebuch
01
44
Allgäuer Berghof
Disc Golf Allgäu
Eggalpe
Geißrückenalpe
Alpenvereinshütte
Vorsäß 1
Alpe Gerstenbrändle
Ski-Bergheim
Obereggalpe
Knie-Alpe
Sonneckhütten
Buhl's Alpe
1003
Bergrestaurant Weltcuphütte
Hochbichlhütte
Wurzelhütte
02
Weltcup-Express (So/Wi)
Otto-Schwegler-Hütte (Selbstvers.) (DAV)
Kempter Wald
Downhill Roller
Meinrads Brotzeithütte
Mittelbergalpe
1248
Anger-Hütte
996
Ofterschwanger Horn
Tobelhütte
Schwandalpe
Leimgruberalpe
Hornalpe
Buchenschwand-alpe
1406
Angerbach
Forsthaus Ostertal
44
Reichenbachalpe (verf.)
Fahnengehrenalpe
Geißkopfbach
Hornbach
Ostertalbach
Holzschlagalpe
Sigiswanger Horn
Schwinggund-A.
1527
Jhtt.
Kahlrückenalpe
Rangiswanger Horn
1616
Moselalpe
Seichebach
Hageberg
Alpentobel
Unteralpe
Mitteralpe
Steinhöbelalpe
Rangiswanger Alpe
Mitteralpenkopf
1443
Kierwang
Obere-Kierwanger Alpe
Kleiner Ochsenkopf
1571
Oberalpe
Untere-
Weiherkopf
1665
Winterbetrieb
Winterbetr.
1662
Großer Ochsenkopf
Hörnerbahn
Kurpark
Ornachalpe
Hintereggalpe
Hörnis Nest
Bolsterlanger Horn
1586
Hörnerhaus
1362
Buchloer Hütte
Geheulschache
1500
Zunkleitenalpe
1170
Bolgenach
Obere Bolgenalpe
1367
Hinterbolgen
Sonderdorf
892
Sonderdorfer Kreuz
0 500 m
Wannenkopf
1712
Moorsee

TIEFENBERGER MOOS

Im vielgestaltigen Illertal

10,75 km | 2:45 h | 63 hm | 63 hm | 3

START | Sonthofen, Bahnhof (Parkplatz), 743 m
[GPS: UTM Zone 32 x: 595.782 m y: 5.263.028 m]
CHARAKTER | Mäßiger Anstieg. Gut beschilderte Wirtschafts-, Wald- und Wanderwege, Pfade und ganz kurze Straßenabschnitte.

Wir starten zu der Erholungsrunde am Bahnhof in **Sonthofen** 01 auf der Bahnhofstraße, schwenken rechts in die Moltkestraße ein und achten auf den Richtungszeiger „Stadtteil Rieden". Vor der Bushaltestelle geht es durch eine Fußgänger-Unterführung. Anschließend spazieren wir über den Illersteg und folgen links dem Ufer-Wanderweg. Wenig später ist der Stadtteil **Sigishofen** 02 erreicht.

Die Iller nahe Sonthofen.

Am Dorfeingang wählen wir links die Straße Richtung Schweineberg. Nach dem Ortsende folgt

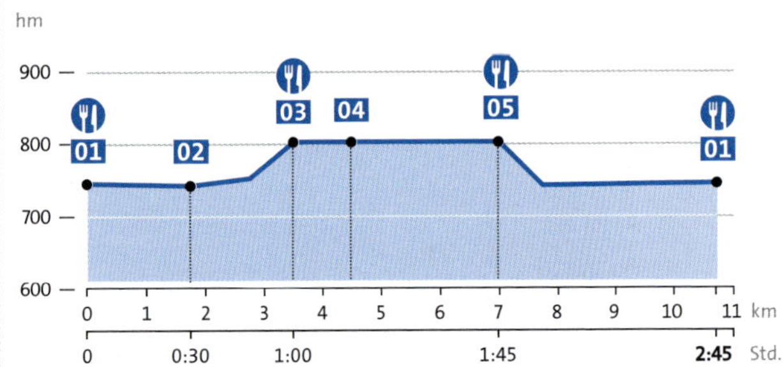

01 Sonthofen, 743 m; 02 Sigishofen, 740 m; 03 Sonnenalp, 800 m; 04 Tiefenberger Moos, 800 m; 05 Tiefenberg, 800 m

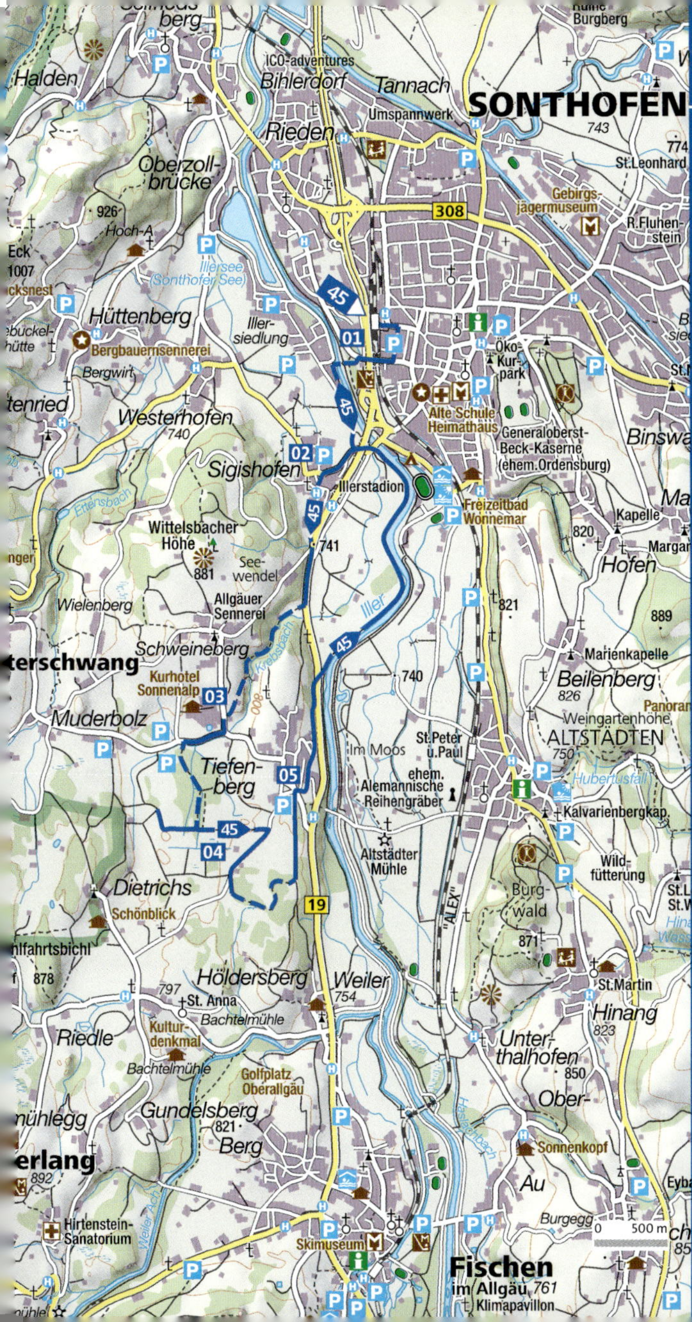

berg
Halden
ICO-adventures
Bihlerdorf
Tannach
Ruine Burgberg
SONTHOFEN
743
774
St. Leonhard
Umspannwerk
Rieden
Oberzoll-brücke
926
Hoch-A
Eck
1007
Illersee (Sonthofer See)
308
Gebirgsjägermuseum
R. Fluhenstein
Hüttenberg
Bergbauernsennerei
Illersiedlung
45
01
Öko-Kurpark
Bergwirt
Westerhofen
740
Alte Schule Heimathaus
Generaloberst-Beck-Kaserne (ehem. Ordensburg)
02
Sigishofen
Illerstadion
Freizeitbad Wonnemar
Ettensbach
Wittelsbacher Höhe
881
See-wendel
741
820
Kapelle
Hofen
Allgäuer Sennerei
Wielenberg
Iller
821
889
Schweineberg
terschwang
Kurhotel Sonnenalp
03
Krebsbach
740
Marienkapelle
Beilenberg
826
Muderbolz
Weingartenhöhe
ALTSTÄDTEN
750
St. Peter u. Paul
Im Moos
Tiefenberg
05
ehem. Alemannische Reihengräber
Hubertusfall
Kalvarienbergkap.
04
Altstädter Mühle
Wildfütterung
Dietrichs
Schönblick
19
Burgwald
"ALEX"
871
878
Höldersberg
Weiler
754
797
St. Anna
Bachtelmühle
St. Martin
Hinang
823
Riedle
Kulturdenkmal
Unterthalhofen
850
Golfplatz Oberallgäu
Gundelsberg
821
Berg
Ober-
Sonnenkopf
erlang
892
Au
Burgegg
Hirtenstein-Sanatorium
Skimuseum
0 500 m
Fischen im Allgäu 761
Klimapavillon

Tiefenberger Moos mit Sonthofner Hörnern.

man kurz dem Fußgängerweg neben der B 19, bis ein Wirtschaftsweg in den Krebsbachtobel leitet. Dort verschmälert sich der Kurs in einen nur mäßig steigenden Waldwanderweg.

Ab der Verzweigung am Tobelende ist es nicht mehr weit zum **Sport- und Kurhotel Sonnenalp** 03. Der Fußgängerweg neben der nach Muderbolz führenden Straße hält nun auf die Sonthofner Hörner zu. Nicht lange, dann lenkt das Wandertäfelchen auf den reizvollen Pfad ins **Tiefenberger Moos** 04.

Auf zwei Eisenstegen wird ein winziger Moorbach überschritten. Am bewaldeten Rand des Feuchtgebietes lässt sich die eigenwillige Ausstrahlung dieses urigen Fleckens in vollen Zügen genießen. Wo wir auf einen querlaufenden Wanderweg stoßen, lohnt es sich, diesem Richtung Dietrichs bis zur Tafel „Vom Gletscher zum Moos“ durchs teilweise offene Hochmoor zu folgen. Zurück auf der Hauptroute geht's auf einem Feldweg Richtung Fischen. Bei Tiefenberg folgt man mit Rubihornblick rechts einem ruhigen Sträßchen. An einem Waldeck ist auf die Beschilderung „Weiler“ zu achten. Anfangs wieder auf einem Feldweg, wenig später auf einem Wanderweg, schlendert man durch Wald und über Lichtungen zum Ofterschwanger Ortsteil **Tiefenberg** 05.

Das Schild „Sigishofen“ weist in ein Anliegersträßchen. Im weiteren Verlauf wandern wir auf einem Wirtschaftsweg bergab zur vorsichtigen Querung der Bundesstraße. Der Auwald am Illeruferweg bietet einen recht beschaulichen Ausklang zurück zu unserem Ausgangspunkt in **Sonthofen** 01.

RANGISWANGER HORN • 1616 m

Bequemer Ausflug in die Hörnergruppe

8,5 km | 4:00 h | 768 hm | 768 hm | 3

START | Ofterschwang/Sigiswang, Bushaltestelle bei der Kapelle, 848 m; Parkmöglichkeit am Straßenrand
[GPS: UTM Zone 32 x: 592.788 m y: 5.259.775 m]
CHARAKTER | Langer meist mittelsteiler Aufstieg. Überwiegend beschilderte Alpwege und Pfade.

Das Rangiswanger Horn, der dritte Gipfel des Sonthofner Hörnerkamms, zeichnet sich durch eine umfassende Rundschau aus. Besonders einprägsam offenbaren sich von dem bis obenhin begrünten Bergziel die großen Allgäuer Felsgestalten um Oberstdorf. Eine weitere Auszeichnung dieser komfortablen Bergwanderung ist der nahezu ständige Rückblick ins prächtige Illertal. Unternehmungslustige, die nicht auf demselben Weg ins Tal zurückkehren möchten, können nach dem Gipfelabstieg auch den Panoramaweg am Sigiswanger Horn vorbei zur Fahnengehrenalp und die Route über die Buchenschwandalp nach Ofterschwang in Erwägung ziehen.

▶ Wir folgen in **Sigiswang** 01 bei der Kapelle der nach Ofterschwang steigenden Kreisstraße und kurz darauf dem abzweigenden, geteerten Alpweg. In spürbaren Kehren wandern wir mit herrlichen Talblicken Richtung Kahlrückenalpe. Gleich nach der ein Stück ab-

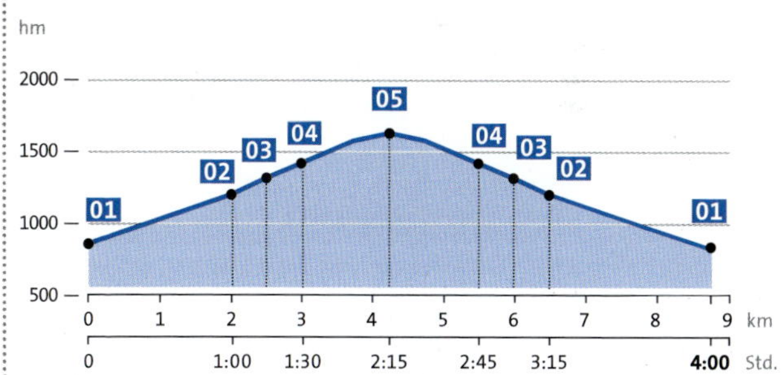

01 Sigiswang, 848 m; 02 Kahlrückenalpe, 1190 m; 03 Gschwendalp, 1305 m; 04 Sigiswanger Hornalp, 1407 m; 05 Rangiswanger Horn, 1616 m

Sonthofner Talkessel mit Grünten von der Sigiswanger Hornalp.

seits gelegenen Schwinggundalp erreicht man das Evangelische Freizeitheim **Kahlrückenalpe** 02.

Der nun schmälere Weg führt durch ein kleines Waldstück und, an Steigung zulegend, über Weidehänge zur **Gschwendalp** 03. Wir passieren daraufhin ein Naturstein-Rastplätzchen und treffen wenig später bei der **Sigiswanger Hornalp** 04 ein.

Auf einem breit ausgetretenen Pfad bummeln wir jetzt gemütlich unter unserem Gipfelziel vorbei, südwestlich über Alpböden hinauf in die schwache Einsenkung auf dem zum Weiherkopf führenden Kamm. Von dort sind es nur noch ein paar Minuten zum **Rangiswanger Horn** **05**. Über dem Oberstdorfer Talkessel setzen sich so manche der Allgäuer Rang- und-Namen-Gipfel in Szene: das Nebelhorn, der Große und Kleine Wilde, die Höfats, der Große Krottenkopf, Trettachspitze und Mädelegabel.

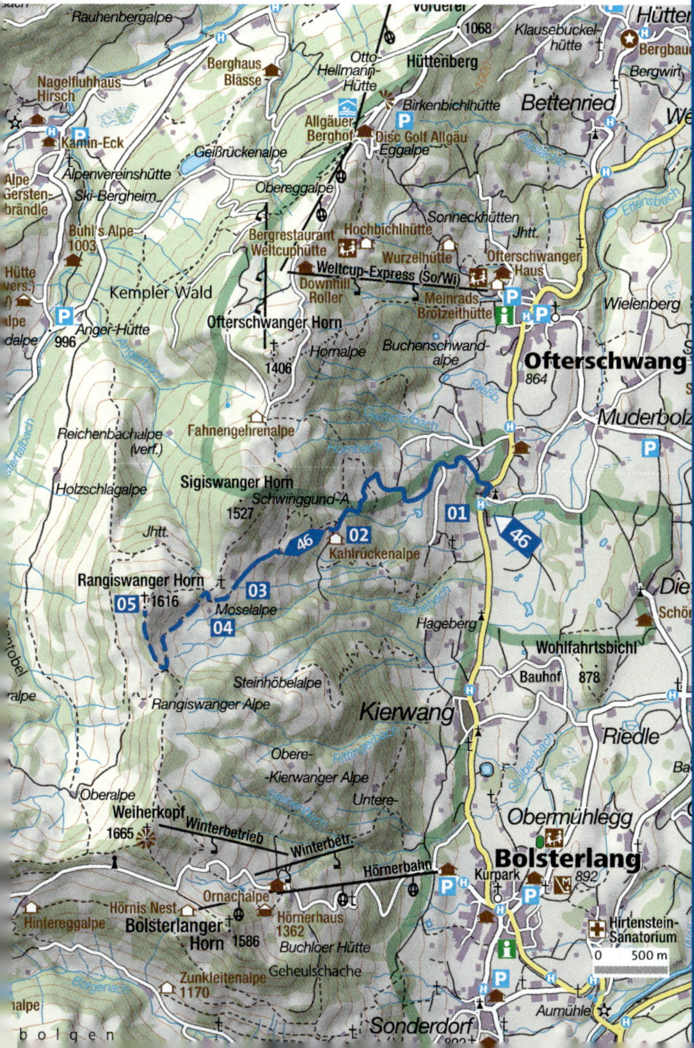

WEIHERKOPF • 1665 m
GROSSER OCHSENKOPF • 1662 m

Über zwei kleine Gipfel ins Bolgental

7 km | 3:15 h | 332 hm | 960 hm | 3

START | Bolsterlang, Bushaltestelle an der Hörnerbahn (Parkplatz), 940 m
[GPS: UTM Zone 32 x: 590.877 m y: 5.257.054 m]
CHARAKTER | Kurzer Steilaufstieg zum Weiherkopf. Meist bezeichnete Steige und Pfade, Alp- und Wanderwege.

▶ Den Aufstieg zu der problemlosen Höhenwanderung nimmt uns die Kleinkabinenbahn von Bolsterlang in zwei Sektionen zur **Bergstation** 01 am Bolsterlanger Horn ab. Auf einem meist mit Holzstufen angelegten Steig mühen wir uns über einen steilen,

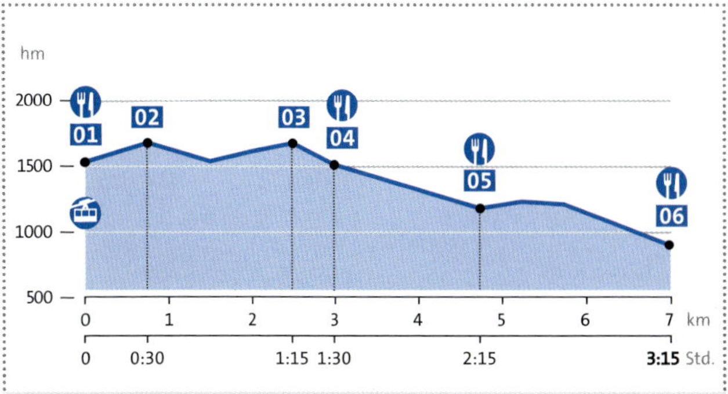

01 Bergstation, 1520 m; 02 Weiherkopf, 1665 m;
03 Großer Ochsenkopf, 1662 m; 04 Berghaus Schwaben, 1500 m;
05 Zunkleitenalpe, 1170 m; 06 Bolsterlang, 892 m

mit Fichten bestockten Bergrücken auf den **Weiherkopf** 02, eine an schönen Tagen recht bevölkerte Weidekuppe. Verständlich, entfaltet sich doch von hier ein fantastisches Gipfelpanorama vom

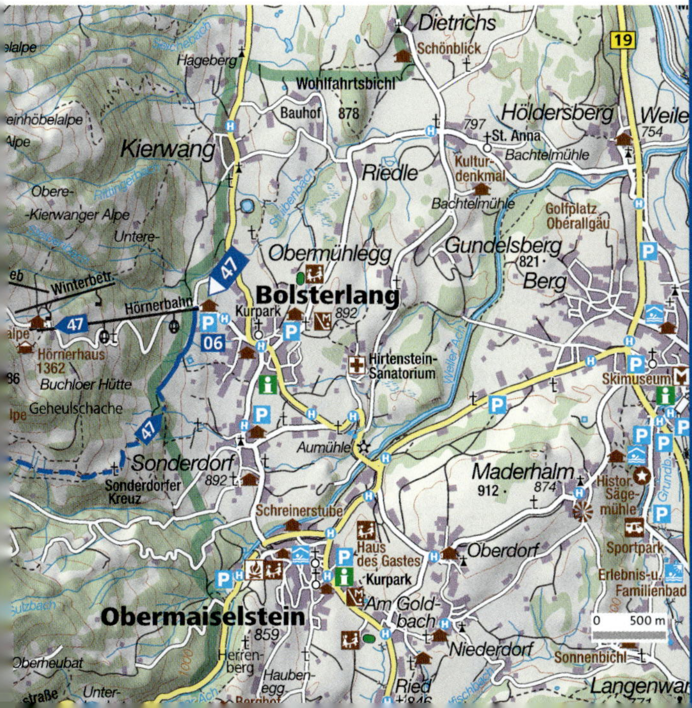

Das einladende Berghaus Schwaben am Großen Ochsenkopf.

Grünten über all die ungezählten Zacken, Grate und Kämme bis zum Widderstein.

Richtung Schwabenhaus geht's nun ebenfalls über einen Waldrücken bergab. Später erfreut man sich einer gemächlichen Höhenbummelei. Nach einem mäßigen Gegenanstieg verlässt man an einer Verzweigung die zum Berghaus Schwaben beschilderte Route und bleibt dem für eine Weile wieder flachen Kammverlauf treu.

Ab der nächsten Gabelung setzt der kurz unbezeichnete, aber ausgetretene und nicht sonderlich anstrengende Schlussaufstieg über einen Zwergstrauchhang mit Alpenrosen zu dem von der Westseite her beweideten Gipfelrundling namens **Großer Ochsenkopf** 03 an.
Trotz der Nähe zur Bergbahn ein verhältnismäßig stilles Gipfelziel. Nur wenige kränkelnde, teilweise auch bereits abgestorbene Fichten behindern den Rundumblick. Sogar das Lechquellengebirge lässt sich hinter dem Widderstein sehen. Rechts vom Ifen dominiert der Zitterklapfen.

Wir steigen zurück zur Gabelung und in Kürze bergab zum **Berghaus Schwaben** 04, einer beliebten Einkehr. Der Alpweg Richtung Bolsterlang führt über einen Weidehang zur nahen Hintereggalp. Dort zweigt ein Pfad ab, der uns durch Wald und über Lichtungen ins Bolgental leitet. Auf einem geteerten Alpweg kommt man zur **Zunkleitenalpe** 05.

Dort lenkt das Schild „Hörnerbahn" auf einen ansteigenden Ziehweg, der im weiteren Verlauf in einen Wanderweg wechselt. Ab der Wegtafel „Sonderdorfer Gasse" ist es nicht mehr weit, am Sonderdorfer Kreuz vorbei, hinunter nach **Bolsterlang** 06.

SAMSTENBERG • 1513 m

Individualismus am Westrand des Allgäus

8,5 km | 4:00 h | 474 hm | 474 hm | 3

START | Balderschwang, Bushaltestelle im Ortsbereich Schlipfhalden, bei den Alpchalets (Parkplatz) am westlichen Dorfende, 1044 m [GPS: UTM Zone 32 x: 581.201 m y: 5.256.901 m]
CHARAKTER | Mitunter steiler Aufstieg zur Stillbergalpe. Zum Teil bezeichnete Pfade und Pfadspuren, kurze Abschnitte auf Steig, Alp- und Ziehwegen, längerer Abschnitt weglos. Orientierungssinn erforderlich, Grenzübertritt.

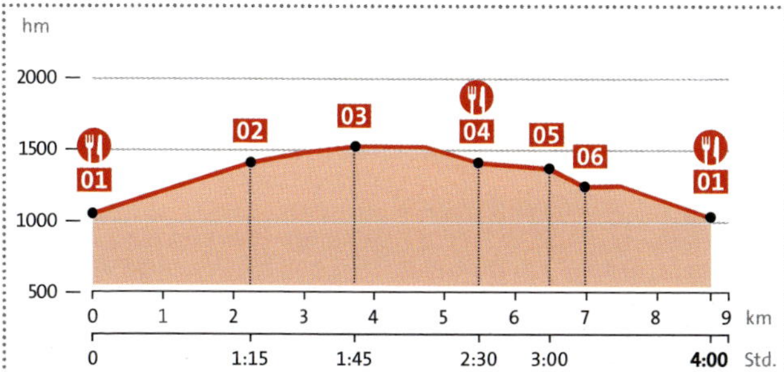

01 Balderschwang, 1044 m; 02 Stillbergalpe, 1400 m;
03 Samstenberg, 1513 m; 04 Hochleckachalpe, 1400 m;
05 Samstenbergalpe, 1360 m; 06 Doserlochalpe, 1235 m

Die Weideböden der Samstenbergalpe.

▶ Als Startpunkt für die höchst einsame Unternehmung bieten sich die Alpchalets am Dorfende von **Balderschwang** 01 an. Wir nehmen das Zufahrtssträßchen zum nahen Hotel Bergblick und orientieren uns am Schild „Girenkopf".

Der zwischen Waldflecken ansteigende Ziehweg heizt ordentlich ein. An der Gabelung unterhalb der Klösterlealpe achten wir auf den Richtungsweiser und schlendern auf einer Fahrspur ein Stück am Waldhang entlang. Ab der folgenden Verzweigung windet sich ein Steig rechts empor zur **Stillbergalpe** 02. Die Blickspanne vom Riedberger Horn über die Hochalpen und Gottesackerwände zum Bregenzerwaldgebirge verlangt nach einer Pause. Der Alpweg Richtung Spicherhaldealp leitet zur Kammhöhe unter dem zugewachsenen Stillberg. Dessen nur wenige Meter hoher Zwillings-Gipfelfelsen südlich der Wegkuppe ist – man will es kaum glauben – nur in anspruchsvoller Kletterei des gehobenen II. Grades zu überlisten. Wir verzichten auf diese Eskapade und folgen gleich ab der Rechtskehre in westlicher Richtung, erst auf einer unbeschilderten Fahrspur, wenig später durch wegloses Jungviehgelände dem Kamm. Mit kleinem Gegenanstieg erreicht man den **Samstenberg** 03, eine unscheinbare Weidekuppe.

Nach kaum nennenswertem Abstieg behindern auf einer Pfadspur ein paar Bäume das Vorwärtskommen. Hier sind die nördlichen Steilabbrüche im Auge zu behalten. Anschließend steigt man leicht rechts des Kammes über einen Weidezaun und bleibt nach einem Aufschwung erneut der Höhe treu. Der folgenden Felspartie weicht man südseitig aus und übersteigt danach einen weiteren Zaun. Nun geht's wieder bequem durch eine kleine Grasmulde bergab über die Grenze nach Vorarlberg. Rot-weiße Markierungspflöcke leiten über Weidehänge zur **Hochleckachalpe** 04.

Ein Ziehweg und ein mitunter undeutlicher Pfad (Linksabzweigung beachten) durch einen Waldstreifen am Hang entlang bringen uns zur **Samstenbergalpe** 05. Wieder auf bayerischer Seite stoßen wir nach unwesentlichem Gegenanstieg hinter der **Doserlochalpe** 06 auf den bekannten Kurs nach **Balderschwang** 01.

SIPLINGERKOPF • 1746 m

Anregende Überschreitung mit Rätikonblick

9,5 km | 3:30 h | 702 hm | 702 hm | 3

START | Balderschwang, Bushaltestelle beim Schullandheim (Parkplatz), 1044 m
[GPS: UTM Zone 32 x: 583.147 m y: 5.257.512 m]
CHARAKTER | Der steile, gelegentlich auch felsige und ein wenig ausgesetzte Gipfelübergang mit schmierigen Stellen im Abstieg verlangt Trittsicherheit. Meist bezeichnete Alpwege und Steige. Vorsicht bei Nässe! Etwas Orientierungssinn ist vorteilhaft.

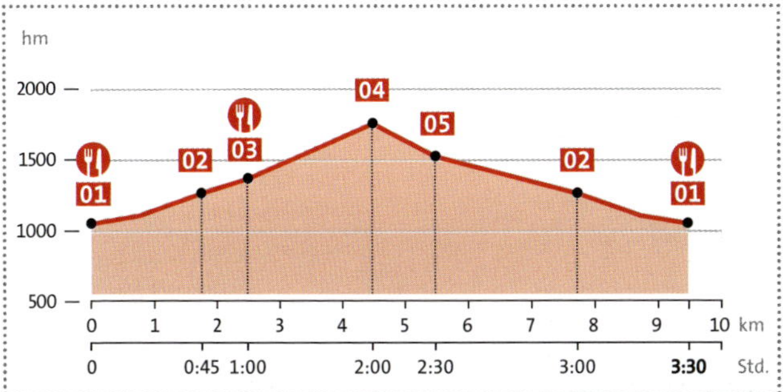

01 Balderschwang, 1044 m; 02 Obere Socheralpe, 1256 m; 03 Obere Balderschwanger Alpe, 1360 m; 04 Siplingerkopf, 1746 m; 05 Obere Wilhelminealpe, 1515 m

Der Siplingerkopf ist die schönste und wegen seiner ostseitig bizarren Nagelfluhformationen die eigenwilligste Erscheinung über dem Balderschwanger Tal.

▶ Vom Schullandheim in **Balderschwang** 01 führt ein Fußgängerweg taleinwärts Richtung Siplingerkopf. Kurz danach richten wir uns nach demselben Schild. Ein asphaltierter Alpweg führt mit Säntisblick an einer 2000-jährigen Eibe vorbei. Hinter dem Talschluss erkennt man Trettachspitze und Mädelegabel.

Wir passieren die **Obere Socheralpe** 02, wandern zwischen Fichtengruppen hindurch und erreichen über eine Wegschleife die **Obere Balderschwanger Alpe** 03. Im Süden bestechen die markanten Gottesackerwände.

Eine Serpentine steigt jetzt zu einem Absatz, wo der Wegweiser „Siplingerkopf" auf einen meist unmarkierten Steig zeigt. Rechts eines Bächleins findet man wieder eine Beschilderung. Unter dem Gratkopf vorbei geht es durch lockeren Wald hinauf zum Gipfelansatz. Über steile und teilweise luftige, Trittsicherheit erfordernde Geländerippen, auf denen ab und an der nackte Fels zutage tritt, erreicht man den **Siplingerkopf** **04**, den Höhepunkt des Oberallgäuer Rundwanderwegs. Sogar Verwall und Rätikon bereichern das Panorama. Der Ostabstieg folgt anfangs einem schmalen Grasrücken. Dann wechselt der spärlich bezeichnete Fernwanderkurs in eine vielgestaltige, mit wenigen Fichten bestockte Schrofenflanke, die abschüssige Passagen mit erdigen Stellen beinhaltet. Nach einer kaum brauchbaren Drahtseilsicherung gelangt man in den Sattel vor dem Tennenmooskopf. Nächste Station ist die **Obere Wilhelminealpe** **05**, die man über Alpweiden auf einem gemütlichen Pfad erreicht. Im Bereich der Waldgrenze schlendern wir nun auf einem Alpweg hinunter zur asphaltierten Aufstiegsroute, die uns über die Obere Socheralpe nach **Balderschwang** **01** bringt.

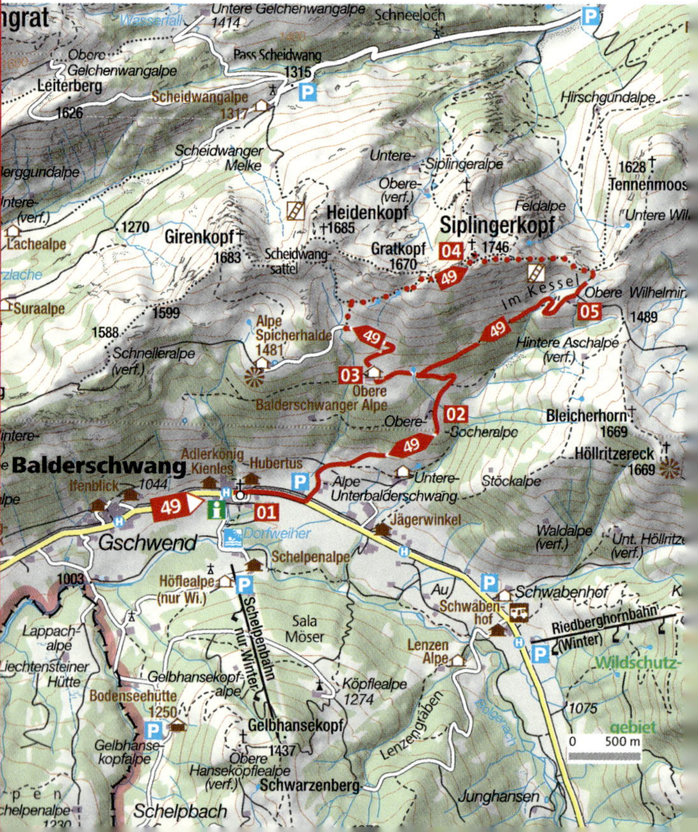

SCHNITZLERTALALPE • 1440 m

Verschwiegene Pfade im Großen Wald

11 km · 3:30 h · 471 hm ↗ · 471 hm ↘ · 3

START | Rettenberg, Wanderparkplatz „Großer Wald", Bushaltestelle, 1005 m; zu erreichen auf der Staatsstraße Richtung Wertach [GPS: UTM Zone 32 x: 603.192 m y: 5.271.058 m]
CHARAKTER | Mäßig steile Anstiege. Ausreichend beschilderte Pfade, Pfadspuren und Forstwege, zu Beginn Alpsträßchen.

Der Große Wald stellt das umfassendste zusammenhängende Waldgebiet des Oberallgäus dar. Ganze Kolonnen Naturhungriger lassen sich dort an Schönwetter-Wochenenden auf dem steilen Mautsträßchen zur Schnitzlertalalpe geduldig von „Autowanderern" sowie Rennradlern und Mountainbikern zigmal zum Fahrbahnrand weisen. Besonders für Kinder ein ziemlich fader Zeitvertreib. Dabei könnte man auf dem zum gleichen Ziel beschilderten, interessanteren Wanderpfad völlig ungestört relaxen. Als Rückweg bleibt, falls man sich auch jetzt nicht mit dem Sträßchen anfreunden möchte, nur der bekannte Kurs. Der noch in manchen Karten eingezeichnete Rundwanderweg ist längst verfallen.

▶ Das mit „Alpe Schnitzlertal" ausgeschilderte Königssträßle, ein als Naturlehrpfad angelegtes und mit einer Fuchsfährte markiertes Mautsträßchen, führt uns vom **Wanderparkplatz „Großer Wald"** 01 leicht bergan über ein Weidegebiet. Bald nach einer Kuppe spazieren wir am Unterstand Geiß-

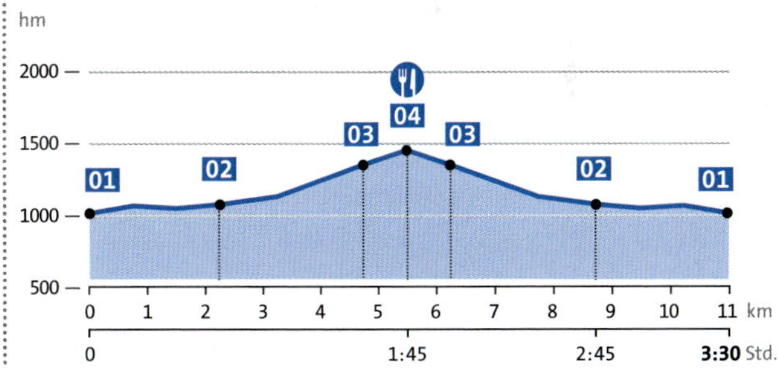

01 Wanderparkplatz „Großer Wald", 1005 m; 02 Fallenberg-Diensthütte, 1065 m; 03 Kälberhütte, 1339 m; 04 Schnitzlertalalpe, 1440 m

Der Schlussaufstieg hält über gemütliche Alpweiden aufs Wertacher Hörnle zu.

brünnl vorbei und über die Brücke der Wertacher Starzlach. Durch Mischwald geht's zur **Fallenberg-Diensthütte** 02.

Dahinter zweigen wir auf einen Forstweg ab und queren denselben Bachlauf noch einmal. Diese recht ruhige Alternativroute zur Schnitzlertalalpe wird nach erneutem Uferwechsel von einem Waldweg abgelöst. Man passiert einen Schuppen und findet am Fahrwegende einen Bachsteg vor. In weiterhin erholsamer Manier genießt man die verträumte Bummelei auf einem amüsanten Knüppelpfad durch ein sehr stimmungsvolles Feuchtgebiet. Später hält ein Waldpfad ein paar deutlichere Aufschwünge parat. Auf einer Weidespur gelangen wir über Lichtungen zur **Kälberhütte** 03, einem Viehstall auf einem Geländeabsatz.

Am ostseitig aufragenden Starzlachberg haben die Waldschäden ein leider schon sehr betrübliches Ausmaß angenommen. Jenseits des Wertacher Starzlachtals grüßt der Grünten-Sendeturm.

Ein gemächlicher Rücken leitet uns zur behaglichen **Schnitzlertalalpe** 04 unter dem besonders zur Zeit der Alpenrosenblüte anziehenden Doppelgipfel Wertacher Hörnle.

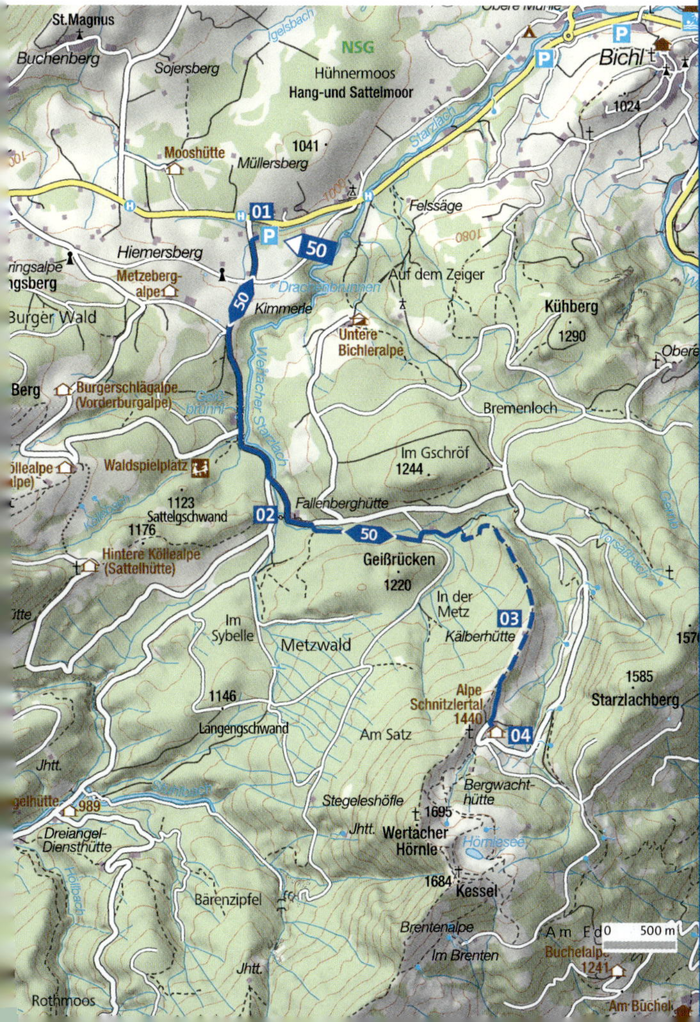

GRÜNTEN • 1738 m

Mit Ruhepuls auf den Parade-Aussichtsberg

14 km | 5:00 h | 769 hm | 769 hm | 3

START | Rettenberg, Wanderparkplatz „Großer Wald", Bushaltestelle, 1005 m; zu erreichen auf der Staatsstraße Richtung Wertach [GPS: UTM Zone 32 x: 603.192 m y: 5.271.058 m]
CHARAKTER | Steiler Schlussaufstieg. Ausreichend bezeichnete Pfade, Steige und kurze Ziehwege, anfangs Alpsträßchen.

Nicht der kürzeste, aber der leichteste Aufstieg zum wohlgeformten „Wächter des Illertals" beginnt am **Wanderparkplatz „Großer Wald"** 01.

Das zum Abenteuer-Kinderspielplatz beschilderte Königssträßle, ein als Naturlehrpfad angelegtes und mit einer Fuchsfährte markiertes Mautsträßchen, führt über Weiden leicht bergan. Von der Gabelung bei dem nach einer Kuppe auftauchenden Unterstand Geißbrünnl erreichen wir in Kürze den Kinderspielplatz. Unser Entspannungskurs setzt sich weiter fort durch den Badwald zur **Vorderen Köllealpe** 02, auch Willersalp genannt.

Die Grünten-Markierung weist uns auf einen Ziehweg, links zeigt sich der Waldschopf des Wertacher Hörnles. Ab einer nahen Alphütte hält ein spärlich markierter, gemütlicher Graspfad auf das plötzlich in Erscheinung tretende Gipfelziel zu. Schön ist der Tiefblick auf Wertach und den Grüntensee, dahinter erhebt sich der Auerberg. Wo der Pfad im Fichtenwald untertaucht, zeigt sich die zwar winzige, aber dennoch beeindruckende Felszinne des Gigglsteins.

Die Abzweigung Richtung Kranzegg auf dem nun schmäleren

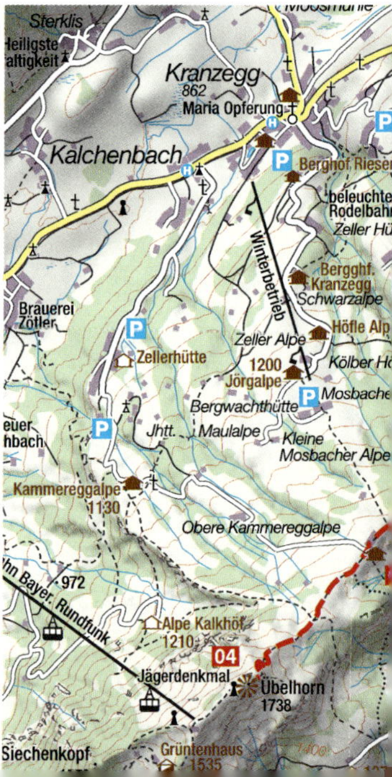

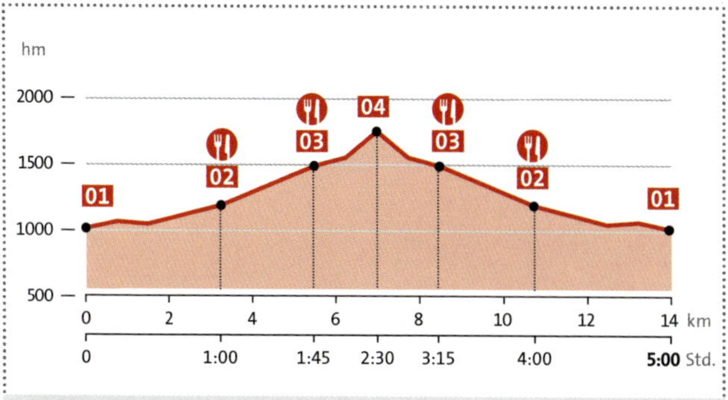

01 Wanderparkplatz „Großer Wald", 1005 m; 02 Vordere Köllealpe, 1180 m; 03 Grüntenhütte, 1477 m; 04 Grünten, 1738 m

Rücken bleibt unbeachtet. Gleich nach dem Bergwachtstützpunkt am Waldende kommt man auf einer Schulter zur **Grüntenhütte** 03. Weit schweift das Auge über das Häusermeer von Kempten hinaus ins Alpenvorland. Im Süden bestechen die Hintersteiner Berge mit dem Hochvogel. An einem weiteren Schlepplift folgen

Grünten mit Grüntenhütte.

wir einem Ziehweg über Weidehänge, wieder das stolze Ziel vor der Nase. Später nimmt uns ein gedankenlos breit ausgetretener, steiler Steig auf, der zuletzt in wenigen Serpentinen den kurzen Ostgrat erreicht.

Noch ein paar leichte Felsstufen, erst links, dann rechts des kleinen Grates, und schon betreten wir das Jägerdenkmal auf dem **Grünten** **04**, dessen höchster Punkt sich auch Übelhorn nennt. Es ist kaum zu glauben, dass dieser Gipfel, wie man nachlesen kann, bereits im Jahre 1949 mit einem Motorrad bezwungen wurde. Die beeindruckende und umfassende Rundschau hat Majestäten wie die Zugspitze, den Säntis oder die Schesaplana im Rätikon vorzuweisen.

Die letzten Meter zum „Wächter des Illertals".

REUTER WANNE • 1542 m

Einer der leichtesten Voralpengipfel

8,75 km | 3:30 h | 608 hm ↗ | 608 hm ↘ | 3

START | Wertach, Wertach-Parkplatz an der B 310, Abzweigung Jungholz; Bushaltestelle, 934 m
[GPS: UTM Zone 32 x: 606.692 m y: 5.270.745 m]
CHARAKTER | Kurze steilere Aufstiege. Meist beschilderte Forst- und Ziehwege, Pfade, anfangs Alpsträßchen. Orientierungssinn vorteilhaft.

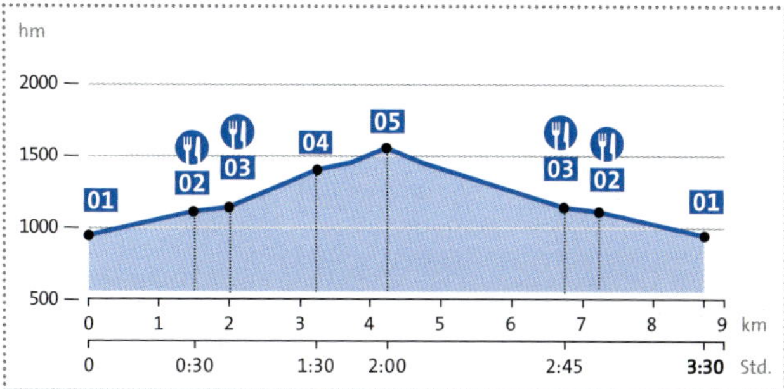

01 Wertach-Parkplatz, 934 m; 02 Alpenhof Reuterwanne, 1100 m; 03 Untere Reuterwannealpe, 1130 m; 04 Obere Reutewannealpe, 1390 m; 05 Reuter Wanne, 1542 m

Das bei Jung und Alt gleichermaßen beliebte Bergwanderziel Reuter Wanne vom einsamen Nachbar Pfeifferberg.

Am Ostrand des Oberallgäus lockt über dem Grüntensee der ohne jeglichen Stress leicht erschwingliche Wandergipfel der Reuter Wanne. Sein überzeugendes Ausblickspektrum reicht von den Ammergauer Alpen über die Zugspitze und die Tannheimer Berge bis ins Walsertaler Gipfelreich. Aus dem Angebot an Aufstiegen aller Himmelsrichtungen, von denen jeder seinen Reiz hat, wollen wir die Westroute mit ihren zwei Einkehrmöglichkeiten wählen.

▶ Wo beim **Wertach-Parkplatz** 01 an der B 310 die Straße nach Jungholz abzweigt, beginnt auch ein Mautsträßchen. Dieses bringt uns durch Mischwald und über ein paar Lichtungen, von denen sich Reuter Wanne und Sorgschrofen, Iseler und Daumen zeigen, zum **Alpenhof Reuterwanne** 02. Auf geteertem Alpweg gelangen wir zur naheliegenden **Untere Reuterwannealpe** 03. Nach einer Weidefläche geht es dann auf einem Forstweg weiter. An der Verzweigung bei einem Bachtobel richten wir uns nach dem Wegweiser „Reuterwanne" und wenig später nach der Beschilderung „Jungholz". Am Rand eines Tobels wandert man auf einem steilen Ziehweg über einen Windwurfhang und bald durch Fichtenwald. Jenseits des Großen Waldes lenkt der Grünten den Blick auf sich. Zuletzt zieht sich ein Pfad zu einem Sattel, in dem die **Obere Reuterwannealpe** 04 steht. Man quert nun eher gemächlich die südgerichteten Weidehänge und strebt schlussendlich ohne große Anstrengung über den Südwestrücken der **Reuter Wanne** 05 entgegen.

Nach einer ausgiebigen Gipfelrast steigen wir auf dem Anstiegsrücken wieder ab und halten uns am scharfen Routenknick in wenigen Minuten geradeaus zu einem querlaufenden Forstweg. Rechts einschwenkend kommen wir zu einer Gabelung, wo uns das Täfelchen „Reuterwannen Alpe" den weiteren Talkurs zeigt. An einem Felsabbruch vorbei und in ein paar Kehren spazieren wir durch den leider arg geschädigten Bergwald zurück zu den bekannten Alpweiden.

Die **Untere Reuterwannealpe** 03 und der **Alpenhof Reuterwanne** 02 laden noch wahlweise zu einer Brotzeit ein. Zum Schluss geht es wie gehabt zum **Wertach-Parkplatz** 01.

VON BURGBERG NACH AGATHAZELL

Auf dem „Holzweg“ durch Moorbirkenwald

8 km | 2:15 h | 28 hm | 28 hm | 3

START | Burgberg, Bushaltestelle beim Rathaus (Parkplatz), 752 m
[GPS: UTM Zone 32 x: 596.760 m y: 5.265.782 m]
CHARAKTER | Frei von Steigungen. Bestens beschilderte Wirtschafts- und Wanderwege, kurze Abschnitte auf Anliegersträßchen und Pfad.

Zwischen Blaichach und Rettenberg weitet sich das Illertal am Fuße des Grüntens zu einer feuchten Wiesenebene. Komfortable Wanderrouten ermöglichen dort im Bereich des Agathazeller Mooses und Gallmooses eine erholsame und dennoch recht eindrucksvolle Spazierrunde.

Wir queren beim Rathaus in **Burgberg** 01 die Hauptstraße und nehmen den Gehsteig in Richtung Blaichach, bis uns der Wegweiser „Moos“ auf einen Graspfad lenkt. Nahe des Steinbruchs „An der Schanz“, an dem bereits seit dem Jahre 1886 Gesteinsabbau betrieben wird, folgen wir ein Stück weit dem geologisch-botanischen Lehrwanderweg. Etliche Schautafeln erläutern die Entstehung eines Hochmoors.

Mit Blick zum Burgberger Hörnle wandern wir auf einem Feldweg zur Schanzbachbrücke und entschwinden auf einem Wanderweg ins **Agathazeller Moos** 02. Um Trittschäden und Nährstoffein-

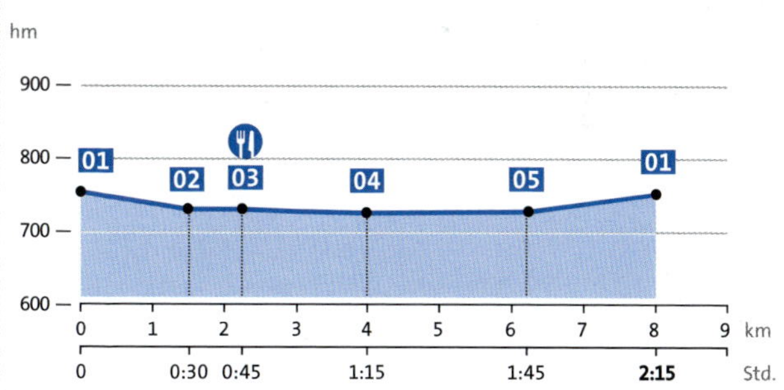

01 Burgberg, 752 m; 02 Agathazeller Moos, 729 m; 03 Agathazell, 729 m; 04 Häuser, 724 m; 05 Ortwang, 726 m

Komfortable Holzstege erschließen das Agathazeller Moos bei Burgberg.

trag zu vermeiden, hat man den spannenden Weg durch den urigen Moorbirkenwald stellenweise mit Holzstegen (siehe Bild auf der folgenden Seite) angelegt.

Den verspielt mäandernden Agathazeller Bach querend kommen wir zuletzt auf einem Anliegersträßchen nach **Agathazell** 03.

Ein Wirtschaftsweg führt uns nun an Pferdekoppeln vorbei und auf fortwährend flachem Kurs zum Segelflugplatz. Vor uns baut sich das Immenstädter Horn auf, hinter uns der Grünten und über dem obersten Illertal treten auch noch die prächtigen Oberstdorfer Gipfelgestalten mit auf die Bühne. Die Flugplatz-Ampel gibt grünes Licht für den Weiterweg nach **Häuser** **04**, auf dem wir nochmals den Agathazeller Bach überschreiten. Rechter Hand dehnt sich das Gallmoos (auch Goimoos) aus.

Gleich nach dem Ortsbeginn orientiert man sich an der Beschilderung „Illerweg Blaichach“. Nach Wechseln des Schanzbachufers geht's durch die Autobahn-Unterführung und auf dem Uferweg am Fluss entlang. Nach der Blaichacher Illerbrücke nehmen wir den Gehsteig Richtung Burgberg. Nun spaziert man hinein nach **Ortwang** **05**.

Vom benachbarten Oberortwang leitet ein Wirtschaftssträßchen, den wuchtigen Daumen zur Rechten, zurück nach **Burgberg** **01**.

GRÜNTEN • 1738 m

Der Anstieg von Burgberg – kurz und steil

9 km | 4:45 h | 798 hm | 798 hm | 3

START | Wanderparkplatz in Burgberg, Auf dem Ried, beim Gasthof Alpenblick
[GPS: UTM Zone 32 x: 598.435 m y: 5.265.608 m]
CHARAKTER | Breite Forst- und Wirtschaftswege, teils asphaltiert sowie steinige und steilere Wald-, Wiesen- und Bergpfade.

Vom **Parkplatz Auf dem Ried** 01 folgen wir der Markierung Nr. 6 nach rechts und erreichen nach wenigen Metern den **Gasthof Alpenblick** 02. Wir ignorieren die Abzweigung zum Parkplatz Winkel und zur Starzlachklamm und gehen geradeaus auf dem Asphaltsträßchen der Beschilderung „Grünten"/"Alpe Kehr" nach.

Leicht ansteigend gelangen wir in den Wald, passieren die rechts steil durch den Wald hinabführenden Treppenstufen zur Alpe Topfen (die mit Apfelkuchen vom Blech und 12-Monate-Bergkäse lockt) und halten uns bei der folgenden Wegteilung geradeaus (rechts leitet der Weg zur Erzgruben-Erlebniswelt). Nach Verlassen des Waldes haben wir einen schönen Blick hinab zu den Gebäuden dieser Erlebniswelt. Bei zwei Gebäuden biegt der asphaltierte Weg links ab Richtung Grünten/Alpe Schwan-

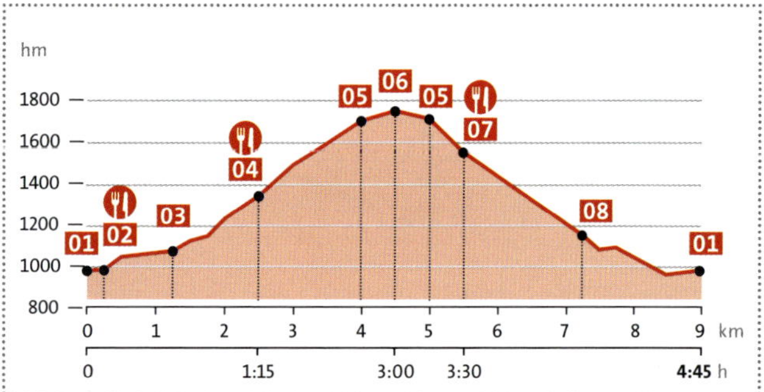

01 Parkplatz Auf dem Ried, 970 m; 02 Gasthof Alpenblick, 973 m; 03 Kehralpe, 1064 m; 04 Obere Schwandalpe, 1330 m; 05 Sendemasten, 1691 m; 06 Jägerdenkmal/Gipfel, 1738 m; 07 Grüntenhaus, 1540 m; 08 Abzw. Burgberger Hörnle, 1140 m

Der Gipfelweg zwischen Jägerdenkmal und Gipfelkreuz am Grünten.

den, wir gelangen zur **Kehralpe** 03 und kurz nach dem Hof geht der Asphalt in Kies über. Der ordentlich ansteigende Kiesweg führt in Kehren in den schattigen Wald hoch. Bei einer Viehhütte treten wir wieder ins Freie, es wird aussichtsreich, und hier endet der Kiesweg. Ein recht schmaler Pfad führt uns den Hang hoch, teils steil geradeaus, dann wieder über flachere Passagen am sonnigen Wiesenhang querend. Wir erreichen die **Obere Schwandalpe** 04, die uns zur Einkehr lädt.

Bei der Hütte geht links ein steiniger Pfad in den Wald hoch, anfangs über Treppenstufen. Wir überqueren einen kreuzenden Kiesfahrweg und steigen weiter in Kehren steil bergauf. Der Weg wird steiniger, wurzeliger und verläuft über viele den Anstieg erleichternde Stufen, meist im schattigen Wald, hoch zu einem Sattel und einer Wegverzweigung. Wir halten uns rechts und folgen dem nicht markierten steinigen Pfad in Richtung Sendemasten. Links unten ist das Grüntenhaus zu sehen. Unterhalb vom **Sendemasten** 05 folgen wir dem Holzschild „Zum Jägerdenkmal" und traversieren den Hang nach links, zur Verzweigung „Grüntenhaus/Jägerdenkmal". Wir schwenken nach rechts, unterqueren die Privatbahn des Bayer. Rundfunks und gelangen auf einem aussichtsreichen Gratweg hinüber zum **Jägerdenkmal** 06 und zum Gipfel des **Grünten**.

Zurück zur Verzweigung nach der Bahnunterquerung halten wir uns rechts und steigen über den steinigen, teils recht steilen Waldpfad bergab, zum Schluss den meist schattigen Wald verlassend und in einer Linkskehre über den sonnigen Wiesenhang hinab zum sichtbaren **Grüntenhaus** 07.

An der Hütte vorbei geht es zunächst über Wiesengelände berg-

Weite Schau – da hilft die Panoramatafel unterhalb vom Sendeturm.

Für viele ein Muss – „Selfie“ auf dem Grüntengipfel.

ab wieder in den Wald. Wir folgen dem stetig abwärts führenden, breiter werdenden Weg, ignorieren die Winterweg-Markierungen, überqueren Bachläufe und passieren die **Abzweigung** **08** rechts zum **Burgberger Hörnle** („nur für Geübte“).

Wir folgen dem breiten Schotterweg, der uns zu einer Fahrstraße bringt, es wird flacher, wir überqueren in einer Rechtskurve einen Bachlauf, und nach der Brücke ist die Straße geteert. In Kehren geht es weiter bergab durch den Wald, bis wir unten, bei einem kleinen Parkplatz, auf die Autostraße treffen. Nach links wandern wir leicht ansteigend zurück zu unserem Ausgangspunkt, dem **Parkplatz Auf dem Ried** **01**.

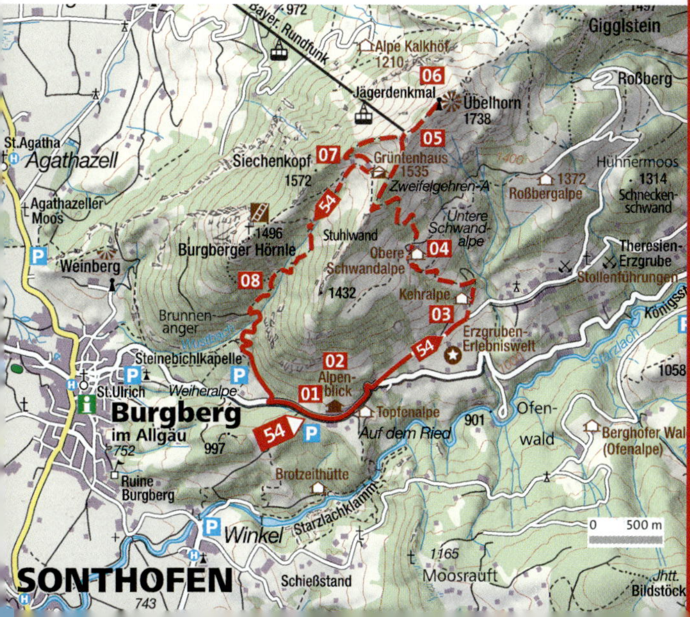

Bayer. Rundfunk
972
Alpe Kalkhöf
1210
06
Jägerdenkmal
Übelhorn
1738
05
Gigglstein
Roßberg
St.Agatha
Agathazell
Siechenkopf
1572
07
Grüntenhaus
1535
Zweifelgehren-A.
1372
Roßbergalpe
Hühnermoos
1314
Schnecken-
schwand
Agathazeller
Moos
1496
Burgberger Hörnle
Stuhlwand
Untere
Schwand-
alpe
Obere
Schwandalpe
04
Theresien-
Erzgrube
Stollenführungen
Weinberg
08
1432
Kehralpe
03
Brunnen-
anger
Erzgruben-
Erlebniswelt
Starzlach
1058
Steinebichlkapelle
02
Alpen-
blick
01
St.Ulrich
Weiheralpe
Burgberg
im Allgäu
752
997
54
Topfenalpe
Auf dem Ried
901
Ofen-
wald
Berghofer Wal
(Ofenalpe)
Ruine
Burgberg
Brotzeithütte
Winkel
Starzlachklamm
0
500 m
1165
Moosrauft
SONTHOFEN
743
Schießstand
Jhtt.
Bildstöck

RUINE FLUHENSTEIN – WALTEN

Miniaturrunde mit Besuch des Burgstalltobels

4,75 km | 1:45 h | 137 hm | 137 hm | 3

START | Sonthofen, Bushaltestelle „Berghoferkreuzung" bei der Scharpf-Apotheke (Parkplatz), an der nach Hindelang führenden Bundesstraße, 743 m
[GPS: UTM Zone 32 x: 597.150 m y: 5.263.207 m]
CHARAKTER | Einfacher Anstieg. Bestens beschilderter Wanderweg und Pfad, kurze ruhige Straßen.

Als Startpunkt zu unserem kleinen Entdeckungsausflug wählen wir in **Sonthofen** 01 die Bushaltestelle „Berghoferkreuzung".

Ein Gehsteig bringt uns bei der Scharpf-Apotheke zum Stadtteil **Berghofen** 02, wobei wir hinter der Ostrachbrücke Richtung Walten abzweigen. Am Ortsrand entdeckt man den ebenfalls nach Walten beschilderten Wanderweg, einen Abschnitt des E 4. Dieser von den Pyrenäen über den Jura zum Neusiedler See verlaufende Europäische Fernwanderweg leitet durch ein Waldstück bergauf zur **Ruine Fluhenstein** 03. Obwohl nur ein paar Minuten vom städtischen Getriebe entfernt, kommt sich der Wanderer hier unter dem betagten Gemäuer vor wie im einsamsten Waldland.

Auf dem Pfad über eine Viehweide hinauf zum Weiler **Walten** 04 präsentiert der Grünten mit dem Felskopf der Kreuzelspitze, wie

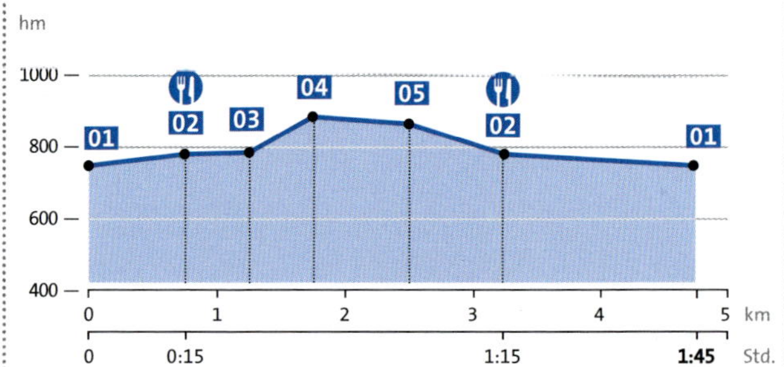

01 Sonthofen, 743 m; 02 Berghofen, 775 m; 03 Ruine Fluhenstein, 780 m; 04 Walten, 880 m; 05 Burgstalltobel, 860 m

Verschwiegenes Plätzchen – die Ruine Fluhenstein.

Über dem Sonthofner Stadtteil Berghofen baut sich als Nebengipfel des Grünten das Burgberger Horn auf.

das Burgberger Horn auch bezeichnet wird, seine Sonnenseite. Rückblickend erfreuen uns kurz vor den Häusern die Sonthofner Hörner und die Nagelfluhberge. Vom oberen Ortsteil bereichert auch die Oberstdorfer Gipfelwelt die alpine Augenweide. Ja, sogar der kantige Widderstein aus dem hintersten Kleinwalsertal tritt in Erscheinung.

Kurz auf einem Sträßchen Richtung Breiten haltend folgen wir einem leicht talwärtsführenden Pfad. Bald überrascht der wildromantische **Burgstalltobel** **05**. Die kühl atmende Felsenkluft wurde mittels Holzstegen für Fußgänger passierbar gemacht.

Durch Mischwald begleitet uns jetzt der quirlige Berghofer Bach, der durch seine Miniatur-Wasserfälle selbst bei naturmüden Pflichtwanderern helle Begeisterung hervorrufen dürfte. Wieder in **Berghofen** **02** führt der Erlebniskurs, links dem Burgweg treu bleibend, zurück nach **Sonthofen** **01**.

Die Burgruine Fluhenstein

Die heute waldumschlossene, mittlerweile leider einsturzgefährdete Sonthofner Ruine Fluhenstein, durch einen Halsgraben vom Waltener Berg getrennt, weist noch ansehnliche Mauerreste von Turm und Hauptburg auf. Die Anlage setzt sich aus der alten Kernburg mit hohem Halbrundturm und einem neueren, von den Bischöfen von Augsburg anstelle der einstigen Vorburg errichteten Vorhof zusammen. Dieser war ostseitig durch das Haupttor zugänglich. Oswald von Heimenhofen hatte das Gebäude der ehemaligen Herrschaft Fluhenstein im Jahre 1361 neu erbaut. Die Burg war Sitz des Ammans der Pflege Rettenberg und wurde 1525 von Bauern geplündert.

GROSSER HIRSCHBERG • 1644 m
SPIESER • 1651 m

Traum-Blickfänge am Südrand der Voralpen

9,5 km · 4:15 h · 692 hm · 692 hm · 3

START | Unterjoch/Obergschwend (Gemeinde Bad Hindelang), Bushaltestelle (Parkplatz), 1050 m
[GPS: UTM Zone 32 x: 606.402 m y: 5.265.938 m]
CHARAKTER | Meistens nur mäßig anstrengender Aufstieg, kurzer steiler Spieser-Abstieg. Teilweise bezeichnete Pfade und gelegentlich feuchte Steige, kleiner wegloser Abschnitt. Etwas Orientierungssinn angenehm.

An der Bushaltestelle in **Obergschwend** 01 zeigt uns der Wegweiser „Spieser" den Auftakt zu dieser sehr kurzweiligen Zweigipfeltour.

Vom Gasthof „Am Buchl" (geschlossen) leitet uns ein Fußweg über die Weißenbachbrücke. Dann spazieren wir auf einem Wiesenpfad recht gemütlich am rechten Schlepplift bergan. Bald verfolgen wir eine deutlich steilere Skiabfahrt. Der Sorgschrofen und die eleganten Felsgipfel des Tannheimer Tals rücken zunehmend in unser Blickfeld. Nach einem wieder flacheren Abschnitt über Weiden betreten wir auf einem mitunter felsdurchsetzten Steig die locker bewaldete Hochwanne zwischen Jochschrofen und Hirschberg.

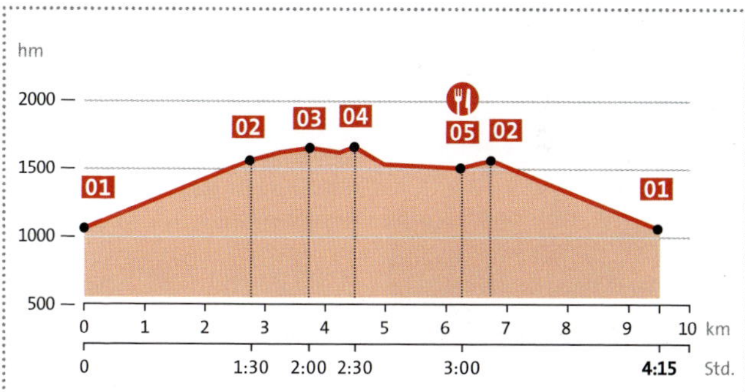

01 Obergschwend, 1050 m; 02 Steinpasssattel, 1550 m; 03 Großer Hirschberg, 1644 m; 04 Spieser, 1651 m; 05 Hirschalpe, 1493 m

Die saisonal bewirtschaftete Hirschalpe ist eine willkommene Raststätte.

Feuchte Stellen sind zum Teil mit Baumscheiben besser begehbar gemacht. Zwischen den letzten Fichten und Buchen, Eschen und Ahorn breitet sich Strauchwerk aus. Über karge Alpweiden erreichen wir schließlich den **Steinpasssattel** **02**.

Auf dem Europäischen Fernwanderweg E 4 zum Großen Hirschberg.

Auf dem Pfad Richtung Spieser über einen kleinen Rücken und den eher gemächlichen Südhang des Hirschbergs ansteigend weitet sich das Blicksegment zur Zugspitze und über den Hochvogel und die Daumengruppe bis zu den Walsertaler Bergen.

Von der unscheinbaren Einsattelung am Spieser gewinnt man in Kürze über einen bequemen Höhenrücken weglos den Gipfelrundling mit dem Namen **Großer Hirschberg** **03**.

Zurück an der Einsattelung wandern wir auf kurzem Steig ebenfalls ohne Anstrengung an einer Fichtenreihe hinauf zum wenige Meter höheren **Spieser** **04**.

Nun setzt anfangs in südwestlicher Richtung über harmlose

Felsstufen der steile Abstieg über den Nordwestrücken an. Der teilweise mit Latschen gekleidete Berg zeigt hier seine schroffe Seite. Von der Verzweigung auf einem Weideboden zieht sich ein Pfad auf gleichbleibender Höhe um den Spieser herum zur **Hirschalpe** **05**.

Kurz vor der beliebten Einkehr bietet sich ein prachtvoller Tiefblick auf den Hintersteiner Talkessel. Zwischen zwei Waldflecken müssen wir noch einen kleinen Gegenanstieg bewältigen, dann nehmen wir auf dem **Steinpasssattel** **02** den bekannten Kurs nach **Obergschwend** **01** auf.

KLEINER HIRSCHBERG • 1500 m

Die „kleine“ Hirschbergrunde um Bad Hindelang

9,25 km | 4:15 h | 698 hm | 698 hm | 3

START | Parkplatz beim Naturbad in Bad Hindelang, Ostrachstraße [GPS: UTM Zone 32 x: 603.179 m y: 5.261.623 m]
CHARAKTER | Asphaltierte Sträßchen und Wege im Ortsbereich von Bad Hindelang, wurzelige und felsige Steige und Pfade im Hirschbachtobel und beim Abstieg über das Steinköpfle.

Besonders bei großer Hitze eine kühle und schattige Wanderung auf einen nahen Aussichtsberg mit herrlichem Blick über Bad Hindelang.

Vom Parkplatz beim **Naturbad** 01 folgen wir der Ostracher Straße nach links Richtung Wohnmobil-Stellplatz, biegen aber vorher links ab und überqueren einen Bach auf einem asphaltierten Sträßchen. Weiter über Wiesen, dann rechts dem Bachlauf entlang, hier hört der Asphalt auf, und an einem Kinderspielplatz vorbei zur **Ostracher Nagelschmiede** 02. Wir überqueren den Bach und entlang des kanalisierten Wasserlaufs gelangen wir zu einer kleinen Kapelle beim Hirschbachweg. Auf Asphalt vor bis zur Bad-Oberdorferstraße, kurz links, dann hinter dem Biergarten des Gasthofs Hirschbachwinkel rechts über dem Bach und auf einem Kiespfad am Bachlauf entlang.

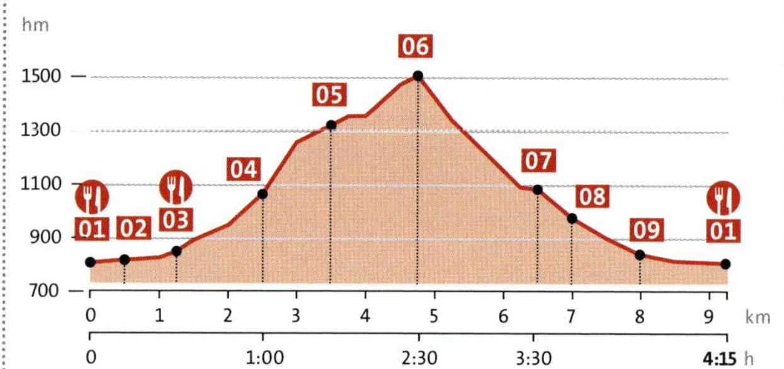

01 Parkplatz am Naturbad, 802 m; 02 Nagelschmiede, 812 m; 03 Pos. Bundesstraße, 844 m; 04 Abzw. Kellerwandweg, 1058 m; 05 Pos. Kräherwand, 1315 m; 06 Kleiner Hirschberg, 1500 m; 07 Steinköpfle, 1077 m; 08 Luitpoldhöhe, 970 m; 09 Badstraße, 835 m

Wasserfall im Hirschbachtobel.

Wir überqueren die **Bundesstraße** 03 und folgen der Markierung „Hirschbachtobel“. Ein schöner gekiester Fußpfad bringt uns zu einer Brücke, wir wechseln ans rechte Ufer und steigen im Wald bergan, vorbei an einer Infotafel zum Geologischen Wanderlehrpfad Hindelang. Wir ignorieren die erste Abzweigung links hinüber zum Cafe Polite, passieren das Schild „Hindelanger Eichhörnchenwald. Bitte nicht füttern!“ und gehen auf dem eher gemächlich ansteigenden Weg an vielen Wasserstufen vorbei. Nach einer ersten steileren Stelle, bei der Pos. Hirschbachtobel,

Schöner Tiefblick vom Hirschberg nach Bad Hindelang, dahinter das Imberger Horn und die Kette der hohen Allgäuer Berge.

927 m, überqueren wir den Bach, folgen aber kurz darauf nicht der Abzweigung links zum Cafe Polite, sondern wechseln erneut das Ufer und halten uns Richtung Hirschalpe, Hirschbachtobel, Hirschberg.

Nun geht es abwechslungsreich durch die Schlucht, an Felswänden vorbei und über etliche steile, teils mit Drahtseilen, Geländer und Stufen versicherte Passagen bergauf. Vorbei an der Pos. Hirschbachtobel, 1058 m, wo nach links der **Kellerwandweg** 04 abzweigt. In engen Kehren, teils über eiserne Trittstufen steigen wir weiter den grasigen Waldhang hoch zur **Pos. Kräherwand** 05, wo wir links auf schottrigem Steig in den Wald einschwenken.

Kurz darauf, bei der Pos. Kräherrücken halten wir uns links Richtung Hirschberg. Zunächst leicht abwärts traversieren wir am Waldhang entlang (ein paar Meter sind mit Holztritten ausgelegt) und gelangen wieder zum Bachlauf. Wir überqueren eine offene Wiesenfläche, bevor wir auf sehr wurzeligem Pfad erneut in den Wald eintauchen. In größeren Kehren steigt der Weg an, dann stoßen wir auf einem flachen, aussichtsreichen Stück zum kreuzgeschmückten **Hirschberg** 06. Der höchste Punkt ist rechts ein paar Meter höher, oberhalb einer Wetterfahne bei zwei Aussichtsbänken.

Am Steinköpfle.

Auf schmalem aussichtsreichen Pfad, kehrenreich am Waldhang entlang bergab, verlassen wir das Gipfelkreuz in Richtung Bad Hindelang Richtung Steinköpfle. Wir treffen auf die Pos. Kellerwandweg und folgen weiter der Markierung Steinköpfle. Es folgt nochmals eine grandiose Aussichtsstelle mit Sitzbänken, dann wechselt der felsig-wurzelige Pfad zwischen flacheren Waldpassagen, engen Kehren und ordentlich steilen Felsabsätzen zum **Steinköpfle** 07 hinab.

Bei der **Luitpoldhöhe** 08 erreichen wir eine breite Kiesfahrstraße, gehen ein paar Meter rechts und biegen dann bei riesigen Felsblöcken links ab. In einer Rechtskurve hinab zu einem Kiesweg und weiter linkshaltend bergab durch Wald. Über enge Kehren zum Bach hinab, wir überqueren den Tobel über eine Drahtgitterbrücke und wandern auf breitem Weg weiter abwärts zum Waldrand und am Bachlauf entlang zur Autostraße.

Bei der Pos. Gailenbergstraße, 867 m, schwenken wir links in einen gekiesten Weg ab, der uns am Bachlauf und an Bäumen entlang zur **Badstraße** 09 leitet, der wir, auf Asphalt, nach links folgen. Über die Schützenstraße treffen wir auf die Zillenbachstraße, gehen links und folgen wenig später rechts der Alpgasse, die uns unter der Bundesstraße hindurchführt. Vor der Brücke und vor der Ostrachstraße biegen wir links auf einen Kiesweg ab und wandern am Fußballplatz entlang, bis wir links über die Brücke zur evangelischen Kirche und zum Parkplatz beim **Naturbad** 01 abbiegen.

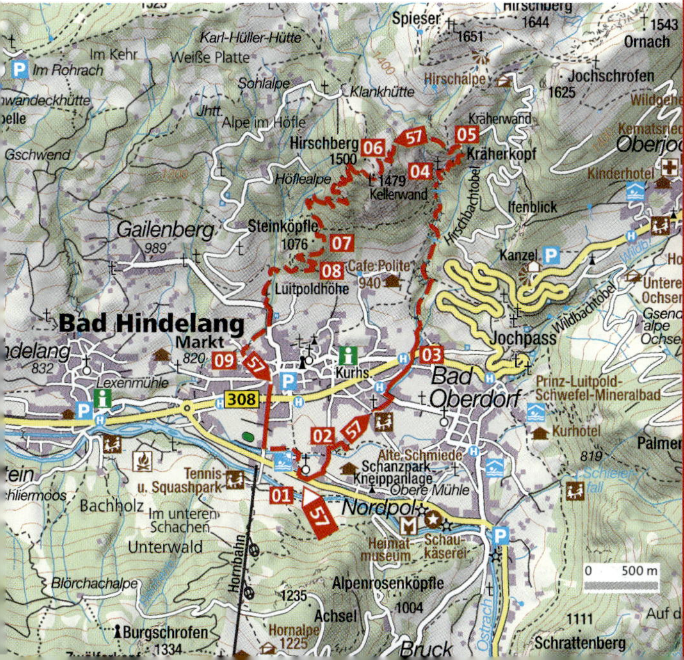

ÜBER DEN HIRSCHBACHTOBEL ZUM SPIESER • 1651 m

Große Aussichtswanderung über die Hirschalpe

13,25 km | 5:15 h | 851 hm | 851 hm | 3

START | Parkplatz beim Naturbad in Bad Hindelang, Ostrachstraße [GPS: UTM Zone 32 x: 603179 m y: 5.261.623 m]
CHARAKTER | Wurzelige und felsige Steige und Pfade im Hirschbachtobel und besonders im Abstieg vom Spieser, Holzbohlenweg vor der Klankhütte, dann breiter Forstwege im Abstieg nach Gailenberg.

Wem der Abstieg nach der Klankhütte über den Forstweg in Richtung Gailenberg zu einfach ist, kann bei der Klankhütte auch die Abstiegsvariante über den Kleinen Hirschberg und das Steinköpfle (siehe Tour 57) wählen.

▶ Vom **Naturbad Hindelang** 01 wandern wir an der evangelischen Kirche vorbei, über einen kleinen Bach und Wiesen Richtung Dorf. Wir überqueren die Bundesstraße, passieren das **Kurhaus** 02 und gelangen über den Fuggerweg und die Bad-Oberdorferstraße zur Rosengasse, wo rechts ein Fußpfad zum Kalvarienberg abzweigt. Ein Stationenweg bringt uns in Kehren über einen Grashang hoch zur **Kalvarienkapelle** 03.

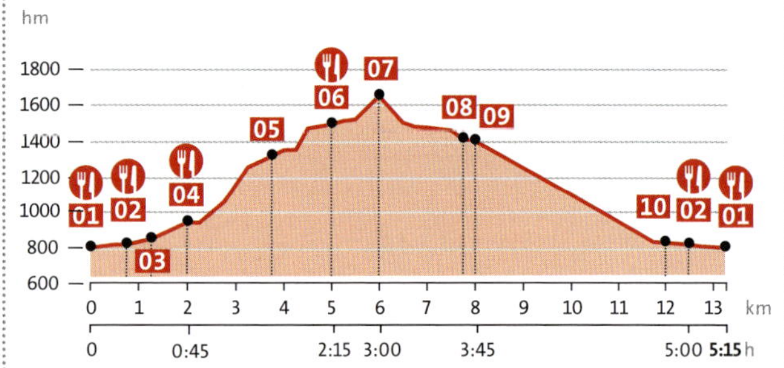

01 Parkplatz am Naturbad, 802 m; 02 Kurhaus, 820 m; 03 Kalvarienkapelle, 850 m; 04 Cafe Polite, 944 m; 05 Pos. Kräherwand, 1315 m; 06 Hirschalpe, 1493 m; 07 Spieser, 1651 m; 08 Pos.Klankhütte, 1410 m; 09 Wendelinkapelle, 1400 m; 10 Kirche, 830 m

Das Café Polite.

Durch eine Wiesensenke geht es hinüber zu einem Asphaltsträßchen, dem wir nach links folgen. Bei der nächsten Wegteilung (Pos. Schindackerweg, 882 m) halten wir uns rechts und nehmen die Variante Wiesenweg zum **Café Polite** 04. Grandiose Aussicht hinab nach Bad Hindelang, zum Hirschberg und in die umgebende Bergwelt.

Oberhalb vom Cafe Polite folgen wir der Markierung rechts via Hirschalpe. Wir kommen in den Wald, der Weg fällt leicht ab und wir stoßen bei einem kleinen Wasserfall auf den Hirschbach und eine Drahtgitterbrücke. Wir überqueren den je nach Jahreszeit recht lebhaften Bachlauf und steigen auf dem spannenden Bachtobelweg an Felswänden und größeren und kleineren Wasserfällen entlang bergan. Der schmale, teils abschüssige Pfad steigt stetig an, überquert den Bachlauf mehrmals und ist an etlichen Stellen mit Drahtseilen bzw. Geländer versichert. In steileren Passagen erleichtern Trittstufen den Anstieg.

Bei der **Pos. Kräherwand** 05 stoßen wir auf den breiten Weg nach Oberjoch, wir biegen jedoch links ab und steigen auf schmalem Pfad im Wald hoch, zunächst sehr wurzelig, steinig und steil. Nach

Eine der vielen Brücken im Hirschbachtobel.

Die letzten Meter vor dem Gipfelkreuz am Spieser.

einem Drahtseilgeländer verlassen wir den Wald und gelangen zu einem Grashang, über den der Pfad weiter ansteigend verläuft. Durch ein Weidegatter hindurch und auf breiterem Weg zur bewirtschafteten **Hirschalpe** **06**.

Bei Markierungstafeln halten wir uns links, passieren ein großes Holzkreuz und traversieren in einem Rechtsschwenk am grasigen Hang entlang. Bei der nächsten Verzweigung rechts hoch und über Alpwiesen und niedrigen Wald zum bald sichtbaren Gipfelkreuz auf dem **Spieser** **07**.

Wir verlassen den Gipfel auf einem schmalem Gratweg mit herrlicher Rundumsicht, und bald geht es wieder steil und in engen,

Die kleine schmucke Wendelinkapelle.

kiesigen Kehren bergab. Der obere Teil ist sehr steil und felsig, weiter unten in den Kuhweiden wird es einfacher, dafür feuchter und an mehreren Stellen helfen uns Bretter und lange Bohlenstege trockene Füße zu behalten. Nach einem Metallsteg über einen kleinen Bachlauf und vorbei an kleinen Hütten geht der kehrenreiche Weg in einen Fahrweg über und nach einem kurzen Waldstück pasiseren wir links die Karl-Hüller-Hütte und stoßen kurz darauf auf ein altes und ein neues Gebäude bei der **Pos. Klankhütte** 08.

Hier bietet sich ein markierter, 20-minütiger Abstecher zum sichtbaren Hirschberg an.

Wir gehen rechts auf dem Fahrweg weiter bergab, sind ein paar Minuten später an der auf großen Steinen thronenden schmucken **Wendelinkapelle** 09, und bleiben auf der abwärtsführenden breiten Forstfahrstraße. Nach etlichen großen Kehren und einigen rechts abschüssigen Abwärtspassagen, gelangen wir kurz nach der Abzweigung, die rechts in Richtung Luitpoldhöhe/Cafe Polite weist, zur Autostraße (Gailenbergstraße) und folgen ihr links abwärts. Wir stoßen auf die Kirchstraße, schwenken vor der **Kirche** 10 rechts in die Marktstraße und halten uns links in Richtung **Kurhaus** 02.

Auf dem Unteren Buigenweg überqueren wir die Bundesstraße, schwenken vor dem Hirschbach nach rechts und gelangen an ihm entlang zur evangelischen Kirche und links über den Bach zum Ausgangspunkt beim **Naturbad** 01.

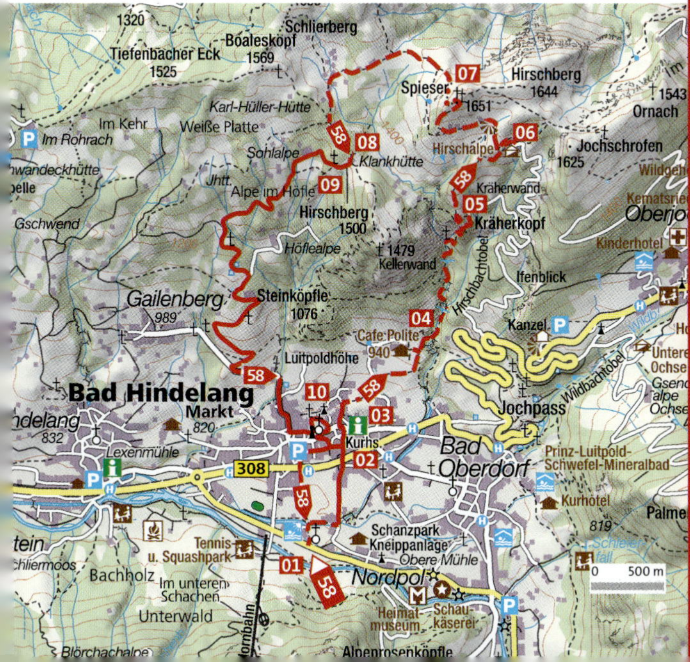

AGGENSTEIN • 1985 m
BREITENBERG • 1838 m

Zwei-Gipfel-Tour mit Seilbahnabstieg

11,25 km | 4:45 h | 1342 hm | 497 hm | 4

START | Parkplatz an der Talstation der Breitenbergbahn, Pfronten, Tiroler Straße
[GPS: UTM Zone 32 x: 618.492 m y: 5.269.151 m]
CHARAKTER | Schmale, steinige und teils steilere Bergpfade in der Reichenbachklamm, die Anstiege zur Kissinger Hütte über den Bösen Tritt und zum Aggensteingipfel sind teils drahtseilversichert und sehr felsig, mit steilen, „dunkelroten" Stellen.

Eine interessante Klammwanderung, ein aussichtsreicher und spannender Hüttenanstieg, zwei tolle Panoramagipfel und die Gewissheit, sich den Abstieg bequem gestalten zu können – das macht diese lange Tour zu einem großen Erlebnis.

Wir starten an der **Talstation der Breitenbergbahn** 01 in Pfronten, gehen über eine Wiese zu einem Forstweg und entlang der Gondel zu einem Asphaltsträßchen. Kurz nach Unterqueren der Seilbahn folgen wir der Markierung „Reichenbachklamm" rechts

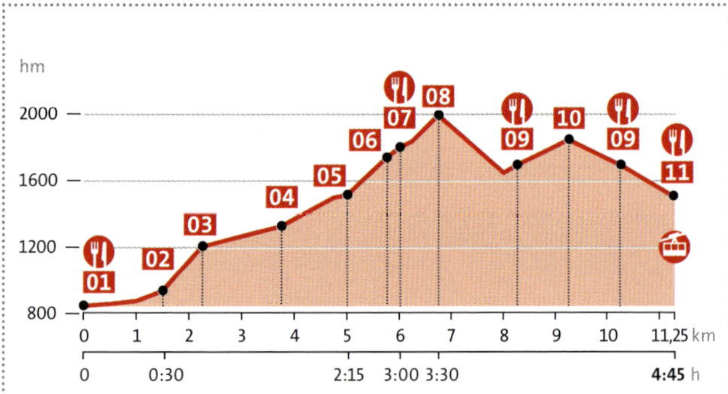

01 Talstation Breitenbergbahn, 841 m; 02 Reichenbachklamm, 930 m; 03 Pos. 1199 m, 1199 m; 04 Liftstation, 1320 m; 05 Breitenbergalm, 1507 m; 06 Pos. Sattel, Böser Tritt, 1730 m; 07 Bad-Kissinger-Hütte, 1792 m; 08 Aggenstein, 1985 m; 09 Bergstation Sesselbahn, 1686 m; 10 Breitenberg/Ostlerhütte, 1838 m; 11 Bergstation Breitenbergbahn, 1500 m

Die schön und aussichtsreich gelegene Bad-Kissinger-Hütte.

in den Wald hinein. Der Asphalt endet, wir verlassen den Forstweg nach rechts, wandern erneut über einen Wiesenweg mit toller Panoramaaussicht Richtung Wald. Der Weg verengt sich zu einem Pfad, wird steiniger und steigt an. In der **Reichenbachklamm** 02 traversieren wir teils am abschüssigen Waldrand entlang, steigen über steilere Passagen mit Treppen, Stufen und in engen Kehren hoch und passieren mehrere geländer- und drahtseilgesicherte Stellen. Nach einem größeren Wasserfall gelangen wir zu einer breiten Kiesstraße bei der **Pos. 1199 m** 03.

Weil der Normalweg wegen Baumfällarbeiten gesperrt ist, folgen wir dem Umleitungsschild und dem breiten Fahrweg nach links. Nach 20 Minuten vereinigen sich die Wege wieder, wir passieren kurz darauf eine **Liftstation** 04, es wird steiler und kehrenreicher. Über Wiesenhänge gehen wir auf den Talschluss zu, vor uns bauen sich die Felswände auf, und wir erreichen die **Breitenbergalm** 05.

Nun geht es in engen, steilen Serpentinen, an schwierigeren Stellen mit Drahtseil und Trittstufen versichert, über felsige, teils hohe

Teilweise recht wild – die Reichenbachklamm.

Ein beliebtes Gipfelziel – der Aggenstein, rechts der Forggensee.

Absätze zur **Pos. Sattel, Böser Tritt** 06, bergauf.

Auf schönem Pfad nach rechts, am aussichtsreichen Grat entlang, wandern wir in wenigen Minuten zur **Bad-Kissinger-Hütte** 07 hinüber. Mit fantastischer Aussicht traversieren wir am grasigen Hang entlang, anfangs flach, dann in

Die gut besuchte Aussichtsterrasse der Ostlerhütte auf dem Breitenberg.

großen Kehren zur Verzweigung unterhalb des sichtbaren Gipfelkreuzes. Entlang eines durchgehenden Drahtseils und über teils glatte Felsen machen wir den kurzen Abstecher links hoch zum **Aggenstein 08**.

Der weitere, im oberen Teil recht felsige, dann immer kiesiger werdende, steile und kehrenreiche Abstiegsweg ist gut einzusehen, ebenso der gegenüberliegende Aufstiegsweg hinauf zum Breitenberg. Nach den Kiesserpentinen durchschreiten wir grasiges Weidegelände, passieren eine eingezäunte Aussichtsbank, und steigen – an der **Bergstation des Sessellifts 09** links vorbei – auf breitem Fahrweg zur ausgeschilderten **Ostlerhütte 10** hoch.

Zurück zum **Sessellift 09** und auf breitem Weg in großen Kehren bergab zur **Bergstation der Breitenbergbahn 11**, mit der wir dann hinab zum Ausgangspunkt schweben.

ERLEBNIS FERNWANDERWEG E4

Quer durch die Voralpen – in drei Tagen über acht Gipfel

55 km | 17:45 h | 1653 hm | 2799 hm | 3

START | Steibis/Hochgratbahn (Gemeinde Oberstaufen), Bushaltestelle (Parkplatz), 856 m
[GPS: UTM Zone 32 x: 580.792 m y: 5.260.421 m]
CHARAKTER | Viele, mitunter auch steile Auf- und Abstiege. Lückenhaft bezeichnete Pfade und Steige, Alp- und Wirtschaftswege, kurze stille Sträßchen. Diese 3-Tage-Wanderung ist etwas für konditionsstarke Bergwanderer. Einige ausgesetzte, drahtseilgesicherte Wegabschnitte erfordern Trittsicherheit, Vorsicht ist bei Nässe geboten! Grenzübertritt.

Der von den Pyrenäen zum Peloponnes verlaufende Europäische Fernwanderweg E4 ist ab der **Hochgratbahn-Bergstation** 01 bis Sonthofen identisch mit dem E 5.

1. Tag:
Auf breit ausgetretener Wanderstraße steigt man gleich mal dem **Hochgrat** 02 aufs Dach. Vom Regent der Nagelfluhkette folgt der gemütliche Steig mit der schöns-

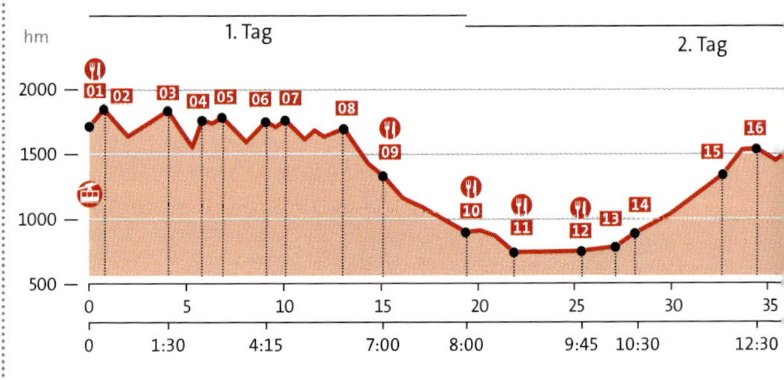

01 Hochgratbahn, 1704 m; 02 Hochgrat, 1834 m; 03 Rindalphorn, 1821 m; 04 Gündleskopf, 1748 m; 05 Buralpkopf, 1772 m; 06 Sedererstuiben, 1737 m; 07 Stuiben, 1749 m; 08 Steineberg, 1683 m; 09 Krumbachalpe, 1322 m; 10 Gunzesried, 889 m; 11 Bihlerdorf, 735 m; 12 Sonthofen, 743 m; 13 Berghofen, 775 m; 14 Walten, 880 m; 15 Bildstöckle, 1329 m; 16 Tiefenbacher Eck, 1525 m; 17 Hirschalpe, 1493 m;

ten Fernsicht über Molassehöcker dem blumenreichen Grat. Ab der Brunnenauscharte bummeln wir auf einem Graspfad etwas unterhalb des Bergrückens über Weidehänge zum Westgipfel des Rindalphorns. Nach unwesentlichem Abstieg in einen Sattel überwindet ein Steig leichte Felsstufen zum **Rindalphorn** 03.

Zurück am felsigen Gipfelansatz wandern wir auf dem Pfad Richtung Immenstadt durch eine Hochmulde und über einen licht bewaldeten Rücken zur Gündlesscharte. Nach einem deutlichen, begrünten Kammaufschwung ist der **Gündleskopf** 04 erreicht, den nur eine kleine Einsattelung vom **Buralpkopf** 05 trennt.

Von diesem setzt eine anregende, überwiegend flache Etappe an, über den Oberen Sedererwänden mit einem schmalen und steilen, felsdurchsetzten Gratsteig zu ei-

Nagelfluh-Felspartien würzen den Abstieg vom Stuiben.

nem Sattel. Weidehänge schwingen sich dann empor zum rundlichen **Sedererstuiben** 06. Wenig später gesellt sich der benachbarte **Stuiben** 07 zu unserer stetig anwachsenden Gipfelsammlung.

Nach steilem Steig über einen ausgesetzten Felsgrat mit langem Drahtseil beachte man nördlich des Grates die Markierung. Die nächste schmale Gratrippe ist wieder mit einem Drahtseil entschärft. Eine Holztreppe bringt uns zu einem weiteren Sattel. Auf dem flachen und teilweise mit Fichten bestockten, wiederholt felsigen Kamm zum **Steineberg** 08 schaltet sich noch eine Zwischenerhebung ein.

Man steigt vom kreuzlosen, höchsten Punkt hinunter zum nordseitigen Gipfelwandfuß. Nach einer letzten gesicherten Passage führt ein Alpweg wieder, meist in Gesellschaft des Weideviehs, über

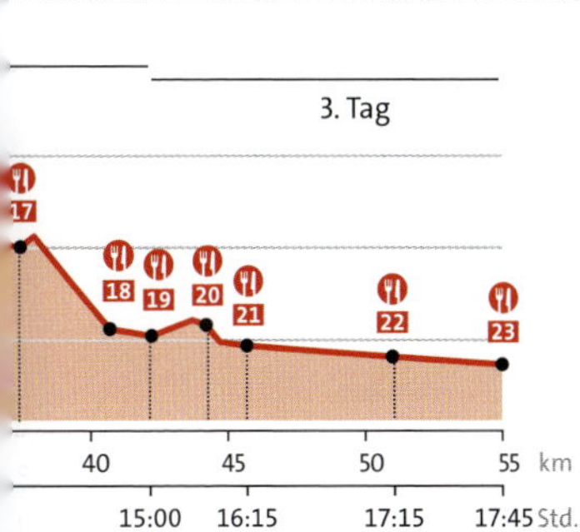

18 Obergschwend, 1050 m;
19 Unterjoch, 1013 m;
20 Gasthof Rehbach, 1072 m;
21 Kalbelehof Alpe, 960 m;
22 Gasthaus Vilstalsäge, 900 m;
23 Pfronten-Ried, 858 m

die **Vordere Krumbachalpe** 09 zur Dürrehornalpe und ein Pfad hinunter nach **Gunzesried** 10. Dort enden der erste Tag und vorläufig auch die E 4-Markierung.

2. Tag:
Die zweite Tagesetappe beginnt mit einem Spaziergang auf der Zufahrtsstraße über die Gunzesrieder Ach und eine Kuppe nach Halden. Dort leitet der E4 als Pfad über Wiesenhänge bergab und mit einer Straßenquerung nach **Bihlerdorf** 11. Von der Hofackerstraße geht's rechts in die Oberzollbrückestraße. In Oberzollbrücke queren wir Richtung Illerdamm den Ettensbach und wandern auf einem Wirtschaftsweg zwischen der Iller und dem Sonthofner See nach **Sonthofen** 12.

Die zügigste Stadtdurchquerung lautet: Nach der Straßen- und Bahnunterführung links in die Moltkestraße, beim Bahnhof rechts die Bahnhofstraße wählen, an einer Ampelkreuzung geradeaus, in der Fußgängerzone Richtung Binswangen, am Gasthof zur Traube rechts dem Altstadtring und an der Sparkasse dem E4 folgen, an der Berghoferkreuzung zum Stadtteil **Berghofen** 13, dabei hinter der Ostrachbrücke Richtung Walten abzweigen. Nun nehmen wir den Wanderweg bergauf durch ein Waldstück mit der Ruine Fluhenstein. In **Walten** 14 steigt ein Mautsträßchen über Wiesenhänge. Man passiert die Weiler Unterried und Breiten sowie die Wickkapelle. Vom **Bildstöckle** 15 leitet ein Pfad über einen meist bewaldeten Höhenrücken zum unscheinbaren **Tiefenbacher Eck** 16. Auf der Kammhöhe über eine Moorwiese zum deutlich höheren Kreuzgipfel beeindrucken die Hintersteiner Berge.

Vom Absatz bei der wieder im Wald stehenden Karl-Hüller-Hütte erreicht man in Kürze durch eine Mulde den Sattel vor dem Spieser und flach über Viehweiden die **Hirschalpe** 17. Weiter geht's über den Steinpasssattel und nach einer locker bewaldeten, teils feuchten

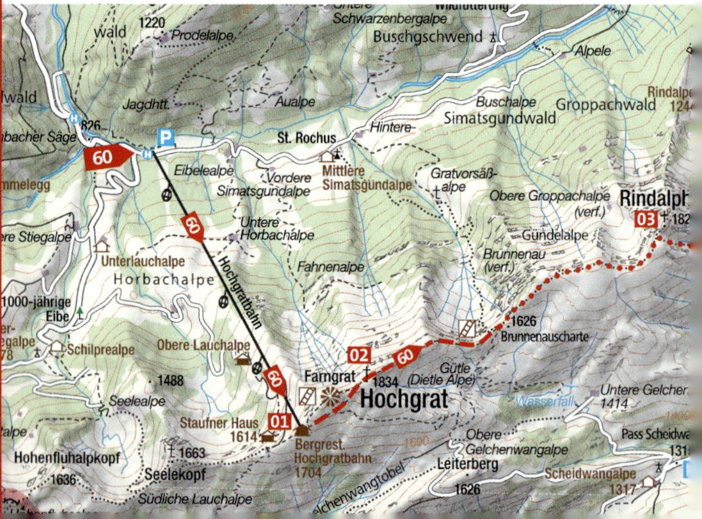

Mit dem Steineberg liegt der siebte Gipfel hinter uns.

Hochwanne über eine Skiabfahrt nach **Obergschwend** 18. Beim Haus Finkeler quert man die B 310, folgt einem Wirtschaftsweg über den Weißenbach und bummelt später auf einem Wanderweg am Wertachufer nach **Unterjoch** 19.

3. Tag:
Am dritten Tag folgt der E 4 bei der Kirche dem Anliegersträßchen über Steineberg zur Tiroler Grenze und einem Pfad zum **Gasthof Rehbach** 20. Nach steilen Waldwegkehren tragen uns die Vilsstege über den hier zweiarmigen Fluss. Danach wandern wir auf einem Wirtschaftsweg, bei der **Kalbelehof Alpe** 21 Richtung Pfronten abermals das Ufer wechselnd, durch eine Talenge hinüber ins Ostallgäu. Die Vils begleitet das beschauliche Finale unter Buckelwiesen zum **Gasthaus Vilstalsäge** 22 und, danach das Ufer wechselnd, zum Bahnhof in **Pfronten-Ried** 23.

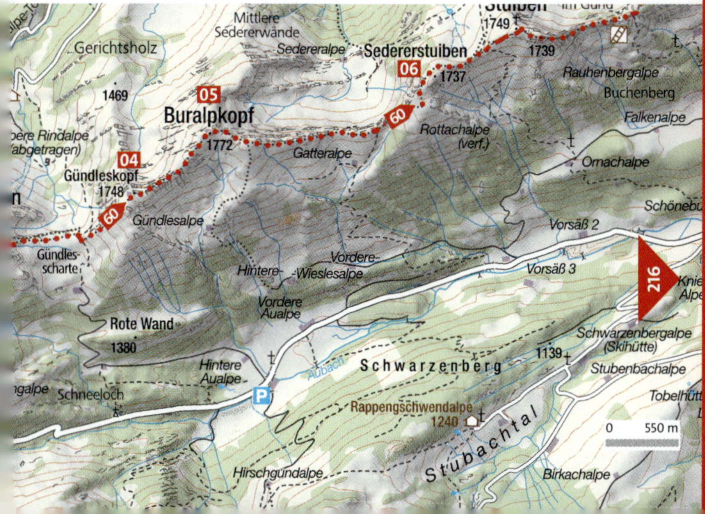

215
Alpe Mittelberg
1368
Almagmach
Klause
Schupperköpfl
1293
Jagdhaus
Ehrenschwang
1275
08
1660
Steinebe
Hintere
Krumbachalpe
1683
1502
Alpe Gund
1502
Krätzenstein
1570
Kirche
1669
1491
Buralpe
07
Stuiben
1749
Im Gund
60
Mittlere
Sedererwände
Sedereralpe
Sedererstuiben
06
1737
1739
Sommerhaus-A.
Rauhenbergalpe
Wiesach
Buchenberg
05
ralpkopf
1772
60
Rottachalpe
(verf.)
Falkenalpe
Gatteralpe
Ornachalpe
Vorderschöne-
buch
Nagelfluh
Hirsch
Gunzesrieder
Säge
Schönebuch
Vorsäß 2
Vorsäß 1
Alpe
Gersten-
brändle
Alpen
Vordere-
Hintere-
Wieslesalpe
Vorsäß 3
Knie-
Alpe
Vordere
Aualpe
Schwarzenbergalpe
(Skihütte)
Otto-Schwegler-Hütte
(Selbstvers.)
(DAV)
1139
Schwarzenberg

Tierparadies
Vulcano
Brunnen-
anger
chach
Schießstätte
Kegelhaus
Natur-
erlebnisbad
Steinebichlkapelle
St.Ulrich
Weiheralpe
Alpen-
blick
Ortwang
Burgberg
im Allgäu
752
997
Topfen
Ort-
wanger
See
Maria Trost
Ruine
Burgberg
Brotzeithütte
eifrieds-
berg
11
ICO-adventures
Winkel
Starzlachklamm
Bihlerdorf
Tannach
SONTHOFEN
743
Schießstand
60
Rieden
Umspannwerk
774
Oberzoll-
brücke
St.Leonhard
Berghofen
775
308
Gebirgs-
jägermuseum
R.Fluhen-
stein
13
Illersee
(Sonthofer See)
60
Staig
14
942
Iller-
siedlung
12
Öko-
Kur-
park
Burg-
siedlung
St.Nepomuk
Alte Schule
Heimathaus
Generaloberst-
Beck-Kaserne
(ehem.Ordensburg)
Binswangen
0
500 m
Sigishofen
Illerstadion
Freizeitbad
Margarethen

Alpe Schwanden
Alpe Oberberg
Schleifalpe
Kuhberg
Rabennest
Seifriedsberg
11
Bärenkopf
1476
Käser
Reute
Halden
09
Vordere Krumbachalpe
Gunzesried
889
Dürrehornalpe
60
Goldenes Kreuz
10
Oberzollbrücke
926
Hoch-A
Winkelwiesenalpe
Im Winkel
Im Loch
Gunzesrieder Ach
Hüttenberger Eck
1007
Illersee (Sonthofer See)
Kuckucksnest
Vorderer
1068
Klausebuckelhütte
Hüttenberg
Iller-siedlung
Bergbauernsennerei
Berghaus Blässe
Otto-Hellmann-Hütte
Hüttenberg
Bergwirt
Birkenbichlhütte
Bettenried
Westerhofen
740
Allgäuer Berghof
Disc Golf Allgäu
Eggalpe
Geißbrückenalpe
Sigishofen
Obereggalpe
Ettensbach
Sonneckhütten
Jhtt.
Wittelsbacher Höhe
881
Bergrestaurant Weltcuphütte
Hochbichlhütte
Wurzelhütte
Ofterschwanger Haus
Seewendel
Weltcup-Express (So/Wi)
Downhill Roller
Meinrads Brotzeithütte
Wielenberg
Allgäuer Sennerei

Erzgruben-Erlebniswelt
Wolfsbichel
1058
Jhtt.
Rothmoos
Tiefenbacher Wald
Wasserfall
901
Ofenwald
Berghofer Waldalpe (Ofenalpe)
Bläßleskopf
Tiefenbacher Hütte
Roßkopf
1596
1320
Schlierberg
Tiefenbacher Eck
1525
Boaleskopf
1569
60
Spieser
Bildstöckle
15
60
16
Im Kehr
Karl-Hüller-Hütte
Hirschalpe
1493
Im Ferchle
Im Rohrach
Weiße Platte
Sohlalpe
Klankhütte
Lenihütte
Schwandeckhütte
Wickkapelle
Oberried
Alpe im Höfle
Hirschberg
1500
Gschwend
Höflealpe
218
Breiten
Stauffenbichl
Gailenberg
989
Steinköpfle
1076
Luitpoldhöhe
Café Polite
940
Tiefenbach bei Sonthofen
Sebastianskapelle
Riedle
Bad Hindelang
Markt
820
Vorderhindelang
832
Lexenmühle
0
550 m
308
Burgstall
Großer Bichl

Hörnle
1684
Kessel
Bärenzipfel
Brentenalpe
Im Brenten
Am Edelsberg
Buchelalpe
1241
Jhtt.
217
Wald
Am Büchel
Obergschwend
18
Tiefenbacher Hütte
Roßkopf
1596
Weißenbach
Heisenlochalpe
Unterm Heigele
Krun
Schlierberg
Spieserlifte
Im weißen Grund
Untere Schwand
Obere Schwandal
310
Boaleskopf
1569
60
Spieser
1651
Hirschberg
1644
1543
Ornach
Karl-Hüller-Hütte
Weiße Platte
Schlalpe
Klankhütte
Hirschalpe
1493
17
1625
Jochschrofen
Deutsche Alpenstraße
Am Schedler
Wildgehege
Jhtt.
Alpe im Höfle
Kräher-wand
Hirschberg
1500
1479
Kellerwand
Kräherkopf
Kematsriedalpe
Oberjoch
Erlebnissennerei
Kinderhotel
Höflealpe
Ifenblick
Moorbad

1204
1100
1542
Klausenwald
Edelsberg
Unt. Reuterwannealpe
(nur Sommer)
Obere-Reuterwannealpe
Dinserhütte
1493
Der kalte Brunnen
1457
Pfeifferberg
In der Bräme
Alpe Stubental
1284
Heuberg
Gießenschwand
Moorweiher
Jhtt.
1241
Untere-Höfen
Jungholz
1058
Schrofenhütte
Köpfle
Adlerlift
Langenschwand
Rohrmoos
Obere-
1152
60
Scheidbachalpe
Vordere Sorgalpe
1020
1199
Hängender Schrofen
Feuerschrofen
Westerkienberg
1488
Bärenmoosalpe
1258
Ressel
1017
Hintere Sorgalpe
Alpele
Tatzenriesköpfl
1224
1636
Sorgschrofen
Zinken
1613
nur für Geübte!
Vils
Bärenloch
Im Nesselhöfle
Schranzschrofen
1110
Hölltal
1304
1485
Zerreralpe
Jhtt.
Kalbelehofalpe
21
-Ächsele
Im Neuwald
1525
Auf dem hinteren-
Auf dem vorderen-
1515

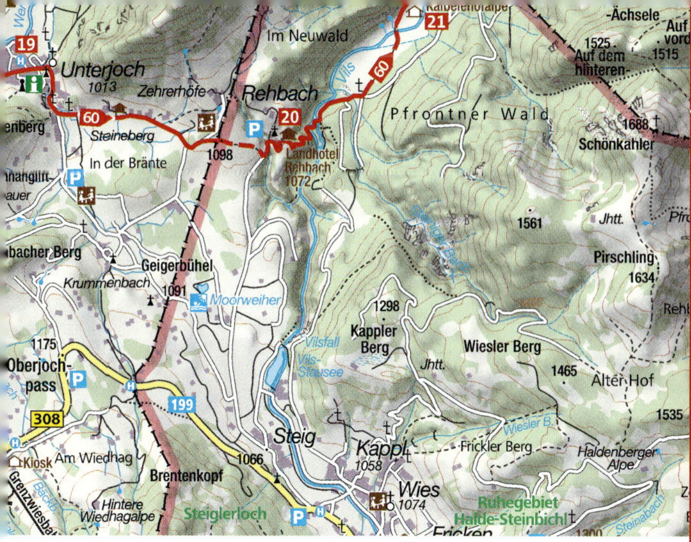

Im Neuwald
19
21
Unterjoch
1013
Zehrerhöfe
Rehbach
20
60
Steineberg
1098
Landhotel Rehbach
1072
In der Bränte
Pfrontner Wald
1525
Auf dem hinteren
1515
1688
Schönkahler
Geigerbühel
Krummenbach
1091
Moorweiher
1561
Jhtt.
Pirschling
1634
1298
Kappler Berg
Wiesler Berg
Jhtt.
1465
Alter Hof
1175
Oberjoch-pass
Vilsfall
Vils-Stausee
308
199
Steig
Kappl
1058
Frickler Berg
Wiesler B.
1535
Haldenberger Alpe
Kiosk
Am Wiedhag
Brentenkopf
1066
Wies
1074
Hintere Wiedhagalpe
Steiglerloch
Ruhegebiet Halde-Steinbichl

Schwandenbichl
Röfleuten
Hot. Zum Franke
Am Hörnle
910
Berg
Pfronten-Ried
1146
Röfleuterberg
Hotel Zugspitzblick
Halden
Ried
60
23
Hotel Berghof
1138
Stockenbichel
Schlossersäge
Heitlern
859
Bläsismühle
Eishalle
22
Alpenhotel Krone
Ösch
60
Schochersäge
Pfronten
Dorf
Vils
1286
Hotel Bergidyll
1261
1383
Krenge
Milchhäusle
Nur für Geübte! Klettereil
Klöckner Wald
1455
Vendel
Josen-mühle
Drindl-mühle
Steinach
1535
1483
Kienberg
Alpen-garten
Achtal
Im Gschön
Zehrholz
Schwarze Wand
Skizentrum Pfronten
928
Fallmühle
Tiroler Stadl
1265
Breitenberg
Unterer Br
0
550 m
Ostlerhütte
1838
Hochalpbahn
Hochalp
1509
Brenteneck

MEINE TIPPS FÜR . . .

. . . schlechtes Wetter

Breitachklamm
Die auf einer öffentlichen Straße erreichbare „interessanteste Klamm Mitteleuropas“ am Eingang ins Kleinwalsertal bringt es auf eine Länge von 1780 m und eine Tiefe von 90 m. Der instandgehaltene Klammweg, 1904 auf Anregung des Tiefenbacher Pfarrers Johann Schiebel erbaut, steigt über tosenden Wildwassern an hartnäckigen Schrattenkalk-Überhängen entlang sanft bergan. Ein Eisensteg überspannt nach der nur noch gut 1 m breiten Engstelle hinter einem riesigen Strudeltrichter die schauerliche Unterwelt. Der Wasserstandszeiger verzeichnet am 17.8.1926 eine Wasserhöhe von 3,60 m über dem Weg, der sich etwa 15 m über der Breitach befindet. Zwischen Riesenwänden verklemmen sich gewaltige Felskloben. Beim rückblickend auftauchenden „Indianergesicht“ geht's über einen weiteren Eisensteg und mehr als 200 Stufen empor zum Zwingsteg. 1996 zerstörten Hochwasser die Weganlagen auf einer Gesamtlänge von über 400 m. Die Instandsetzungskosten betrugen über eine Viertelmillion DM (127.800 Euro).

Gerstruben
Auf Wirtschafts- und Alpwegen oder dem Hölltobelsteig erreicht man in rund 1,5 Std. von Oberstdorf am Eingang ins Dietersbachtal das kleine Museumsdorf Gerstruben. Ein Berggasthof und die Marienkapelle beleben das anmutige Ortsbild. Die einst größere Walser Alpsiedlung mit steinbeschwerten Schindeldächern besteht nur noch aus vier alten, denkmalgeschützten Holzhäusern in Blockbauweise. Ursprünglich waren es mit der wenig unterhalb angesiedelten „Raut“ 18 Gebäude mit 30 Bewohnern, die unter Lawinenhängen Viehwirtschaft betrieben und Gerste anbauten, daher wahrscheinlich der Name. Im Jahre

Wohltuend an heißen Sommertagen – die Oberstdorfer Breitachklamm.

Bewahrtes Walserhaus im Kleinwalsertal.

1600 betrug der Viehbestand 68 Stück Großvieh und 80 Ziegen. Wer durch den wilden Hölltobel zu dieser ältesten Oberstdorfer Ansiedlung hinauf steigt, kann vage die Mühsal erahnen, die die Bewohner bis Ende des 19. Jhs. auf dem felsigen Saumpfad, dem einzigen Transportweg, erdulden mussten. Am Dietersbach findet man eine wieder instandgesetzte Klopfsäge mit Schaufelrad und Holzwelle. Von Gerstruben bietet sich ein herrlicher Blick zum majestätischen Edelweißberg Höfats.

Heimatmuseum Oberstdorf
In 35 Räumen eines geschindelten Holzhauses aus dem Jahr 1620 informiert das liebevoll eingerichtete Oberstdorfer Heimatmuseum anschaulich über die Vergangenheit des obersten Allgäuer Dorfes. Komplett eingerichtet sind eine Bauernstube und eine Schlafkammer aus dem 17. Jh. sowie eine Bauernküche mit uralter Kochstelle. Auch die einst in diesem Haus betriebene Dorfsennerei ist noch vorhanden. Eine Drechslerei und Küferei, eine Nagelschmiede, eine Weberei und Seilerei geben Einblicke in das alte Oberstdorfer Handwerk. Ein echtes Unikat ist der 3,15 m lange Riesenschuh der Schuhsammlung von Josef Schratt mit der unglaublichen Größe 480, angeblich der größte Schuh der Welt. Weitere Themen sind Jagd, Alpwirtschaft, Alpinismus und die Geschichte des Skilaufs. Beachtenswert ist auch die Musikinstrumente-Sammlung. Sogar eine Enzianbrennerei bereichert die Ausstellungen.

Sturmannshöhle
Die im Jahre 1905 begehbar gemachte einzige Schauhöhle des Oberallgäus ist von der Straße am Hirschsprung bei Obermaiselstein in etwa 0,5 Std. auf einem Wanderweg zugänglich. Kurz nach der Berg-Gast-

stätte Sturmannshaus überlistet eine Eisentreppe den abdrängenden Felsabbruch zum spaltartigen Höhlenportal. Eine Weganlage führt über 182 Stufen hinunter in die Sommer wie Winter mit etwa 4 °C stets gleichmäßig temperierte Tiefe der begeisternden Eiszeithöhle. Der 280 m tiefe Gang verzeichnet einen Höhenunterschied von 75 m. Verschiedene Felsformationen sind mit Namen bezeichnet wie Drachentor und Adlerschacht. Am Ende des Rundgangs stößt man im Inneren des Schwarzenbergs auf einen kleinen See mit Wasserfall. Der in einem Siphon entschwindende Wasserlauf taucht ein kleines Stück östlich der Höhle als Fallbach wieder auf. Entstanden ist die vormals Sturmatzloch genannte Höhle durch die Aufweitung einer Schichtfuge mittels Wassererosion. Die Führung nimmt rund 0,5 Std. in Anspruch.

Walsermuseum
Das Walsermuseum in Riezlern widmet sich dem weltlichen und religiösen Leben der Mittelberger Walser, die einstmals das Tal erschlossen haben. So findet man in dem Heimatmuseum beispielsweise Ausstellungen über Handwerk und Landwirtschaft, Siedlungsweise und Handel, Gericht und Kunst, Erdgeschichte und Geografie sowie eine beachtenswerte Trachtensammlung. Die Wohnkultur kann man nachvollziehen in einer originalgetreuen Walserstube, Küche und Kammer sowie einer Alphütte.

Heimathaus Sonthofen
Im ältesten Teil Sonthofens steht an einer Stelle, wo in den dreißiger Jahren alemannische Grabstätten des 7. Jhs. entdeckt wurden, das Heimathaus, ein Bauernhaus aus dem 18. Jh. Dieses beherbergt das Heimatmuseum, das als eines der reizvollsten in Bayern gilt. Dargestellt wird die wechselvolle Geschichte des oberen Allgäus und der Kreisstadt Sonthofen. Teilbereiche sind neben den alten Räumlichkeiten Küche, „gute Stube" und „Gaden" (Schlafzimmer), eine geologische Abteilung, eine frühgeschichtliche Sammlung, ein Trachtenraum, eine Musik- und Austragstube und eine Sammlung kirchlicher Kunst. Die Abteilung über die wirtschaftliche Entwicklung zeigt Flachsbearbeitungsgeräte, eine Nagelschmiede, Darstellungen zum Erzabbau am Grünten, eine Alpsennerei mit Glocken- und Schellensammlung, eine Skisammlung zur Geschichte des Skilaufs und eine Ausstellung über historische Straßen. Hinzu kommen die Holzmasken des Sonthofner Egga-Spiels und – nicht zu vergessen – die größte Weihnachtskrippe des Allgäus: die Mummener Krippe. Schließlich findet sich auch noch eine über 2500 Bände umfassende Allgäu-Bibliothek. Als lebendige Begegnungsstätte erfreut das Heimathaus den Gast laufend mit wechselnden Sonderausstellungen, Vorträgen sowie Stubenmusik- und Mundartabenden.

Museum beim Strumpfar
In einem betagten, denkmalgeschützten Bauernhaus aus dem 17. Jh. mit Schindelfassade in Oberstaufen kann man Ortsgeschichte und Brauchtum vergangener Zeiten nacherleben. Zu den vielen Handwerksausstellungen zählen eine Käserei, eine Küferei, eine Mosterei und Schnapsbrennerei, das Baderhand-

Panoramaaussicht von der neugestalteten Nebelhornbahn-Bergstation.

werk, eine Strohhutfertigung, die Stör-Näherei und Stör-Stickerei sowie eine Schuhmacherwerkstatt und das Sattler- und Seilerhandwerk. Auf die Strumpfwirkerei mit altem Laden geht der Hausname Strumpfar zurück. Ein eigener Sakralraum widmet sich religiösen Themen. Außerdem entdecken die kleinen Besucher eine Spielzeugsammlung und eine Trachtenpuppen-Ausstellung.

Starzlachklamm
Die bei Sonthofen in die Ostrach mündende Starzlach hat beim Stadtteil Winkel, am Fuße des Grüntens, eine der bedeutendsten Klammen des Allgäus geschaffen. Ein angelegter, mitunter in lotrechte Felsfluchten gesprengter Steig mit Eisenbrücken erschließt hinter dem bewundernswerten Schleierfall mit Brotzeithütte die unheimliche Starzlachklamm. Zersplitterte Baumstämme versperren den donnernden Wildwassern als Hochwasserzeugen den abenteuerlichen Weg über Stufen und durch Gumpen, Strudeltöpfe und teilweise aalglatte Engstellen. Eine Besonderheit stellen die in den meist rötlichen Erzkalken eingeschlossenen Nummuliten dar, versteinerte Überreste von Einzeller-Urtieren aus der Vorzeit, im Volksmund Pfennigsteine genannt. Außerdem hat man hier die im Sonthofner Heimathaus ausgestellte, versteinerte Krabbe gefunden.

ÜBERNACHTUNGSVERZEICHNIS

€ unter 30 EUR €€ 30 - 60 EUR €€€ über 60 EUR
(pro Pers/DZ/incl. Frühstück)

Bad Hindelang **PLZ: 87541, Tel. +49(0)8324**
Hotel Prinz-Luitpold-Bad (€€), Andreas-Gross-Str. 7, Tel. 8900, www.luitpoldbad.de
Hotel Wiesengrund (€€), Ostrachstr. 23, Tel. 2219, www.wiesengrund.com
Gästehaus Ammann (€-€€), Am Riedbrand 1, Tel. 8239, www.gästehaus-ammann.de
Barbet Monika & Erwin Zierer (€-€€), Talstr. 8, Tel. 8210, www.gaestehaus-barbet.de

Balderschwang **PLZ: 87538, Tel. +49(0)8328**
HUBERTUS Alpin Lodge & Spa (€€€), Dorf 5, Tel. 9200, www.hotel-hubertus.de
Hotel Schwabenhof (€€-€€€), Schwabenhof 23, Tel. 924060, www.schwabenhof.com
Hotel Kienle´s Adlerkönig (€€-€€€), Dorfplatz 3, Tel. 221, www.kienles.de

Blaichach **PLZ: 87544, Tel. +49(0)8321**
Gasthaus Goldenes Kreuz (€), Talstr. 41, Tel. 2560, www.goldeneskreuz.de
Gästehaus Schlegel (€€), Am Brand 9, Tel. 3722, www.gaestehaus-schlegel.de
Hotel Kühbergalp (€€), Kühberg 1, Tel. 66390, www.fortuna-hotels.de

Blaichach/Gunzesried **PLZ: 87544, Tel. +49(0)8321**
Landhaus Waibelhof (€€), Talstr. 74, Tel. 4580, www.waibelhof.de

Bolsterlang **PLZ: 87538, Tel. +49(0)8326**
MUCHA - Landhotel (€), Sonderdorf 4, Tel. 36340, www.mucha-landhotel.de
Ferienhotel Silberdistel (€€), Flurstr. 1, Tel. 38003, www.ferienhotel-silberdistel.de

Burgberg **PLZ: 87545, Tel. +49(0)8321**
Gaststätte Grüntenblick (€€), Agathazell 8, Tel. 3353, www.gruentenblick.de

Fischen **PLZ: 87538, Tel. +49(0)8326**
AllgäuHotel Tanneck (€€), Maderhalm 20, Tel. 9990, www.hotel-tanneck.de
Hotel Rosenstock (€€€), Berger Weg 14, Tel. 364560, www.hotel-rosenstock.de

Hirschegg **PLZ: 6992, Tel. +43(0)5517**
Travel Charme Ifen Hotel (€€€), Oberseitestr.6, Tel. 6080, www.travelcharme.com
Hotel Gemma (€€€), Schwarzwassertalstr. 21, Tel. 53600, www.gemma.at
Hotel Alpenstern Heuberg (€€-€€€), Walserstr. 42, Tel. 5406,
www.alpenstern-kleinwalsertal.at

Immenstadt **PLZ: 87509, Tel. +49(0)8323**
Hotel-Restaurant (€€), Hirschstr.11, Tel. 989020, www.hotel-hirsch-immenstadt.de
Hotel Lamm (€€), Kirchplatz 2, Tel. 6192, www.hotel-lamm-immenstadt.de
Gasthof Hotel Drei König (€€), Marienplatz 11, Tel. 8628, www.drei-koenig.de

Mittelberg PLZ: 6993, Tel. +43(0)5517
IFA Hotel Alpenrose (€€€), Walserstr. 46, Tel. 33640, www.ifa-alpenrose-hotel.com
Hotel Garni Ingeborg (€€-€€€), Im Hag 3, Tel. 57580, www.hotel-garni-ingeborg.de

Mittelberg/Baad PLZ: 6993, Tel. +43(0)5517
Hotel Walli (€€), Baad 18, Tel. 5036, www.hotel-walli.at

Oberstdorf PLZ: 87561, Tel. +49(0)8322
Hotel Birgsauer Hof (€€€), Birgsau 9, Tel. 96900, www.birgsauer-hof.de
Fellhornstuben Pension (€€), Faistenoy 11, Tel. 6246, www.fellhornstuben.de
Ringhotel Nebelhornblick (€€€), Kornau 49, Tel. 96420, www.nebelhornblick.de
Hotel Bergruh (€€-€€€), Im Ebnat 2, Tel. 9190, www.hotel-bergruh.de

Ofterschwang PLZ: 87527, Tel. +49(0)8321
Landhotel Alphorn (€€€), Kirchgasse 18, Tel. 66340, www.landhotel-alphorn.de
Hotel-Pension Alpenhof (€€), Am Tobel 1, Tel. 2580, www.alpenhof-schreiner.de

Rettenberg PLZ: 87549, Tel. +49(0)8327
Adler-Post (€€), Burgberger Str. 8, Tel. 226, www.brauereigasthof-adler-post.de
Ferienhof Mayr (€), Falkensteinweg 4, Tel. 530, www.ferienhofmayr.de
Gästehaus Allgaier (€), Sterklis 4, Tel. 7502, www.gaestehaus-allgaier.de
Haus Sonnegg Pension (€), Alpweg 11, Tel. 7430, www.bayernberge.de

Riezlern PLZ: 6991, Tel. +43(0)5517
Haus Kasimir (€€), Walserstr. 28, Tel. 5206, www.haus-kasimir.de
Bio-Hotel Oswalda-Hus (€€€), Leo-Müller-Straße 11, Tel. 5929, www.oswalda-hus.at
Hotel Jagdhof (€€€), Walserstr. 27, Tel. 56030, www.hotel-jagdhof.de
Hotel zur Post (€€-€€€), Walserstr. 48, Tel. 30123, www.posthotel.cc
Hotel Riezler Hof (€€-€€€), Walserstr. 57, Tel. 53770, www.riezlerhof.at

Riezlern/Außerschwende PLZ: 6993, Tel. +43(0)5517
Genussgasthof Sonnenburg (€€€), Außerschwende 21, Tel. 5251, www.genussgasthof.at

Sonthofen PLZ: 87527, Tel. +49(0)8321
Hotel Hirsch (€€), Hirschstr. 2, Tel. 67280, www.brauereigasthof-hirsch.com
Landhotel Baue (€€), Hans-Böckler-Str. 86, Tel. 7091, www.landhotel-bauer.de
Pension Gasthof Sonne (€€), Am Anger 2, Tel. 3606, www.gasthof-pension-sonne.de
Hotel-Gasthof Schäffler (€€), Am Anger 8, Tel. 26730, www. gasthof-schaeffler.de

Steibis/Oberstaufen PLZ: 87534, Tel. +49(0)8386
St.Ull'r Alpengasthaus Peter Geißler Pension (€€), Im Dorf 38, Tel. 8401, www.st-ullr.de
Alpenrose&Goldenes Kreuz (€€), Im Dorf 25, Tel. 8232, www.urlaub-steibis.de

Wertach PLZ: 87497, Tel. +49(0)8365
Alpengasthof Hirsch (€€), Marktstr. 21, Tel. 70200, www.hirsch-wertach.de
Hotel Pfeiffermühle (€-€€), Pfeiffermühle 3, Tel. 7990, www.pfeiffermuehle.com
Berggasthof Ellegg-Höhe (€), Oberellegg 10, Tel. 228, www.ellegg.de
Hotel Jörg (€€), Marktstr. 36, Tel. 1404, www.hotel-joerg.de
Alpenhof Leutenmaier (€€), Reuterwanne 1, Tel. 338, www.alpenhof-reuterwanne.com

ORTE/TOURISMUSBÜROS

Die Kombination Gras und Fels ist typisch für die Allgäuer Alpen.

Bad Hindelang
mit Bad Oberdorf, Hinterstein, Oberjoch und Unterjoch; Marktgemeinde, heilklimatischer Kurort, Kneippkurort, Kneipp-Heilbad und Schwefel-Moorbad im Ostrachtal; www.bad-hindelang.info

Balderschwang
Mitgliedsgemeinde der VG Hörnergruppe, verstreuter Erholungsort im Balderschwanger Tal und höchstgelegene Gemeinde Bayerns an der Grenze zu Vorarlberg; www.balderschwang.de

Blaichach
mit Bihlerdorf und Gunzesried; Erholungsort im oberen Illertal und Gunzesrieder Tal; www.blaichach.de

Bolsterlang
Mitgliedsgemeinde der VG Hörnergruppe und kleiner Erholungsort auf der westlichen Illerterrasse bei Fischen; www.bolsterlang.de

Burgberg
mit Agathazell; Erholungsort am Fuße des Grüntens im oberen Illertal; www.burgberg.de

Fischen i. Allgäu
mit Langenwang, Sitz der Verwaltungsgemeinschaft Hörnergruppe und heilklimatischer Kurort im oberen Illertal; www.fischen.de

Immenstadt
mit Akams, Bühl am Alpsee, Diepolz, Eckarts, Knottenried, Rauhenzell und Stein; „Städtle" und Luftkurort an der Öffnung des oberen Illertals; www.immenstadt.de

Mittelberg
mit Riezlern, Hirschegg und Baad; Vorarlberger Streusiedlung und Wintersportort im Kleinwalsertal, deutsche Wirtschaftsenklave; www.kleinwalsertal.com

Oberstaufen
mit Aach im Allgäu, Steibis, Thalkirchdorf und Wiedemannsdorf; Marktgemeinde und heilklimatischer Kneipp-Kurort (Schroth-Heilbad) über dem Weißachtal, in der Südwestecke des Oberallgäus; www.oberstaufen.de

Oberstdorf
mit Schöllang und Tiefenbach, Marktgemeinde und Bergsteigerzentrum am Eingang zu den Allgäuer Hochalpen, heilklimatischer Kurort, Kneippkurort und weltberühmter Wintersportort; www.oberstdorf.de

Pfronten
Höhenluftkurort mit 13 Ortsteilen, ca. 20% des Gemeindegebiets liegen auf Tiroler Gebiet www.pfronten.de

Ofterschwang
mit Tiefenberg; kleine Mitgliedsgemeinde der Verwaltungsgemeinschaft Hörnergruppe und Erholungsort auf der westlichen Illerterrasse bei Sonthofen; www.ofterschwang.de

Rettenberg
mit Kranzegg, Untermaiselstein und Vorderburg; sonnenverwöhnter Erholungsort über der Öffnung des oberen Illertals; www.rettenberg.de

Sonthofen
mit Altstätten und Hinang, Luftkurort und Zentrum des Oberallgäus im oberen Illertal, südlichste Stadt Deutschlands; www.sonthofen.de

Wertach
Marktgemeinde und Luftkurort im oberen Wertachtal, nahe des Grüntensees; www.wertach.de

Vor dem Kurhaus in Bad Hindelang, im Hintergrund der Hirschberg.

REGISTER

Typisch Allgäu – durch grüne Alpwiesen geht es hinauf zur Gaisalpe.

REGISTER

Grandioser Ausblick auf der Königsetappe, dem Hindelanger Klettersteig.

In aller Ruhe genießen – auch das will gelernt sein.

IMPRESSUM

© KOMPASS-Karten, A-6020 Innsbruck (22.01)
1. Auflage 2022 Verlagsnummer 5456 ISBN 978-3-99121-190-7

Text und Fotos (soweit nicht anders angegeben):
Walter Theil, KOMPASS-Archiv

Titelbild: Frühling im Allgäu (Foto: © Countrypixel, stock.adobe.com)

Grafische Herstellung: wt-BuchTeam
Wanderkartenausschnitte: © KOMPASS-Karten GmbH
Kartengrundlage für Gebietsübersichtskarte S. 10-11, U4:
© MairDumont, D-73751 Ostfildern 4

Alle Angaben und Routenbeschreibungen wurden nach bestem Wissen gemäß unserer derzeitigen Informationslage gemacht. Die Wanderungen wurden sehr sorgfältig ausgewählt und beschrieben. Schwierigkeiten werden im Text kurz angegeben. Es können jedoch Änderungen an Wegen und im aktuellen Naturzustand eintreten. Wanderer und alle Kartenbenützer müssen darauf achten, dass aufgrund ständiger Veränderungen die Wegzustände bezüglich Begehbarkeit sich nicht mit den Angaben in der Karte decken müssen. Bei der großen Fülle des bearbeiteten Materials sind daher vereinzelte Fehler und Unstimmigkeiten nicht vermeidbar. Die Verwendung dieses Führers erfolgt ausschließlich auf eigenes Risiko und auf eigene Gefahr, somit eigenverantwortlich. Eine Haftung für etwaige Unfälle oder Schäden jeder Art wird daher nicht übernommen. Für Berichtigungen und Verbesserungsvorschläge ist die Redaktion stets dankbar. Korrekturhinweise bitte an folgende Anschrift:

KOMPASS-Karten GmbH
Karl-Kapferer-Straße 5, A-6020 Innsbruck
www.kompass.de/service/kontakt

FSC www.fsc.org
MIX
Papier aus verantwortungsvollen Quellen
FSC® C015829